T0340924

Alexis Racionero Ragué

El viaje del héroe
Mitología, *storytelling*
y transformación personal

editorial Kairós

© 2020 by Alexis Racionero

© de la edición en castellano:
2021 by Editorial Kairós, S.A.
www.editorialkairos.com

Fotocomposición: Grafime. 08014 Barcelona
Diseño cubierta: Editorial Kairós
Foto cubierta: Jakub Wencek
Impresión y encuadernación: Ulzama digital

Primera edición: Marzo 2021
Segunda edición: Septiembre 2023
ISBN: 978-84-9988-845-3
Depósito legal: B 3.151-2021

Este libro ha sido impreso con papel que proviene de fuentes respetuosas
con la sociedad y el medio ambiente y cuenta con los requisitos necesarios
para ser considerado un «libro amigo de los bosques»

«Uno se adentra en el bosque por su punto más oscuro, por donde no hay camino. Porque, si hay camino o sendero, se trata del camino o del sendero de otro. Pero, como cada ser humano es un fenómeno único, la idea consiste en encontrar nuestro propio camino a la felicidad».

JOSEPH CAMPBELL

«Nunca en toda mi vida hice una cosa que quisiera hacer. Ese es un hombre que nunca persiguió su felicidad.»

SINCLAIR LEWIS

A todas las heroínas anónimas que recorrieron el sendero,
A mi madre, que siempre cruzó el umbral de lo establecido,
y a Elisenda, que alumbra mi camino.

Sumario

Parte II. EL VIAJE DEL HÉROE

Parte I.
INICIACIÓN

1. Introducción

Hubo un tiempo en el que contábamos historias alrededor del fuego, épocas supuestamente oscuras, primitivas y mágicas en las que el ser humano, ante la imposibilidad de comprender los misterios, desarrolló su imaginación para narrar lo inexplicable, lo fascinante, lo totémico y lo más profundo de su naturaleza.

En esos mitos y leyendas se recogió la esencia de la humanidad, bajo un conjunto de historias universales que componen la forja de nuestra identidad. Antes de Shakespeare, Cervantes, Ovidio y Homero, hubo toda una serie de narradores anónimos que contaban de forma oral aquello que aprendieron de los ritos ancestrales y las batallas más antiguas.

Sin embargo, entre la totalidad de aquellos mitos, hubo uno que los engloba a todos, tal y como establece el mitólogo y antropólogo americano Joseph Campbell en su teoría del monomito. Todos proceden de una raíz común y repiten una estructura nuclear de iniciación, separación y retorno. A su vez, esta forma del mito procede de los ritos de paso primitivos. Su evolución nos lleva, siguiendo el hilo de la historia, a los tres actos de la estructura narrativa clásica, con su planteamiento, nudo y desenlace.

El mito fundacional del que proceden el resto de las historias universales es la aventura del héroe, que abandona su hogar para atender una llamada y adentrarse en un mundo desconocido, donde deberá superar pruebas. Allí encontrará un tesoro o una forma de sabiduría, que llevará consigo para compartirlo con su comunidad. Gracias al viaje del héroe, la sociedad avanza, se libera, descubre o progresa.

Campbell lo llama *El héroe de las mil caras,* porque todos son el mismo arquetipo universal vinculado con nosotros, que también somos seres transitando su misma senda. Tal vez no tan heroica ni grandilocuente, pero sí movida por la llamada de alcanzar cambios, descubrimientos o formas de sabiduría que hagan mejor nuestra vida y la de quienes nos rodean. El mundo necesita de héroes y heroínas para estimular el altruismo y la solidaridad, después de siglos de ambición y materialismo.

Los mitos son historias universales que dan sentido a nuestra identidad como persona, entorno, sociedad y cultura. Existen mitos fundacionales, de liberación, conquista, iniciáticos, transformadores y de muchos otros tipos. Todos expresan nuestros anhelos, miedos e inquietudes, porque, como propone Karen Armstrong, el mito no debe contemplarse simplemente como una historia en sí misma, sino como aquello que da una forma explícita a lo que percibimos intuitivamente desde un plano que nos sitúa en la correcta postura espiritual y psicológica. Tal vez, más allá del subconsciente que proponía Jung, probablemente desde un profundo silencio conectado con una realidad invisible y más poderosa, mediante bonitas y entretenidas historias sobre dioses y héroes que llevan a los hombres a imitarlos, para experimentar en sí mismos lo heroico y lo divino. Este es el verdadero poder de los mitos, ser un modelo vital y de conducta que nos ayuda a conectar con lo más profundo de nuestra naturaleza humana.

El propósito de este libro es aprender que los mitos antiguos y contemporáneos, condensados en el viaje del héroe, pueden darnos claves para nuestro desarrollo y trasformación personal. Nos hemos permitido modernizarlos, recurriendo no solo a mitos y leyendas tradicionales que aparecerán durante la primera parte, sino también a las series y películas del segundo bloque. La tercera y última parte está dedicada a integrar el viaje del héroe en nuestra senda cotidiana.

La raíz del mito se sumerge en la noche de los tiempos, por eso contiene toda la sabiduría de quienes nos precedieron. Su viaje sirve hoy para iluminar nuestra transitoria realidad y su lenguaje sigue siendo fascinante, como lo demuestra el éxito de las sagas *Juego de tronos* o *Vikingos*. En el antiguo *Edda* de la mitología nórdica, una maga nos enseña que procedemos de una nada donde todo empezó…

En principio, no había nada,
Ni arena ni mar, ni olas frías,
Ni tierra, ni cielo.
Solo existía el abismo insondable.
El sol no conocía su morada
y la luna ignoraba su reino.
Las estrellas no habían encontrado su emplazamiento.[1]

---

1. J. Arries. *Magia y religión nórdicas*. Ediciones Luciérnaga, Barcelona, 2019, p. 81.

Una de las grandes potencialidades del mito es su carácter ambivalente y polisémico. Su diferencia con el hecho histórico se basa en la procedencia oral que lo va transformando en un cuento que pasa de boca en boca.

Los griegos fueron los primeros en concebir a los dioses a su imagen y semejanza, dándoles tanto protagonismo como a los héroes que participaron en las gestas legendarias narradas por Homero en la magistral *Ilíada*, que, junto con la *Odisea*, conforma la base narrativa para introducirse en la mitología occidental. Al igual que el *Mahabharata* o *Las mil y una noches*, lo son para culturas como la hinduista o árabe.

Sin embargo, la intención de este libro no es abarcar todas las mitologías de forma exhaustiva, sino tomar ejemplos puntuales para trazar un itinerario compartido en el que predominará lo occidental, porque la idea es ilustrar al lector con ejemplos que conozca. Por este mismo motivo, se recurre a fuentes audiovisuales, un camino no tan trillado como el de la mitología clásica.

Hoy, los mitos perviven en el cine y en las series de televisión como una moderna mitología ilustrada que recoge el legado de la sabiduría primitiva. De este modo, la antigüedad se va revelando como una fuente de la que podemos aprender sobre aspectos esenciales de nuestra vida. En un momento en el que el mundo tecnocrático capitalista, empieza a manifestar síntomas de crisis y estancamiento, este regreso al mito fundamental del viaje del héroe puede brindar un camino o una guía para encontrar una salida

Todos podemos ser héroes o heroínas en este entorno de realidades virtuales y pantallas digitales, que nos desafían a que no perdamos contacto con nuestra realidad interna. Vivir en *maya*, como le llaman los hinduistas o en *Matrix* como diría un cinéfilo, comporta el peligro de acabar viviendo el viaje de otro o perder la noción de qué es real. La tecnología aporta grandes adelantos y posibilidades de comunicación, pero debemos saber filtrar, pausar y no perder el centro. En este sentido, el viaje del héroe nos ayuda porque, aunque no alcancemos un estado de *satori* o nirvana, sí puede darnos pistas de nuestro propósito vital. Desde el punto de partida, debemos aclarar que puede haber diversos tipos de viaje del héroe, unos más trascendentales, vinculados a la vida de una persona, otros más concretos, relacionados con un proyecto creativo o empresarial, y algunos de índole relacional o sentimental...

La llamada de la aventura o la inquietud para trascender lo cotidiano será la que determine la naturaleza del viaje. Cualquiera que abandona su zona de confort se adentra en el camino del viaje del héroe, pero no se trata de llegar, sino de transitar la senda, con esa cálida sensación de no estar solos en esta aventura.

Todos los héroes han recorrido el sendero, el camino es conocido, hay que seguir la huella del héroe. Donde pensamos encontrar un monstruo, encontraremos un dios, donde pensamos en matar a otro, nos mataremos a nosotros mismos, donde habíamos pensado viajar al exterior, llegaremos al centro de nuestra existencia, y donde habíamos creído estar solos, estaremos con todo el mundo.[2]

2. J. Campbell. *El héroe de las mil caras*. Fondo de Cultura Económica, México, 1993, pág. 30.

Todos podemos ser héroes del mito de nuestra vida. Tan solo es cuestión de sentir la llamada de la aventura, vencer nuestros miedos y avanzar por lo desconocido, para tomar las riendas de nuestro destino y alcanzar el tesoro de la felicidad.

El mito nos enseña a vivir una vida humana bajo cualquier circunstancia, pese a que tendemos a buscar fuera lo que poseemos en nuestro interior. Un proverbio zen atribuido a Yoka Gengaku dice: «Si intentáis agarrar la luna en el río, no podréis cogerla».

El mito del héroe puede ayudarnos a despertar de una vida neutralizada por el conformismo, al salir de la senda de los falsos sueños para encontrar nuestro verdadero sendero.

La intención de este libro es alumbrar el camino que ahora iniciamos.

Caminante, son tus huellas el camino, y nada más;
caminante, no hay camino: se hace camino al andar.
Al andar se hace camino y al volver la vista atrás,
se ve la senda que nunca se ha de volver a pisar.
Caminante, no hay camino, sino estelas en la mar.

ANTONIO MACHADO

Accolade (*El galardón*), Edmund Blair Leighton, óleo sobre lienzo, 1901.

2. El héroe
y los arquetipos fundamentales

El héroe

La mitología trata de dioses y héroes, aunque los primeros son sus grandes protagonistas. Durante el periodo clásico de Grecia y Roma, así como en las culturas primitivas, las religiones eran politeístas, con múltiples dioses que integraban un panteón sagrado o una genealogía muy amplia en la que se basaron la tragedia y las narraciones universales. El Olimpo estaba ocupado por doce dioses y diosas, entre ellos, Zeus, Hera, Hades y Poseidón, mientras en culturas como la hindú dominaban Brahma, Vishnu, Shiva o Parvati. De todos ellos, surgieron dioses menores y debajo de estos se hallaban los héroes, cuya característica esencial era ser hijos de dioses y humanos.

En un sentido simbólico, los dioses pueden entenderse como la personificación de una fuerza motivadora o de un sistema de valores que funciona en la vida humana y en el universo. Los héroes comparten con ellos esta condición, pero son mortales e inferiores, porque son engendrados por un ser divino y una persona humana. Se los define por llevar a cabo una acción heroica y son el referente del protagonista de toda obra literaria o poema épico. El héroe de los cuentos consigue logros domésticos para su comunidad, mientras que el héroe mitológico lo hace conquistando lo universal.

El héroe es un ser poderoso y liberador que vence al mal y, como afirma Joseph Campbell, dadas las múltiples historias y mitos que se refieren a él, puede tener mil caras. Cada una presenta sustanciales diferencias, pero todas parten de una misma raíz, con una evolución equivalente y un itinerario común. Todos los mitos del héroe están unidos por una estructura común: el monomito, en el que la secuencia nuclear separación-iniciación-retorno, se repite sin cesar por ser una fórmula extraída y heredada de la magnificación de los ritos iniciáticos o de paso, que Mircea Eliade definió como el mito del eterno retorno.

El héroe es un hombre o una mujer que han sido capaces de sobrepasar sus históricas y personales limitaciones. Su segunda tarea es retornar transfigurados y enseñar la lección aprendida.

En sus múltiples facetas, el héroe es alguien que percibe desajustes en el mundo cotidiano, siente la llamada de la aventura y se adentra en lo desconocido para alcanzar algún propósito o un ideal que aporta un beneficio, liberación o progreso a su comunidad. Este viaje del héroe es la senda de la aventura que se repite desde el hilo de los tiempos.

Como se plantea en la segunda parte de este libro, puede haber viajes de aprendizaje, liberación o iniciáticos, aunque la senda es siempre la misma y los héroes que la recorren cambian en su propósito final, pero no en su esencia. Alguien que se arriesga vence sus miedos, se sacrifica por los demás y, apelando a sus dones más profundos, después de superar múltiples pruebas que le llevan a morir y renacer simbólicamente, obtiene la recompensa de contactar con su destino en la vida, pudiendo compartirlo con los demás. También, el héroe tiene unos códigos y una conducta moral determinada, que, en la visión de Campbell que compartimos, tiene mucho que ver con las filosofías orientales, con el Camino Medio del budismo o las enseñanzas hinduistas del *Vedanta*, en las que la persona ha de trascender la dualidad, desapegarse de la ambición y el ego para compartir su tesoro con los demás. Por eso, el gran reto del héroe no es solo vencer su miedo, sino trascender su ego y superar todo apego y ambición.

Muchos héroes que fracasan, lo hacen no tanto por falta de valentía o por no alcanzar su cometido, sino por el empoderamiento que supone la consecución de su gesta. Lo difícil no es ascender la montaña, sino regresar.

Cuando el héroe se siente pleno, ha luchado contra todo y ha podido superar las múltiples pruebas, debe actuar como el Buda y regresar con toda humildad a compartir con los demás, aunque no le comprendan. Esta es la senda de visionarios y fundadores de religiones como Jesucristo, Mahoma y el príncipe Sidhartha.

En la mitología moderna existen múltiples ejemplos que ilustran la importancia de esta impronta orientalista que lleva a superar ciertas conductas propias de la naturaleza humana, como la desdichada ambición. El reverso tenebroso de la fuerza que lleva al joven héroe Anakkin Skywaker de *La guerra de las galaxias* al lado oscuro no es otro que la ambición. La misma que pone a prueba al pequeño Frodo, el héroe de la trilogía de *El señor de los anillos*, que debe vencer la tentación de ponerse el anillo de poder que enloqueció al pobre Golum. «¡¡Mi tesoro, mi tesoro!!» exclamaba la desdichada criatura, en una clara muestra de cómo los humanos enloquecemos cuando alcanzamos la riqueza material. El héroe no es alguien que busca la abundancia y desea el poder o la riqueza, sino una persona comprometida con una causa que ejerce una redención individual o colectiva. El ambicioso es un héroe caído, como lo representa el mito de Fausto, que pacta con el diablo para su satisfacción y propósito personal.

El héroe, como sucede con tantos pistoleros del wéstern en los que cada generación venera a su Shane, *Los siete magníficos* o *El Jinete Pálido*, no es un cazarrecompensas, sino una buena persona que pone en riesgo su vida por la de los demás. Algunos ayudan con su fortaleza y sus armas y otros lo hacen con las palabras y el poder de su corazón, al igual que otros transforman el mundo con su visión y genialidad. Por ello, guerreros, sabios, artistas o inventores son las distintas caras de las mil que posee el héroe.

Tipos de héroe

Joseph Campbell acota estas múltiples facetas, arquetipos o proyecciones, estableciendo dos categorías del héroe: el físico y el espiritual.

El herculeo basa su potencialidad en la fortaleza, su victoria en la batalla y en la capacidad de superar múltiples obstáculos, siendo sus modelos Hércules, Aquiles o el caballero Lancelot. En cambio, el héroe espiritual tiene cualidades vinculadas con el viaje interior e iniciático, en el que la sabiduría y el aprendizaje le llevan a conseguir causas no tanto materiales, sino inaprensibles. Perseo, Teseo, Buda o Parsifal son los héroes de esta categoría.

Probablemente, es más fácil encontrar representantes del guerrero poderoso, presente en muchos de los mitos, sagas literarias, cómics y películas. De ahí que una de las grandes contribuciones de Joseph Campbell haya sido la de señalar la trascendencia de este héroe espiritual, que tiene en la función pedagógica un valor fundamental.

En este libro en el que se plantea el viaje del héroe como modelo de transformación y crecimiento personal, vamos a poner más énfasis en este héroe espiritual que viene a decirnos que la aventura no es tanto la búsqueda de un tesoro o la gesta de liberar a una princesa o a una civilización entera, sino un viaje interior a la raíz de nuestra conciencia, donde alcanzaremos alguna forma de catarsis, transformación y sabiduría.

Podemos preguntarnos si ambos héroes, el guerrero y el espiritual, podrían confluir en uno, como en ocasiones puede plantearse con arquetipos como el samurái japonés. En cualquier caso, la división propuesta por Campbell supone un excelente punto de partida para comprender la heroicidad, desde una premisa diferente a esa idea clásica, que nos dice que el héroe es simplemente un ser poderoso y valiente combatiendo al dragón.

La dualidad del héroe se refleja perfectamente en la saga de *Star Wars*, mediante el contraste entre los personajes de Luke Skywalker y Han Solo. El primero es el aprendiz jedi, instruido por Owi Wan Kenobi y el maestro Yoda. Alguien que alcanza a comprender el poder de la fuerza, viviendo un viaje interior y de aprendizaje que lo llevará a liberar de la opresión del Imperio a su pueblo. Del otro lado, su compañero, Han Solo es un héroe más terrenal y hercúleo que desde su valentía y arrojo soluciona múltiples problemas como intrépido piloto del Halcón Milenario. Ambos contribuyen a una causa común en la que la princesa Leia tiene un papel relevante, aunque no significativo, en una muestra más de la discriminación histórica que el mito del héroe ha ejercido con los personajes femeninos, tal como veremos brevemente cuando repasemos la aportación de Jean Shinoda Bolen.

La misma escisión entre héroes guerreros y otros más espirituales o visionarios se da en la serie *Juego de tronos*, como veremos en la segunda parte, cuando hablemos de los viajes de liberación y repasemos las figuras de Jamie Lanister o sir Moran, en oposición con Arya y Brandon Stark, más vinculados a un viaje interior. En este caso, merecen también atención Jon Nieve y Daerys, quienes aúnan de forma bastante armónica la faceta guerrera y la visionaria durante muchos momentos de la aventura. Ambos hacen referencia a una naturaleza en la que conviven la dimensión exterior y la interna, algo que no sucede en muchos de los héroes clásicos o medievales.

Para comprender estas dos naturalezas del héroe propuestas por Campbell, narramos a continuación de forma resumida las aventuras del caballero Lancelot y Parsifal, que ejemplifican a la perfección los dos arquetipos básicos del héroe en los que pueden vertebrarse todos los demás.

Lancelot es el caballero más atractivo de la mitología artúrica, el galán por excelencia, quien en opinión de Heinrich Zimmer encarna «el ideal de masculinidad en los anhelos y fantasías de la imaginación femenina [...]. La imagen soñada de masculinidad que habita en la psique femenina».[3] Este héroe representa al caballero imbatible en toda gesta o torneo. Hay que recordar que durante mucho tiempo, los caballeros vivieron épocas de paz, con lo cual, en ausencia de guerra, era necesario inventar combates que mantuvieran el estado de forma y las virtudes de los defensores de la corte de Camelot. Lancelot fue el campeón de la hermandad de la Tabla Redonda y se ganó la fama de mejor caballero del mundo. Los más viejos no se atrevían a batirse con él y los más jóvenes no osaban desafiarle. Ya en su juventud, debió pasar múltiples pruebas que le convirtieron en un ser especial, como mandan los cánones del héroe en la mitología clásica. Hijo del rey de Ban de Benwick y la reina Elaine, fue bautizado con el nombre de Galahad, que más tarde traspasó a su hijo. Cuando todavía era un bebé fue raptado por la Dama del Lago, que lo salvó de la destrucción de su tierra y del asesinato de su padre. El héroe creció con el hada que custodiaba la espada *Excalibur*, con la que Arturo se convertiría en rey de Camelot. Hasta los dieciocho años, Lancelot creció entre elfos y seres sobrenaturales, adiestrado por la Dama del Lago que le otorgó dones y poderes que no tenían el resto de los mortales y amuletos como el anillo mágico, que le protegía de maleficios, además de permitirle acabar con dragones u otros seres sobrehumanos.

Concluida su formación y armado con la poderosa espada invencible que había pertenecido a sir Balin, conocido como el

---

3. H. Zimmer. *The King and the Corpse*. Bollingen Series, Princeton, 1968, pág. 133.

caballero de las dos espadas, Lancelot du Lac fue a la corte del rey Arturo para ordenarse caballero en compañía de su mentora. El héroe cambió su nombre en recuerdo de su abuela y el hada que le había salvado la vida. Como caballero juró fidelidad al rey Arturo y a la reina Ginebra, de la que se enamoró perdidamente.

Inmediatamente, sus gestas le otorgaron una temprana fama, cumpliendo la profecía de Merlín, que había predicho que mataría al dragón y se convertiría en un gran caballero. Aunque más tarde su hijo Galahad le superaría, ya que sería el único capaz de hallar el Grial. Entre sus primeras aventuras, destacan su victoria sobre el guardián del Vado de la Reina y la conquista del castillo de la Dolorosa Guardia, venciendo al temible caballero Brandn de las Islas que poseía poderes sobrenaturales. Cae prisionero en diversas ocasiones, pero siempre es rescatado por damas que se enamoran de él, aunque tiene la sombra de Morgana sobre su cabeza, quien odia profundamente a la reina Ginebra y a su mejor caballero. Lanzarote conseguirá la paz en la corte del rey Arturo, donde él y su hijo Galahad se convertirán en caballeros de la Mesa Redonda, liberando al reino de la invasión sajona. Lancelot triunfa en la mayoría de sus aventuras, libera a Drián, el alegre de la caja de madera, o regresa vivo del Valle Sin Retorno. Cae prisionero de Morgana, pero logra huir y en una de sus más arriesgadas aventuras consigue liberar a la reina Ginebra, que había sido secuestrada por Meleagant, tal y como narra Chrétien de Troyes en su romance *Lancelot, el caballero de la carreta*, un bello ejemplo de amor cortés. En esta gesta debe montar en carreta, lo que le degrada de caballero a paria, y debe cruzar el puente de la espada, dos hazañas bastante significativas.

Sus derrotas y pesares se dan en la búsqueda del Grial, en la que fracasa, en parte debido al pecado de su amor prohibido con la reina Ginebra. Esta traición al rey Arturo deshonra el ideal de caballería, pero le hace más humano y desdichado. Como galán, Lancelot comparte destino con otro héroe artúrico, Tristán, quien también vive una pasión prohibida como amante de la reina irlandesa Isolda. Cuando ambos se baten en un torneo como cabecillas de ejércitos contrarios, su heroicidad y coraje son tales que deciden rendir sus armas para abrazarse en la admiración de dos rivales que son de igual naturaleza. Desde entonces, sellaron una bonita y eterna amistad basada en su común identidad.

Al igual que en el mito de Tristán e Isolda, Ginebra también cae en el error de creer que Lancelot ha muerto, pero este logra enviarle un mensaje cuando todos los caballeros del reino lo estaban buscando. Lancelot es envenenado varias veces, pero siempre aparece una doncella enamorada para curarle, incluso cuando es arrojado a un pozo lleno de culebras. Al final, su maldición y decadencia vendrán de una trampa de la maga Morgana, que lo encierra en una habitación, donde Lancelot, en su soledad, pinta sus aventuras amorosas con la reina Ginebra. Un día, el rey Arturo será invitado a recorrer esos aposentos. La reina es condenada y Lancelot, que había sido desterrado, llega a tiempo para salvarla, pero ella acaba sus días recluida en un monasterio. Este episodio del rescate de Ginebra de las llamas de la hoguera desemboca en un combate singular y fratricida entre Lancelot y su amigo el caballero Gawain, que será derrotado. Aquí empieza la caída de Camelot y la decadencia de los caballeros del rey Arturo, que pierden su unidad, ya que el monarca, poseído por el odio y mal aconsejado por Gawain, va a la captura de Lancelot, dejando el trono en manos de su hijo bastardo Mordred. Cuando el rey descubre que este le ha traicionado, libra batalla en Salesbieres y muere con sus caballeros. Lancelot queda como un héroe hastiado que debe vagar toda su vida como un caballero solitario y errante.

Antes de acabar sus días como un ermitaño, Lancelot se enfrenta en la batalla de Winchester a los hijos de Mordret, que se habían repartido el reino, y les da muerte.

La historia de Lancelot du Lac puede diferir según las versiones, dado que su mito se construye desde diversas fuentes de comienzos del siglo XIII, siendo las principales el *Romance del Grial*, *El caballero de la carreta*, ambos de Chrétien de Troyes, y *La muerte de Arturo* de Thomas Malory. Su figura no aparece en los grandes textos galeses que forjan la antigua mitología de los bretones, aunque parece claro que posee una conexión con la cultura celta. No hay duda de que todas las novelas artúricas son la expresión de una época cortesana que bebe de fábulas mitológicas más antiguas, en su mayoría de origen celta, tal como propone Jean Markale en su obra *Lancelot y la caballería artúrica*.

La figura de Lancelot no es la simple imagen de un galán o un gran guerrero, sino la profunda dualidad de quien atesora estas virtudes, junto con la magia y la bendición del reino de las hadas. Es el héroe guerrero protegido por lo sobrenatural, de ahí que posea tanto magnetismo y haya protagonizado miniaturas medievales o cuadros tan bellos como *El último encuentro entre Lanzarote y Ginebra en la tumba del rey Arturo* (1854) del pintor Dante Gabriel Rossetti o *Lancelot y Ginebra* (1900) de Herbert James Draper.

Lancelot y Ginebra, Herbert James Draper, óleo sobre lienzo, 1900.

Asimismo, Lancelot está presente en algo tan popular como la baraja francesa en la figura del caballero de trébol, para muchos de nosotros de forma anónima. En cartomancia, su carta se asocia al hombre joven intrépido, aventurero y peligroso, cuya pasión puede acabar en dolor. Lancelot es el amante perfecto y el mejor de los caballeros, aunque con la desaparición de los valores corteses su figura adquirirá unos matices más sombríos, relacionados con la infidelidad y la traición.

Aunque hemos visto que Lancelot no es un caballero tan fácilmente catalogable como un héroe guerrero y materialista por su naturaleza emparentada con las fuerzas sobrenaturales, su destino y aventuras son propias de quien hace de la valentía, la fortaleza y la destreza con las armas, sus dones y características principales.

Por otro lado, Parsifal o Perceval se presenta como el caballero ingenuo, joven, puro y espiritual que accede casi por accidente a la corte del rey Arturo y se convierte en el héroe elegido para encontrar el Sagrado Grial. Esta versión del mito se da tanto en la primera e inconclusa narración de la búsqueda del Grial llamada *Perceval*, en el *Cuento del Grial* de Chrétien de Troyes, como en el posterior *Parzival* de Wolfram von Eschenbach, que acabará inspirando la famosa ópera de Wagner.

Sin embargo, dada la naturaleza abierta de los mitos y leyendas, hay fuentes inglesas entre las que se incluyen la *Vulgata* de Gautier y *La muerte de Arturo* de Malory, en las que el héroe o caballero triunfador en la búsqueda del Grial no es Perceval, sino Galahad.

En cualquier caso, lo que representa el mito de la búsqueda del Grial es la gesta o aventura protagonizada por otro tipo de héroe, cuyos valores están más alineados con la pureza, la introspección y la espiritualidad. En ella, héroes tan poderosos y mundanos como Gawain o Lancelot fracasan, porque el sendero está reservado para aquellos que posean una visión divina, mística y trascendente; solo estos podrán sanar la tierra baldía y al rey herido.

El Grial simboliza un objeto mágico que aparece como un plato, piedra preciosa o cáliz sagrado, que contiene la sangre de Cristo, como se establece en la cristianización del mito. Para esta empresa, la corte del rey Arturo debe sustituir a la caballería terrestre por la celestial, y los caballeros elegidos son Bors, Galahad y Perceval. Este último es hijo del rey Pellinore de Gales y comparte con Lancelot la temprana muerte de su padre y la educación en un lugar remoto llamado «yerma floresta solitaria». Allí crece oculto por su madre, la dama viuda, que pretende alejarle del mundo caballeresco, que ha acabado con la vida de su padre y hermano mayor. Pero una mañana de primavera tiene una visión que representa su llamada de la aventura.

En mitad del bosque ve desfilar a un grupo de caballeros, que cree que son ángeles, custodiando el cortejo del Grial, en el que un paje empuña una lanza que sangra y dos doncellas portan una bandeja de plata con el brillante grial. Perceval tiene la visión de un bello castillo con su señor gravemente enfermo y guarda silencio sin atreverse a formular las preguntas adecuadas. Por ello, la comitiva del Grial se esfuma, la visión desaparece y Perceval se encuentra de nuevo en su realidad, atormentado por haber seguido los consejos de su mentor Gornemant, que le pedía ser prudente en las conversaciones, pese a su innata curiosidad. Este será su primer pecado y su primer fracaso, por no haber preguntado a quien sirve el Grial o por qué gotea sangre la lanza. Así se lo reafirmará tiempo después su prima, la fea doncella de la Mula, y su tío el ermitaño.

Su timidez ha impedido la sanación del rey Pescador y de la tierra yerma. El héroe no ha reaccionado a tiempo y deberá sufrir una larga penitencia. En este punto, queda inacabada la narración de Chrétien de Troyes, que se convierte en un reclamo para que en posteriores versiones se concluyera el relato. Al poema original llegaron a sumarse más de nueve mil versos, que conformaron prólogos y cuatro continuaciones. Ninguno de los escritores involucrados llegó a dar con una conclusión definitiva que gustara a todos. Por lo tanto, surgieron a finales del siglo XIII versiones alternativas del romance del Grial, algunas incluidas en el extenso ciclo en prosa llamado la *Vulgata,* que también incluía las aventuras de Lancelot y obras poéticas como la de Robert Boron (*Le Roman de l'Estoire dou Graal*), al parecer un caballero borgoñón con familia en Inglaterra, cuya mayor aportación fue la de convertir el Grial en un santo cáliz sobre el que se vertió la sangre de Cristo en la última cena. En Gales, la supuesta tierra natal del héroe Perceval, se escribió una versión propia del romance llamada *Peredur*, y posiblemente también la alemana que ya mencionamos de Wolfram von Eschenbach (*Parzival*), que acabó triunfando entre nosotros, lectores de la era contemporánea, debido al retorno del mito durante el romanticismo alemán y su popularización con la ópera de Wagner.

De esta versión escrita por el caballero bávaro, nos servimos para finalizar el relato. Después de fallar ante el Grial, Perceval vaga durante cuatro años y medio, sufriendo aventuras que ya no significan nada para él. El mundo ha perdido sentido y el héroe lo abandona todo, convirtiéndose al ascetismo.

Ante el ermitaño Trevrizent, reconoce su culpa y su pecado, porque ha matado de pena a su madre al abandonarla en la floresta solitaria y también a su primo Ither en combate. Estos hechos le impidieron formular las preguntas correctas. El ermitaño lo conforta dándole la pista de que fue la falta de caridad lo que lo llevó al fracaso, pues solo mediante la caridad se alcanzan los estados de gracia para acceder al misterio del Grial.

Perceval había recibido la maldición de la sensual Kundrie, mujer escindida y fatal, al servicio del mago Klingsor. Asimismo, el héroe devino por un tiempo en rebelión ante Dios, empeñado en la búsqueda del Grial, y ganó cierta gloria mundana con triunfos caballerescos, pero había perdido su camino y se hallaba sumido en una terrible crisis, asolado por la duda y la desconfianza. Se adentraba en la caverna más profunda de su psique, pero los consejos del ermitaño finalmente le sirven para recuperar su fidelidad y decide, con la ayuda de Dios, reemprender su empresa. Aunque el héroe se pregunta qué es Dios, la búsqueda del Grial se va convirtiendo en un viaje interior cuyo sentido envuelve también la búsqueda del propio yo, como propone Carlos García Gual en su *Historia del rey Arturo y de los nobles y errantes caballeros de la Tabla Redonda*.

El casto amor de Perceval por la reina Condwiramours, con la que se casa, lo ayuda a persistir en su propósito de alcanzar el Grial. De ese enlace, nacerá Lohengrin, que es bautizado como el Caballero del Cisne. Finalmente, Perceval sigue la marcha ascendente que le llevará a su coronación en Munsalvaesche, el castillo del grial.

El héroe acepta con humildad ser coronado y su triunfo, más que una victoria caballeresca, es una victoria espiritual, pues su fortaleza se ha basado en su pureza y falta de ambición. En este arquetipo del héroe espiritual, quien se inicia en el ámbito de la caballería finaliza en la trascendencia de una búsqueda espiritual. De este modo, el Grial, que en la versión de Eschenbach es una piedra preciosa que puede tener vínculos con la alquimia, se convierte en el símbolo no tanto de la inmortalidad y la sanación, como ha podido atribuirse en otros contextos, sino de la manifestación de una forma de sabiduría mística fruto de un largo viaje interior de aprendizaje. Esta es la misma apoteosis que viven otros héroes visionarios como el Buda.

Curiosamente, Wagner incluyó esta analogía entre la vida de Perceval y la del Buda después de leer por primera vez el poema de Eschenbach en Marienbad en 1845. Poco antes de escribir la ópera de Parsifal, se mostró interesado por el budismo y llegó a escribir un libreto, *Die Sieger* (*Los victoriosos*, 1856), basado en la historia del Buda. Al año siguiente, concibió su *Parsifal*, pero no lo pudo completar hasta veinticinco años después, en 1882, cuando se estrenó en el festival de Bayreuth, como una obra escénica sacra y, dado su carácter místico, pidió que no se aplaudiera entre actos ni al final de la función.

Sin duda, esta ópera sirvió para difundir el mito de Parsifal, que también tuvo bastante presencia en la pintura del siglo XIX e inicios del XX, dentro de las tendencias más irracionales y ajenas al neoclásico o al realismo. El simbolista belga Jean Delville dibujó un precioso Parsifal casi esotérico en 1885, poco después del estreno de la ópera de Wagner, y luego, el misterioso Odilon Redon, que en muchos aspectos pudo anticiparse al surrealismo, pintó su Parsifal (1912) en una atmósfera de profunda melancolía. Antes, durante el romanticismo alemán, a mediados del XVIII, André Kosslick había pintado *Parsifal a la búsqueda de Montsalvat*.

También el cine se ha encargado de propagar el mito del héroe Perceval con películas que revisitan el ciclo artúrico como *Excalibur* (John Boorman, 1981) o la clásica *Los caballeros del rey Arturo* (Richard Thorpe, 1953) o las que se dedican íntegramente a él, como *Perceval el Galés* (Eric Rohmer, 1978), y las que hacen reinterpretaciones modernas, como la fantasiosa *El rey pescador* (Terry Gilliam, 1991) o la aventurera *Indiana Jones y la última cruzada* (Steven Spielberg, 1989). En esta última, la búsqueda del Grial constituye el centro de una narración, cuyo desenlace tiene lugar en la cueva donde permanece el rey Pescador.

En una demostración de su conjunción de héroe guerrero y espiritual, el moderno Indiana Jones es capaz de superar la prueba final, en la que la confianza en su destino le permite cruzar el abismo sobre un puente invisible, para llegar a la sala del Grial, donde deberá elegir entre diversas copas. La falta de ambición le lleva a tomar la más humilde y desgastada. Gracias a esta elección, salva la vida de su padre malherido y logra salir airoso de una nueva aventura.

Joseph Campbell dedicó gran parte de su vida a estudiar el romance del Grial, por eso, con posterioridad a su muerte, su fundación, que entre otras labores publica una minuciosa y voluminosa colección integral de su prolífica obra, editó *La historia del Grial. Magia y misterio del mito artúrico* para demostrar su dominio de la saga artúrica, comparando las distintas versiones con algunos mitos de otras culturas.

Para concluir este bloque dedicado a Parsifal, me parece significativo recordar lo que Campbell opina sobre este héroe espiritual que recorre un camino de iniciación y sabiduría mística.

En Oriente, los caminos de iniciación son señalados: sabes en qué estadio te encuentras, hallas a tu gurú y te sometes a él, sin crítica, haciendo lo que te dice, dejándote guiar a lo largo de tu propia experiencia. Esto no sucede en la búsqueda europea. En Parzival, tú debes seguir tu propia naturaleza, tu inspiración; seguir a alguien más te llevaría a la ruina. Este es el sentido del viaje de Parsifal.[4]

---

4. J. Campbell. *Romance of the Grail*. New World Library, Ca, 2015. p. 137

En su vertiente clásica, la escisión entre héroe espiritual y guerrero sería la que plantean Perseo y Hércules. El primero es
hijo de Danae y el dios Zeus, que la fecunda transformado en
lluvia dorada.

La doncella fue encerrada en una mazmorra por su padre
Acrisio para evitar que se cumpliera el oráculo que predijo
que el hijo de Danae lo mataría. Una situación que se repite
en el mito de Edipo o en la historia de Macbeth. Al descubrir
el nacimiento de Perseo, Acrisio lo arroja al mar, junto con la
madre, de donde los rescata el pescador Dictis, que los lleva a
la isla de Sérifos. Allí, el rey Polidectes se enamora de Danae,
a quien desea esposar, pero Perseo trata de evitarlo. Por ese
motivo Polidectes le propone una empresa casi imposible. Si
no quiere que su madre se case con él, debe traerle la cabeza
de la Medusa, un terrible monstruo que petrifica a todos con
su mirada.

En ese momento, aparecen los dioses Hermes y Atenea, que
para ayudarle a cumplir su objetivo le proporcionan poderosos amuletos: una hoz de acero y un escudo para protegerse
de la mirada de la Medusa. Además, en la primera parte de su
aventura, Perseo va en busca de las tres Grayas, que le conducen hasta las ninfas que le entregan unas sandalias aladas
para volar, un zurrón kibisis y el casco del Hades, que hacía
invisible a todo el que lo llevara. Armado con todo esto, junto
con el escudo y la hoz de acero que Hermes le había entregado, el héroe va a enfrentarse a la Medusa, quien había sido una
mujer que por su belleza se atrevió a desafiar a Atenea, que la
convirtió en un monstruo con una cabellera de serpientes. Su
imagen ha quedado inmortalizada en muchos cuadros, siendo

el de Caravaggio el lienzo más popular de todos. Perseo logra darle muerte, gracias a sus sandalias aladas y a la ayuda de Atenea, que sostiene sobre la Medusa el enorme escudo que actúa a modo de espejo.

Al vencerla, el héroe obtiene los poderes de la Medusa, por eso cuando regresa convierte al titán Atlas en una montaña, antes de rescatar a Andrómeda, que había sido atada a una roca como sacrificio a los dioses por la afrenta de su madre Casiopea, que pretendía ser más bella que las Nereidas.

Como puede verse, en la naturaleza de los mitos está la repetición, en este caso como castigo divino, tanto para Danae como para la madre de Andrómeda por desafiar en belleza a quienes tienen categoría de diosas. Una situación que se repite también en cuentos como la Cenicienta o Blancanieves.

Perseo liberará a Andrómeda del peñón, donde corre el peligro de ser devorada por un monstruo marino, del que también la libera. Finalmente, se casa con ella, pero en el banquete de bodas todavía debe lidiar con la conspiración de Fineo, un supuesto novio que no está de acuerdo con el enlace. Tanto él como sus hombres actúan a traición, lo mismo que sucede en el episodio de la boda sangrienta de la familia Stark en la saga de *Juego de tronos*. En este caso, Perseo consigue apagar la conspiración gracias a la cabeza de la Medusa, que los deja a todos petrificados, una escena que pinta con gran belleza el pintor napolitano Luca Giordano en 1670.

Al regresar a Sérifos, Perseo descubre que Polidectes quiso aprovecharse de Danae, y los convierte a todos en estatuas para hacer rey al humilde pescador Dictis, que los rescató, ejerciendo de padre adoptivo. Antes de acabar sus días ocupando el trono de Tirinto junto a Andrómeda, Perseo cumplirá con el oráculo y matará casi sin querer a su abuelo Acrisio.

El mito de Perseo es ejemplar como arquetipo de héroe espiritual en la línea de Parsifal, que logra sus propósitos gracias a alianzas y, especialmente, a una naturaleza sutil y profunda, propia de quien ha sido criado en difíciles circunstancias por un mentor humilde en una tierra desconocida.

Como aventura, el mito demuestra la infinidad de pruebas que suele pasar el héroe para lograr finalmente un bien común para la sociedad que lo acoge. Perseo logra restablecer el orden, tanto en Sérifos como en Argos, aportando cambios que mejoran a la comunidad y la hacen evolucionar.

Si hablamos de pruebas, las más famosas y narradas son los doce trabajos de Heracles (Hércules en la mitología romana). Este héroe, hijo del dios Zeus y de la mortal Alcmena, acabará divinizado después de cumplir las doce pruebas. En su caso, la aventura es una penitencia y un castigo por haber matado a su mujer e hijos en un arrebato de locura. Heracles es el ser temperamental y guerrero, el héroe material que vence por la fuerza.

Arrepentido del horrible crimen cometido con sus propias manos, acaba vagando en solitario por tierras salvajes, hasta que decide ir a consultar al Oráculo de Delfos. Allí, la sibila le predice que debe superar doce trabajos, que le propone Euristeo, el hombre que había usurpado su trono y a quien más odiaba. Los trabajos eran duras pruebas con animales terribles, entre ellos debía estrangular al león de Nemea, y domar al toro de Creta.

Este mito tiene múltiples versiones procedentes de diversas fuentes, que se sitúan por el Peloponeso y otras tierras más lejanas próximas a Oriente. En cualquier caso, Hércules o Heracles es uno de los héroes más ilustres de la cultura mediterránea, que se ha dado a conocer en la era contemporánea a través de libros, cuentos y películas. La gran prueba que nunca pudo superar fue la de aplacar su ira, pues la violencia le llevó a matar a inocentes, y por eso su alma nunca pudo estar en paz. De algún modo, es el arquetipo del héroe caído en desgracia, pese a toda su fortaleza y dones para la guerra. Un perfil similar al de Aquiles, uno de los héroes de la guerra de Troya, que también entra en la categoría de los héroes inmortales, como sucede con Krishna.

Aquiles era hijo del rey mortal Peleo y de la diosa ninfa marina Tetis, que intentó hacerlo inmortal sumergiéndolo en la laguna Estigia, pero al olvidar sumergir el talón por el que lo sujetaba, le dejó un único punto vulnerable. Gracias a ello, Paris pudo darle muerte con una flecha en el transcurso de la Guerra de Troya.

Por su parte Krishna, el avatar número ocho de Vishnu, el supremo gozador, alecciona al guerrero Arjuna que protagoniza la *Bhagavad-gita*, convenciéndole de que las graves muertes que se dan en el campo de batalla son una ilusión, porque todos los seres son inmortales al formar parte del Ser o el Uno, que es imperecedero. De este modo, Krishna puede verse dentro de la tradición hinduista como el transmisor del secreto de la inmortalidad, no tanto como un ser inmortal, y junto con la narración del héroe Arjuna, es quien nos enseña a liberarnos de la terrible rueda de reencarnaciones del samsara.

Este es uno de los segmentos del bello poema épico conocido como la *Baghavad-gita*:

El no-ser nunca puede ser;
el ser nunca puede no ser.
Estas dos afirmaciones son obvias
para quienes han observado la verdad.
La presencia que permea el universo
es imperecedera, inmutable,
más allá del es y no es:
¿cómo podría desaparecer?
Estos cuerpos llegan a un final;
pero el vasto Ser corporizado
es sin edad, insondable, eterno.
Por ello debes luchar, Arjuna.
Si crees que ese Ser puede matar
o crees que este ser puede ser matado,
no entiendes bien
los caminos sutiles de la realidad.
Nunca nació; habiendo sido,
nunca no será.
Nonato, primordial
no muere cuando el cuerpo fallece.
Sabiendo que es eterno, nonato,
más allá de la destrucción,
¿cómo podrías tú matar?
¿Y a quién matarías, Arjuna?
De la misma manera que te deshaces de ropa usada
y te pones nuevas vestiduras,
el Ser descarta sus cuerpos usados
y se reviste con otros nuevos.

Krishna entra en la categoría de dios niño o héroe divino con episodios como la liberación de los hombres ante la amenaza del rey serpiente Kaliya, que había envenenado todo el gran río Yamuna.

Con apenas siete años, el aventurero Krishna salió al encuentro de la serpiente cuyo aliento venenoso y abrasador no solo había infectado las aguas, sino también los árboles y los pájaros, que caían muertos. En su aventura quiso librar a los habitantes de este continuo mal, y para ello subió a un árbol para saltar sobre la cabeza de la serpiente, lanzándose de un salto a las profundidades. El rey serpiente salió de las aguas con los ojos encendidos por la ira, acompañado de otros guerreros serpiente, que atacaron al niño rociándolo con su veneno, mordiéndolo y atando sus brazos y piernas con sus anillos.

Un grupo de campesinos vio la escena horrorizado y volvió a la aldea para contar lo que le había sucedido al pobre niño. Todos acudieron al río a tratar de rescatarle, con sus corazones encogidos. Querían perder ellos la vida si Krishna no lograba liberarse. Se preguntaron por qué este divino señor de dioses se mostraba en su fragilidad humana y dudaban de si era consciente de su esencia divina. Las palabras resonaron en la cabeza del joven héroe sumergido bajo las aguas, su rostro esbozó una sonrisa y tomó fuerzas para liberarse de los anillos de las serpientes hasta ponerse de pie sobre el rey serpiente. Entonces levantó la rodilla y comenzó a saltar sobre la cabeza hasta que la serpiente perdió fuerzas y se desvaneció.

Las reinas serpientes pidieron clemencia y finalmente el dios niño decidió enviar a Kaliya a la profundidad del océano, donde no hiciera daño alguno. Los campesinos abrazaron a

Krisna como al renacido milagrosamente, que como un héroe vino a salvar a la comunidad de una amenaza, al igual que sucede en otros mitos como el de Teseo y el Minotauro de Creta. En lo relativo a la serpiente y como propone la teoría del monomito, que se repite una y otra vez, tenemos la victoria de Apolo sobre la serpiente terrenal, señora del Oráculo de Delfos, o a Cristo aplastando la cabeza de la serpiente después de ser víctima de su picadura, o la ya descrita victoria de Heracles sobre la Hidra.

El mitólogo y gran conocedor de la cultura hinduista Heinrich Zimmer propone una interesante distinción:

> En Occidente, los héroes salvadores que descienden del cielo para inaugurar una nueva era sobre la tierra son considerados personificaciones de un principio espiritual y moral superior a la fuerza vital animal y ciega del poder de la serpiente. En cambio, en la India la serpiente y el salvador son dos manifestaciones básicas de una sustancia divina única y omnicomprensiva. Y dicha sustancia no puede estar en contra de ninguno de sus aspectos polares, mutuamente antagónicos: ambos se reconcilian y se subsumen en ella.[5]

Finalmente, en este apartado relacionado con el niño héroe podemos citar a Teseo, el héroe predilecto de los atenienses, que de niño tuvo que levantar una gran piedra para que su padre, Egeo, el rey de Atenas, lo reconociera. Una piedra que tapaba

---

5. H. Zimmer. *Mitos y símbolos de la India*. Ed. Siruela, Madrid, 2001. pág. 93.

el agujero que contenía una espada, al igual que sucede con el mito del rey Arturo y *Excalibur*.

El niño quiso ser como Heracles y pronto emprendió la aventura de viajar en solitario desde Tracen, la patria de su madre en la Grecia meridional, hasta Atenas. A lo largo del camino, el joven libró a su patria de amenazas de bandidos, tiranos como Escairón o Sinis, que mataba a los hombres atándolos a dos pinos doblados hasta el suelo y soltándolos luego como una catapulta mortal.

Toda Grecia alabó el honor de aquel joven, y su fama llegó a sus corazones como uno de sus grandes héroes, cuya mayor gesta fue la de acabar con el peligroso Minotauro, que estaba al servicio del rey Minos de Creta, quien había invadido Atenas.

El joven Teseo, con ayuda del hilo de Ariadna, se introdujo en el laberinto del monstruo mitad toro y mitad ser humano para acabar con su vida y liberar a la población ateniense del sacrificio que continuamente debía cumplir. Sin duda, el de Teseo es uno de los mitos más populares de la cultura occidental.

Como veremos en la segunda parte de este libro, dedicada al viaje del héroe, puede haber muchos tipos de héroes (liberadores, transformadores, iniciáticos, rebeldes…), por lo que en este momento no es necesario extendernos más. Simplemente, con los ejemplos comentados es importante regresar a la idea básica que los divide en dos grandes categorías, como propone Joseph Campbell, en esa escisión material y espiritual, siendo el segundo el modelo al que más nos vinculamos por su relación con el camino del crecimiento personal y la transformación.

El antihéroe

Antes de seguir, conviene detenernos en la figura del antihéroe y mencionar la discriminación histórica sufrida por las heroínas, un tema que de por sí puede dar pie a otro libro.

Cuando hablamos del arquetipo del antihéroe nos referimos al ser cotidiano, desprovisto de poderes e incluso, virtudes, que, sin embargo, se ve envuelto en una aventura o en una serie de pruebas que desafían su naturaleza para lograr un propósito particular y en ocasiones global. Se puede decir que es gente corriente, sin atractivos ni fortalezas, que trasciende su rutina para enfrentarse a retos. En este sentido, casi todos los que estamos en la senda o el propósito del crecimiento personal somos antihéroes en camino de convertirnos en héroes, si logramos pequeños o grandes avances para el mundo que nos rodea.

El término antihéroe resulta bastante contemporáneo y está muy vinculado a la cultura cinematográfica y a la novela negra. El investigador privado de las películas, encarnado tantas veces por Humphrey Bogart, es un antihéroe que sobrevive en un mundo de corrupción, pero no se eleva a la categoría de héroe por su falta de virtudes y bienes comunes. Estamos ante un ser interesado y que trabaja contratado por dinero, solitario y taciturno, pero con la función de señalar los desperfectos de la sociedad. El investigador privado de una historia como *El halcón maltés* de Dashiel Hammett nos muestra un mundo movido por la ambición, la mentira y las traiciones. Al final, el halcón que debería ser de oro está hecho del material con el que se forjan los sueños, parafraseando a Shakespeare y su

Tempestad. Esa es la lección final: la avaricia rompe el saco, y lo importante es el tesoro que se encuentra en nuestro interior, la esencia del viaje del héroe que nos ocupa.

El antihéroe es un arquetipo que es importante tener en cuenta, sobre todo porque nos remite a tiempos de crisis en los que la sociedad es capaz de realizar una autocrítica, asumiendo que las cosas no están muy bien. Históricamente, podemos poner como ejemplo la década de los 1970 en la sociedad americana, cuando finalizada la guerra de Vietnam y, ante acontecimientos como el escándalo Watergate, aparecieron múltiples antihéroes bajo la piel de periodistas, investigadores o policías de menor importancia.

En cambio, los tiempos sin autocrítica y con cierto militarismo como los de los años ochenta, se llenaron de superhéroes, resucitados de una década similar como fue la de los 1950.

No nos entretendremos en hablar de los superhéroes, porque se alejan un poco de nuestro centro de atención, pero sí merece la pena hacer mención a un personaje como el de Batman.

En este caso, estamos ante el único superhéroe y antihéroe, que se sacrifica por el bien de los demás y que protege la ciudad de Gotham, que ha debido cumplir su viaje iniciático de superación tras perder muy joven a sus padres.

Batman o Bruce Wayne es un ser común, sin ningún superpoder, más allá de su solvencia económica e inteligencia. En esta saga surgida en el mundo del cómic, aparece toda una galería de arquetipos con gran variedad de villanos, entre los que destaca el antagónico y carismático Joker, quien después de pasar por el histrionismo del *clown* creado por Jack Nicholson, encarnó las profundidades de la maldad humana con

Heath Ledger, para acabar convertido en un icono de masas y antihéroe de una rebelión contra un sistema corrupto y represor en la piel de Joaquin Phoenix.

Sin duda, el mundo del cómic y sus arquetipos darían para mucho, pero no es la intención de este libro dar una visión completa de todos los héroes. Hasta este punto, se ha pretendido establecer la dualidad del héroe material y espiritual o la naturaleza del antihéroe o héroe cotidiano. Los primeros consiguen logros que pueden transformar el mundo y su sociedad, mientras que los últimos actúan sobre sí mismos y a menor escala.

La heroína

Antes de comenzar con los distintos personajes arquetípicos que acompañan al héroe en su aventura, es preciso recordar la discriminación histórica sufrida por la mujer en su rol de heroína. Una de las causas es que en las sociedades primitivas la mujer tuvo mucha importancia como diosa de la fertilidad, sacerdotisa, vestal, transmisora del oráculo y en todo lo que tuviera que ver con las ceremonias religiosas. Tal y como lo explica la arqueóloga británica Margaret Murray en su controvertida obra *El dios de los brujos* (1931), las mujeres fueron las primeras sacerdotisas en ritos de fertilidad vinculados a la adoración del toro o el carnero, algo muy frecuente en el Mediterráneo y en toda la cultura indoeuropea. Sin embargo, la llegada del monoteísmo y de la religión cristiana condenó a la mujer al rol de bruja, convirtiendo a su objeto de veneración en el diablo.

Las mujeres adoradoras que participaban en cultos fueron vistas como lascivas y perniciosas, mientras el hombre se apoderaba de todos los estamentos de poder. Obviamente, todo esto se trasladó a la narración y codificación de los mitos universales, en los que se permitió a la mujer aparecer como consorte de un dios y, por lo tanto, como diosa o madre, pero nunca como heroína. La corriente neopaganista de Murray fue seguida por la arqueóloga lituana Marija Gimbutas, quien escribió *El lenguaje de la diosa* (1989), concentrando gran parte de sus estudios en la idea de que hubo en el Paleolítico y en el Neolítico una representación única y universal de la Diosa Madre, pero también toda una variedad de deidades femeninas vinculadas a figuras como la serpiente, la abeja o como señora de los animales. La obra de esta investigadora tuvo bastante influencia e interconexión con Joseph Campbell, en cuanto a mitología comparada.

Actualmente, Jean Shinoda Bolen, una discípula del mitólogo y autor de *El héroe las mil caras*, ha tomado el testigo de sus predecesoras para tratar de subsanar la discriminación histórica de la mujer. Entre sus obras destaca *Las diosas de cada mujer*, donde vincula la psicología femenina y sus arquetipos en relación con las características de distintas divinidades como Atenea, Afrodita o Perséfone, llegando a la idea de que hay una heroína en cada mujer.

Aunque el sendero del héroe no es específico del hombre, porque la llamada de la aventura no entiende de discriminaciones, ha sido la sociedad la que ha impedido que la mujer se desarrollara para salir de su mundo conocido y pudiera adentrarse en la senda de la aventura. Afortunadamente, hoy todo esto se ha superado y la mujer está presente como la heroína de modernas narraciones cinematográficas, *El ascenso de Skywalker* o *Wonder Woman*, series o literatura, pero ha quedado bastante apartada de la mitología universal, aunque poco a poco se van recuperando figuras nórdicas, mediterráneas o de otras culturas que la ubican en esa posición. Este es un tema que han empezado a desarrollar diversas autoras como Maureen Murdock en *Ser mujer, un viaje heroico*, por lo tanto aquí no entraremos en ello, pero eso no quiere decir que no estemos completamente de acuerdo en señalar que la mujer también ha hecho un recorrido similar al del héroe.

Cuando en el capítulo siguiente hablemos de las fases, pruebas y etapas de la aventura, se darán las pistas de cómo en los aspectos psicológicos del viaje de transformación personal interno, hay diferencias dependiendo de si se plantea para un hombre o para una mujer. Básicamente, el cambio principal reside en el rol del padre y de la madre, en uno y otro caso.

Con respecto a la mitología tradicional y más popular, las figuras más próximas a una heroína podrían ser Medea, Clitemnestra o Antígona, aunque todas ellas tienen ciertas connotaciones destructivas, porque pareciera que abusan de su poder.

Por ejemplo, Clitemnestra reina y cuida de la ciudad mientras Agamenón está en la guerra de Troya, pero cuando este regresa, lo asesina en el baño. Esquilo lo cuenta diciendo que tiene una «determinación viril».

Antígona, la heroína rebelde que no acepta una ley injusta que discrimina a uno de sus dos hermanos, desobedece al rey Creonte y es condenada a muerte, pero termina suicidándose.

La hechicera protagonista de la tragedia de Eurípides, *Medea*, se casó con Jasón a su regreso de la conquista del vellocino de oro. Cuando su marido va a esposar a una nueva mujer llamada Glauce, la asesina de forma terrible, poco antes de perpetrar el crimen de sus propios hijos. Pese a la violencia del argumento, aquí Eurípides ensalza la potencia del personaje femenino, respetado y temido por todos.

En el mundo griego, también hay un mito que habla de las amazonas, unas mujeres poderosas, violentas y militarizadas que vivían en los confines septentrionales de su mundo, una sociedad gobernada solo por mujeres. Sin embargo, el hombre se encargó de demonizarlas e imponer la idea de que era necesario salvar a la civilización de un gobierno de mujeres. El cómic y el cine contemporáneo con el personaje de Wonder Woman recuperan del ostracismo la figura de la amazona, para devolverle su dignidad, aunque sea como una heroína solitaria.

En tiempos de Roma, Ovidio en su fundamental *Metamorfosis* relega a las mujeres al silencio. Por ejemplo, Ío es transformada en vaca por Júpiter y tan solo puede mugir. Eco, una ninfa parlanchina, sufre el castigo de que su voz no sea la suya, sino el instrumento que repite las palabras de otros.

La mitología nórdica es más condescendiente con la mujer, con figuras como Freya. En los *Eddas* aparece como diosa del amor, la belleza, la fertilidad y también la muerte, es una especie de Venus o Afrodita con auténticas dotes guerreras. Tal como describíamos más arriba a las mujeres heroínas, la cristianización de Escandinavia relegó a Freya y a otras divinidades como Frigg a la categoría de brujas o demonios, de forma que su culto quedó reservado a zonas rurales, que las preservaron dentro del folclore germánico hasta los tiempos modernos. Gracias al movimiento neopaganista que despertó en la segunda mitad del siglo xx, muchos de estos personajes femeninos han ido regresando a la cultura popular después de pasar siglos de ostracismo. Sin embargo, queda mucho camino para resituar a la mujer en el marco narrativo que merece como diosa o heroína de las distintas culturas y tradiciones del mundo. Con seguridad, aparecerán nuevos trabajos que lo plantearán; mientras tanto, la moderna mitología audiovisual la está incluyendo progresivamente en sus ficciones.

Arquetipos del viaje del héroe

Ahora iremos presentando a los arquetipos que acompañan a héroes y heroínas en su viaje de aventura y transformación personal.

El mentor

El mentor es el arquetipo que se presenta tras el rechazo a la primera llamada de la aventura y uno de los más importantes de todo el ciclo. El primer emisor de la llamada de la aventura representa la ambición, es un ser oscuro y terrorífico que procede de lo desconocido. En los mitos clásicos, son monstruos como el Minotauro, y en los modernos, personajes como Fausto. En cambio, el mentor, si bien procede también de lo desconocido o ha tenido contacto con ese territorio, se presenta como un hombre sabio y anciano que ha vivido lo suficiente para tener la experiencia de compartir su conocimiento. Suele tener un aspecto extraño, como si fuera alguien que no encaja en el patrón establecido de la sociedad. Se comporta como un *outsider*, alguien ajeno al sistema, aislado y solitario. Su función es la de aportar ayuda sobrenatural, tal y como propone Campbell. Es alguien que proporciona amuletos al héroe. En mitos como el de Perseo, son los dioses Hermes y Atenea; en los cuentos y en la saga artúrica, son magos como Merlín, y en los modernos mitos audiovisuales se aparecen como un Owi Wan Kenobi o un Yoda. Hombre anciano y de un linaje de caballeros, un jedi prácticamente perdido, el primero, y un elfo del bosque orientalizado, el segundo. El mentor representa la fuerza protectora y benigna del destino con el héroe, el padre en su senda de la aventura y en su camino de transformación.

Si el individuo que inicia la aventura confía, pronto aparecerán los guardianes eternos y la figura del mentor, que no es otro que el héroe que ya ha vuelto. Quienes conocen el sendero son aquellos que pueden guiar al nuevo héroe para que viva su propia aventura. El camino es conocido y aparecen ayudas, pero al final de la aventura el héroe deberá recorrerlo en solitario.

El arquetipo del mentor es fundamental para cruzar el umbral, y también durante las múltiples pruebas y obstáculos que deberá superar el héroe.

El mago Merlín es posiblemente el modelo más revisitado, cuando se plantea la versión más clásica de este arquetipo que sigue poblando mitos y modernas ficciones contemporáneas.

Este arquetipo es como un gurú hinduista transportado a la cultura celta, en forma de mago y hechicero capaz de guiar a las almas, sanar a los enfermos, vislumbrar el futuro o proteger al héroe con cualquiera de sus recursos. Habita en el bosque encantado, en el valle del no retorno, la que puede ser morada de los muertos. Viene del mundo desconocido como emisario, para ayudar al héroe a comprender su naturaleza y la dificultad de su empresa. El bosque mágico es un territorio de aventura, donde no es posible entrar sin perderse, salvo el elegido que sobrevivirá a los peligros más mortales, renaciendo como un nuevo hombre u héroe. El bosque es siempre ese espacio iniciático, que sumerge al héroe bajo espectros ancestrales. Allí, el hombre corriente convertido en héroe se encuentra con su ser supremo y su animal totémico, como creen las religiones chamánicas. El moderno mentor no es otro que el viejo chamán de la tribu primitiva con sus mismos atributos, aunque con un *tunning* o lavado de imagen que lo hace accesible a nuestros tiempos. En general, bajo esa imagen de hombre anciano de larga barba blanca y gran estatura. El mentor es quien guía a las nuevas generaciones de jóvenes a cumplir su rito de paso del que renacerán como guerreros y hombres. Merlín no solo es señor de los bosques, sino también el fundador y guía de los caballeros de la Mesa Redonda, además del consejero personal del rey Arturo. Sus atributos mágicos se entienden por ser hijo de una princesa y un demonio, que gestaron a este niño encantado que se ha mantenido como una figura profética del mundo celta. Merlín siempre acude en ayuda de los caballeros del rey Arturo y de cualquiera que lo llame. La grandeza del mentor es conocer el mundo desconocido y estar siempre al servicio del otro como protector, maestro, guía o sanador.

El mentor puede ser un hechicero, pastor o ermitaño como el cazador de la taiga en *Dersu Utzala,* que protagoniza una bonita narración escrita por Vladimir Arseniev y llevada al cine por Akira Kurosawa. Este arquetipo ejerce globalmente de maestro, guía y mentor, pero puede contener cierta ambivalencia en cuanto a protección y sentido del peligro.

Pese a la reiteración de un tipo de mentor, no hay que dejarse llevar por la apariencia, especialmente en la moderna narrativa o mitología audiovisual. Casos como el de *American Beauty* (Sam Mendes, 1999) demuestran que puede ser un jovencito extravagante que llega como intruso al barrio. El mentor no siempre va a ser un perfecto mago de barba blanca como el Merlín de la saga artúrica, Gandalf de *El señor de los anillos* o Dumbledore de *Harry Potter*.

El ayudante

Otro arquetipo que se presenta en la primera parte del viaje del héroe es el ayudante. Un personaje cotidiano y próximo, fiel amigo y escudero, tan bien representado en la tradición hispana por Sancho Panza en *Don Quijote de la Mancha* o en la figura de Sam en la popular saga anglosajona de *El señor de los anillos*. Todo héroe que se precie tiene un ayudante o amigo que le acompaña durante un buen tramo de su viaje de transformación. Este personaje suele cumplir el rol de contrapunto psicológico del héroe, aportando y completando en las facetas en las que el héroe puede ser más débil o andar cojo. En muchas ocasiones, el héroe es un soñador y el ayudante encarna el sentido común.

El ayudante es un fiel acompañante que sigue al lado del héroe hasta que las fuerzas aguantan o el camino de pruebas lo permite, porque hay un momento en el que la senda parece reservada para uno solo.

En algunos casos, el ayudante puede ser una mujer, como sucede en *Matrix*, donde Trinity ejerce este rol, mientras Morfeo es el mentor.

Los ayudantes participan en la primera mitad de la aventura y tienden a regresar hacia el final, momento en el que pueden tener un papel relevante para garantizar la protección del héroe. Se vinculan con el mentor, pero nunca llegan a su categoría, ya que son personajes cotidianos cuyo mayor atributo es su fidelidad o su amor por el héroe.

El ayudante no aparece muy a menudo en la mitología clásica, porque es un arquetipo derivado de la evolución del viaje del héroe, tanto narrativo como cinematográfico.

Cuando el héroe llega al umbral, se encuentra con el guardián, que representa una primera prueba o un rito de paso del que debe salir victorioso para seguir avanzando. El guardián es una amenaza que custodia el mundo desconocido de la aventura y puede ser un caballero armado esperando al otro lado del puente como sucede en la mitología medieval, una criatura peligrosa propia de mitos antiguos o cualquier forma de antagonista que implique una lucha o una prueba que superar.

El héroe debe probar su valentía y confianza para cruzar el umbral, venciendo al guardián, cuya imagen se representa infinidad de veces en los templos primitivos mediante leones, elefantes, serpientes u otros animales vinculados al poder en los reinos desconocidos.

La serpiente tiene una poderosa iconografía en la cultura de la India, donde se la vincula con la salud física y espiritual, al igual que sucedía en la Grecia clásica. Por eso, se la asoció con la medicina, con una forma enroscada alrededor de una columna, como en el sistema de yoga tántrico como imagen de la elevación de la *kundalini*. En cambio, en la Biblia, la serpiente se identifica con la corrupción y el peligro. Los *nagas* indios pueblan los paraísos subacuáticos y son guardianes de la energía vital, que se almacena en las aguas de los manantiales o los pozos. También custodian el fondo del mar. En cualquier caso, son una imagen clara de guardián que aparece en la entrada de templos hinduistas y budistas, marcando el umbral que da paso a la sacralidad del templo, entendido muchas veces como reino simbólico de la oscuridad y lo desconocido.

Es interesante tener en cuenta lo que plantea el mitólogo Heinrich Zimmer sobre la diversa interpretación que puede tener una figura como la de la serpiente, haciendo referencia al mito de Heracles, que mata a Hydra, la poderosa serpiente de siete cabezas, o a Cristo, que aplasta la cabeza de este animal, pese a sufrir su picadura.

En Occidente, los héroes salvadores que descienden del cielo para inaugurar una nueva era sobre la tierra son considerados personificaciones de un principio espiritual y moral superior a la fuerza animal y ciega del poder de la serpiente. En cambio, en la India, la serpiente y el salvador son dos manifestaciones básicas de una sustancia divina única y omnicomprensiva. Y dicha sustancia no puede estar en contra de ninguno de sus aspectos polares, mutuamente antagónicos: ambos se reconcilian y se subsumen en ella.[6]

6. H. Zimmer. *Op. cit.*, pág. 93..

Esta imagen oriental de la serpiente como salvadora del héroe se da, por ejemplo, en la historia del Buda y la serpiente Mucalinda, que lo protege bajo el árbol de la sabiduría. Ella es protectora de los dioses o del Buda y a la vez es símbolo del impulso espiritual, tal como se representa en la tradición del yoga.

Por ello, la serpiente puede ser vista como una figura de ayudante dentro del contexto oriental, algo que no suele suceder en nuestros modernos mitos audiovisuales o narrativos, que prefieren la representación de un ser humano, campechano, sencillo y amigable. En ese caso, la serpiente, al igual que otros animales poderosos, como el toro o los leones, es vista como guardiana.

Finalmente, cuando el héroe ya ha cruzado el umbral y se adentra de pleno en el mundo desconocido de la aventura, se encuentra con dos figuras fundamentales: la madre como diosa del oráculo y el padre como enemigo arquetípico. Estos roles deben invertirse si estamos trazando el viaje de la heroína, como acotaremos al final de este pequeño apartado.

La diosa protectora universal

Para el hombre que se adentra en la senda de la aventura, la madre se le presenta como la diosa protectora de un universo que le ayuda a equilibrar las parejas de opuestos. Esa dialéctica incesante de un mundo cambiante que lo somete a duras pruebas para integrar psicológicamente las parejas de contrarios y entender que día/noche, masculino/femenino, positivo/negativo, yin/yang no son más que partes de una misma cosa indisociable. Así lo establece el *I Ching* o *Libro de los cam-*

bios, uno de los textos más antiguos de la sabiduría oriental, y prosigue en el *Vedanta* hinduista, entre otros. Equilibrar los contrarios es el reto final de las pruebas del héroe en la primera fase del mundo desconocido y la madre es su gran aliada para adquirir seguridad, protección y aliento para seguir adelante.

Como veremos en las etapas de la aventura del héroe, cuando llega al cénit del último extremo de la Tierra, ya en lo desconocido, pero antes de entrar en la caverna más profunda, vive el episodio del matrimonio místico con la reina diosa del mundo. Esta es la madre, hermana, amante o esposa, y siempre se trata de una figura femenina que viene a proteger e integrar armónicamente las polaridades y tensiones posteriores al duro proceso de pruebas. La diosa es la encarnación de la promesa de perfección, la que le aporta al alma la seguridad de que recobrará la felicidad al final de su exilio. La madre viene a nutrir y confortar, es la mujer joven y bella, aunque como integradora de las parejas de contrarios posee la doble naturaleza, benigna y destructora. Como dice Campbell, citando a Ramakrishna:

> Ella es la Fuerza Cósmica, la totalidad del universo, la armonía de todas las parejas de contrarios, combinando maravillosamente el terror de la destrucción absoluta con una seguridad impersonal, pero materna [...]. El río del tiempo, la fluidez de la vida, la diosa que al mismo tiempo crea, protege y destruye. Su nombre es Kali, la Negra; su título, La Barca que cruza el Océano de la Existencia.[7]

7. J. Campbell. *El héroe de las mil caras*, pág. 109.

A su vez la mujer ejerce de guía en lo sensorial y en todo lo que puede llegar a conocerse, por lo tanto, cumple también el rol de diosa del oráculo, la que proyecta una visión en el futuro del héroe, aportándole una clave simbólica que debe interpretar y resolver en algún momento de su aventura. El héroe es quien llega a conocer su destino gracias a la mujer o madre que le transmite la armonía del universo.

El padre como enemigo arquetípico

En cambio, el padre cumple el rol opuesto, ejerciendo de enemigo arquetípico, y por eso se presenta de esta forma. La madre es la que recupera al héroe después de las difíciles pruebas que ha debido superar, dándole su protección y beneplácito antes de afrontar el reto de «matar» al padre. Este es un episodio clásico de todo rito de paso en el que el niño alcanza la condición de adulto. Aniquilar al padre representa confrontar y destruir al propio ego, porque es la máxima representación de nuestras ambiciones. El aspecto de ogro del padre es un reflejo del propio ego del héroe. También es el espejo en el que nos miramos de forma narcisista y a veces enfermiza, que nos impide crecer.

Psicológicamente, en su viaje interno, el héroe debe superar esta importante etapa que pone a prueba su capacidad de desprenderse de la ambición, un paso fundamental para prepararse hacia la iluminación. El ascenso o éxito en la conquista de su tesoro interior en forma de nueva sabiduría, *insight* o propósito vital dependerá de poder trascender y reconciliarse con la figura del padre. Se trata de una doble prueba en la que hay una que es la de aniquilación y otra posterior de reconciliación.

Este capítulo del viaje del héroe queda muy bien descrito a lo largo de toda la trilogía de *Star Wars*. En un momento inicial de la formación del joven Skywalker, el maestro Yoda le hace entrar en una oscura caverna. Allí, Luke lucha contra Darth Vader y le vence, cortándole la cabeza con su espada láser. Cuando esta cae al suelo, le retira la máscara y lo que ve es su propio rostro. Al final de este segundo episodio, descubrirá que Vader es su padre, el antiguo caballero jedi llamado Anakin Skywalker.

Todos, de un modo u otro, podemos reconocer este episodio en nuestras vidas. Cuando hemos pasado por el final de la adolescencia, colisionamos en rebeldía con nuestro padre, cuestionando principios y reivindicando lo propio. Es un proceso necesario, aunque por ello no hay que acabar peleado con el progenitor toda la vida. En el mito del héroe, se mata al enemigo arquetípico o se retira ese componente de odio descontrolado de su ser. Más adelante, puede y debe llegar la reconciliación con el padre, pero esto es algo que sucede más tarde.

Joseph Campbell lo describe de este modo:

> Lo sepa o no, y sin importar cuál sea su posición en sociedad, el padre es el sacerdote iniciador a través del cual el adolescente entra a un mundo más amplio. Y así, como antes la madre ha representado el «bien» y el «mal», ahora eso mismo es el padre, pero con esta complicación: que hay un nuevo elemento de rivalidad en el cuadro: el hijo contra el padre por el dominio del universo, y la hija contra la madre para ser el mundo dominado.[8]

8. J. Campbell. Op cit. pág. 128.

En cuanto a las mujeres, es fácil sospechar que quien debe presentarse primero, como protector, es el padre. El hombre ejerce en la hija el rol de conciliador, integrador y generador de confianza, mientras la madre es la enemiga arquetípica con quien debe enfrentarse para lograr lo que acabamos de descubrir. Por desgracia, no hay demasiados ejemplos de esto debido a la importante ausencia de heroínas, pero lo psicológico no ofrece dudas a este respecto.

Solamente cuando el héroe o la heroína ha aniquilado a su enemigo arquetípico está preparado o preparada para afrontar la prueba final, que supone de nuevo un reto con su naturaleza interior, aunque esta vez contra un monstruo simbólico y mitológico.

El dragón interno

El dragón es la figura arquetípica final que el héroe debe vencer, y esta es una lucha consigo mismo que comporta un conflicto interno, pues se trata de una prueba interna de superación. Este animal ejerce un papel psicológico muy importante como expresión del miedo más ancestral. En él se concentra internamente, el gran trauma o herida del héroe. Para entendernos, sería la kryptonita de Superman, aquello que representa el temor más profundo. La parálisis que bloquea al héroe hasta dejarlo a punto de no lograr su propósito. El dragón es ese gran monstruo que debe matar San Jorge y que también aparece en la iconografía medieval de San Miguel.

Como fruto de la fantasía del hombre, es un animal fabuloso, y en la imaginación europea es concebido como un gran cocodrilo alado, que desprende fuego por su boca. En la mitología griega, bajo la figura de la Hidra de Lerna puede asumir la imagen de serpientes aladas de varias cabezas. En la tradición occidental, su figura se asocia con los miedos más ancestrales, incluyéndolo en la categoría de seres monstruosos y casi demoníacos que reflejan angustias, anhelos reprimidos o todo tipo de terrores del ser humano. En este contexto, el dragón está dentro del mundo de las fuerzas ocultas. Por ejemplo, en Japón existe una de estas figuras fantasiosas llamada Hai Riyo, como un pájaro con cabeza de dragón. Sin embargo, en la tradición propia del Asia oriental, y concretamente en China, el dragón es visto como un símbolo de fertilidad y del poder imperial, se lo considera portador de la lluvia y señor de las aguas. Igualmente en Asia, aparece como *ouroboros*, el que se muerde la cola, simbolizando la destrucción y renacimiento del cosmos. En Oriente, su figura se vincula a la energía creadora y se considera protectora de tesoros escondidos. En este contexto, y fusionado con la visión maléfica del ser que concentra los males ancestrales, es como debe considerarse al dragón, dentro del viaje del héroe.

La representación máxima de nuestros temores, el trauma más enquistado y la herida más sangrante es el dragón; es decir, todo lo que nos confronta y evitamos, pero que debemos trascender si queremos sanar el tesoro de nuestro corazón. Por ello, vencer al dragón interno significa conquistar el bien más preciado de nuestro *dharma*, sentido vital o esencia personal. La transformación personal solo puede venir después de vencer al dragón, quien nos recompensará plantando la semilla de una nueva etapa en la vida, fértil y dichosa, aunque no todos triunfan en esta batalla simbólica de abatir al dragón. En ocasiones, son necesarios varios enfrentamientos a lo largo de la vida, por eso es importante no desistir, aun cuando nos veamos derrotados. Asimismo, es importante la potencia e intensidad de la llamada de la aventura, el motor del cambio que nos estimula e impele a luchar contra el dragón hasta vencerle. Sin poner a dormir a nuestro dragón interior, no llegaremos al final de la aventura.

La ascensión hacia la sabiduría y la transformación personal viene siempre después de superar los miedos que nos plantea este monstruo mitológico. Hasta los mismísimos dioses griegos llegaron a huir del Olimpo cuando en una ocasión un gran dragón, procedente de Anatolia, les puso a prueba. El dragón es exactamente eso, la gran prueba a superar en el momento en el que entramos en la caverna más profunda, como veremos en el capítulo siguiente.

Arquetipos psicológicos

El ego

El ego es nuestro personaje principal, el que rige las riendas de nuestro día a día. Nuestro yo, aquel que protagoniza o quiere protagonizar la película de nuestra vida. La personalidad o identificación consciente con nuestro cuerpo, experiencias y memorias vividas. Es un personaje o arquetipo construido desde lo que hemos vivido y lo que creemos ser, es decir, nuestro sentido de identidad personal. Como veremos un poco más adelante, el ser esencial o *True Self*, es mucho más que esto.

El ego y el ser verdadero no son lo mismo, ya que el primero es simplemente el centro de la conciencia mental, el piloto de la mente que dirige tu mundo. No es bueno ni malo, hay que comprender que no solo somos nuestro ego, como tampoco somos únicamente nuestra mente.

Sin embargo, el ego tiene un poder muy potente sobre nosotros como regente de la casa de la mente. Desde ahí, tiende a dirigir, desconectándonos del corazón y de las emociones. Es autocomplaciente y le gusta estar cómodo, por lo tanto, no es propenso a la llamada de la aventura o a enfrentar cualquier tipo de riesgo; además, es muy amigo del orgullo, el narcisismo y la vanidad. Por el contrario, cuando estamos en horas bajas o sumidos en un principio de depresión, puede servirnos para salir del pozo. Debemos insistir en que no creemos en las polaridades o en la dialéctica que establece que debemos aniquilar al ego. Es cierto que es una de las premisas fundamentales del budismo y que es una fase importante del viaje del héroe, porque rebajar el ego es una prueba necesaria en el camino de la transformación y el crecimiento personal, pero eso no implica destruirlo totalmente.

El ego cumple su función, el problema es que hemos creado una sociedad ególatra, obsesionada por esta parte de nuestra persona, que nos aporta reconocimiento, proyección exterior y confianza. Un exceso de ego puede enloquecernos o llevarnos a una falsa felicidad, por eso es aconsejable trabajárselo y tenerlo a buen recaudo. Como antídotos, pueden usarse la humildad, la capacidad de mostrarse frágil o el desapego. En esta fase introductoria, no es preciso extenderse más en cómo lidiar con el ego, porque esto es algo que irá apareciendo a lo largo del viaje del héroe y en la tercera parte de este libro. Simplemente, conviene tener en cuenta que el ego es esa figura popularizada como el reverso tenebroso, cuando entra en desequilibrio. Un ego crecido y metido de lleno en la ambición puede perdernos por las regiones más oscuras. Lo más temible es que no lo vemos, no nos damos cuenta de haber construido un personaje con el que nos queremos proyectar al mundo.

De pronto, un día nos damos cuenta de hasta dónde nos ha llevado nuestro ego o en qué nos ha convertido. Darse cuenta es importante, y no hay que desfallecer si esto ocurre en terribles circunstancias. En ocasiones, puede ser mucho peor vivir pegados a nuestro ego, permanentemente desconectados de la realidad, porque en ningún caso el mundo puede pivotar alrededor de nosotros.

Como se cree en el hinduismo vedanta, somos llamas de un gran fuego inmortal, pequeñas partículas microscópicas del macrocosmos. El antropocentrismo tuvo sentido como expansión del humanismo desde el Renacimiento, pero llegados al siglo XXI, debemos trascender esta imagen del ego como motor del individuo y como centro de la existencia. Tenemos la condición y la libertad de ser personas únicas y originales, pero por eso no debemos creer que somos el origen y final de todo cuanto nos rodea. Como veremos, liberarse del ego es muy beneficioso, pero debemos aceptar que siempre estará en nosotros, proyectando múltiples personalidades o facetas y dificultando la visión global, que nos indica que hay algo más allá del ego y sus máscaras.

La máscara

Más allá del ego o, mejor dicho, alrededor de él se proyectan distintas personalidades que controla de forma dominante. Cada una de ellas se corresponde con una máscara que nos ponemos para entrar en un rol o un personaje determinado. La imagen sería la de un eje radial, cuyo centro es el ego y sus extremos una multiplicidad de caracteres. La máscara es cada traje psicológico con el que nos vestimos en función de la situación que vivimos. Por ejemplo, en la vida cotidiana podemos tener la máscara de padre o madre en el contexto familiar, de jefa o abogada en el trabajo o de colega con las amistades. Sin darnos cuenta, adoptamos múltiples personalidades que, en casos extremos, pueden disociarnos o llevarnos a conductas histriónicas importantes. Aun los que parecemos ser más comedidos, tenemos distintas máscaras con las que vamos por la vida. La sociedad nos pide que desempeñemos distintos roles, y acabamos convirtiéndonos en actores de nuestras vidas con distintas máscaras. Jung las llamaba *personae*, siguiendo la terminología del primer teatro clásico.

Lo importante es ser consciente de estas máscaras y dejarlas en el ropero cuando llegamos a casa o al menos desprenderse de cada una de ellas según sea la situación. La neurosis puede sobrevenir cuando no sabemos quitarnos la máscara, nos las sobreponemos o las confundimos. Debemos saber cuál es el rol o la máscara que debemos llevar en cada momento y, a poder ser, siempre debe estar conectada con nuestro *True Self*. Para ello, es básico poder separarnos de nuestro sentido de identidad consciente o ego. Solo desde tu ser esencial puedes conocer al resto del mundo, identificar

las máscaras que te acompañan y entrar en la persona que
eres de verdad.

Los héroes también pueden tener mil caras, aunque cuando
Joseph Campbell hace esta apreciación es en base a la teoría
del monomito, bajo la que todas las historias míticas se repiten en sus fundamentos. Pese a ello, también los héroes como
cualquier mortal adoptan máscaras bien distintas, según la fase
de la aventura en la que estén. De hecho, tal como veremos, la
integración del viaje del héroe implica integrar distintas máscaras o figuras, como la del aprendiz, el sabio, el guerrero, el
sanador o el visionario.

La sombra

La sombra es un arquetipo psicológico muy importante del
que se han escrito bellos cuentos, como el de Hans Cristian
Andersen u otros que hablan de ella desde la dualidad. Esta
proyección nuestra es aquella que está al otro extremo del ego.
Representa todo lo que no queremos ver o que inconscientemente somos incapaces de identificar.

Cuando el sol proyecta nuestra sombra a la espalda, no somos capaces de verla, y eso mismo pasa con una parte importante de nuestra personalidad.

Una vez más, fue Jung quien estableció este arquetipo tan
importante, que resulta básico para el crecimiento personal. En
la sombra hay muchas proyecciones y anhelos reprimidos, así
como miedos. La sociedad y la educación nos obligan a crear
roles, llevando máscaras que pueden coartar los personajes potenciales que somos desde la infancia. Todos ellos se integran
en la sombra y quedan soterrados en nuestro inconsciente. Una

gran cantidad de nuestras potencialidades yacen en la sombra, por eso es tan importante identificarla, contemplarla y abrazarla, ya que no se puede destruir, se acoge con todo el amor y el agradecimiento posibles. Hay que comprender y aceptar que la sombra forma parte de nosotros, aunque al principio no nos guste, su figura es fuente de grandes aprendizajes, porque está compuesta de las potencialidades, los deseos y las ideas que reprimimos. Por eso, tiene una doble naturaleza: consciente e inconsciente. Parte de sus contenidos nos son desconocidos, pero algunos son aspectos de nuestra personalidad que no queremos mostrar, debido a miedos adquiridos, patrones establecidos o introyectos procedentes de la familia, los padres o la sociedad. En ella, se incluye nuestra visión negativa y nuestra autocrítica, esos aspectos concretos y conscientes que mostramos poco a los demás y que aparecen cuando estamos solos.

En cualquier caso, cuando entramos en la aventura de la transformación personal, la sombra en toda su plenitud debe ser contemplada e iluminada para que emerjan todos nuestros miedos, complejos y dones reprimidos. Pocos arquetipos psicológicos nos darán tanta información para nuestro crecimiento personal y maduración. Para cumplir el ciclo del héroe y crecer en el camino, debemos abrazar a nuestra sombra. Esta es una figura interna iniciática similar al dragón, que nos remite a aspectos muy importantes de nuestra personalidad, aunque hay que tener en cuenta que no todos son buenos.

Por supuesto, adentrarse en sus profundidades no es algo fácil de realizar, porque exige entrar en un territorio oscuro, misterioso y que nos da miedo. El arquetipo de la sombra nos conecta con nuestra vulnerabilidad, abriendo la puerta que conduce a nuestra herida más profunda. Igualmente, en el momento de la reconciliación, pide mucha aceptación de la persona que en verdad somos o el triste perdón de haber reprimido tanto tiempo aquello que éramos, ya que nos muestra lo que podríamos haber sido. La fuerza proviene de saber que no caminamos solos, al igual que le sucede al héroe, la sombra camina con nosotros. Nunca estaremos solos, una vez descubierta y aceptada nuestra sombra, pues su presencia nos dará la posibilidad de crecer y aprender.

Como nos enseñan los cuentos, solo los monstruos, vampiros, espíritus o fantasmas carecen de ella o dejan de reflejarse ante un espejo.

La sombra es el primer arquetipo que aparece en el viaje del héroe y representa una seria amenaza, un descenso a los infiernos de nuestra personalidad, que nos muestra lo que hemos estado sosteniendo para vivir según los designios de la sociedad y nuestro entorno, sin saber si es esto lo queremos, si somos verdaderamente nosotros y quiénes somos en realidad. Estas son las preguntas que nos responde el *True Self* o ser esencial, la figura arquetípica que indica que hemos llegado a la transformación y la madurez personal.

Sin embargo, antes hay que pasar por otra importante figura psicológica.

El niño interior

Es el arquetipo bipolar que se construye en los primeros años de nuestra vida, normalmente hasta los siete o diez años, porque de él dependen muchas de nuestras proyecciones y conductas psicológicas. Es una figura que deviene en un personaje del pasado que habita en nosotros de forma oculta, como un *Hidden Self*, agazapado en nuestro interior. A lo largo del crecimiento y la transformación personal, es necesario despertarlo y contactar con él, pues, como sucede con la sombra, almacena gran cantidad de ilusiones y recursos olvidados, pero también mucho dolor por las situaciones traumáticas vividas en la tierna infancia. No todos llevamos la misma carga, pero es difícil hallar una persona completamente limpia de traumas o heridas procedentes de su niñez, una etapa en la que somos absolutamente puros, pero también muy vulnerables.

Cuando es descubierto, el niño interior suele venir con una agenda pendiente: en mi caso, como mis padres me dejaban solo, en la edad adulta busco llamar la atención de los demás, para estar siempre en compañía. Este tipo de comportamientos nos neurotizan con pautas que esclavizan nuestra conducta de forma invisible e inconsciente. Por eso, es bueno poner a dormir una parte de este niño interior y acogerle con cariño, decirle que ya todo pasó y finiquitar su agenda pendiente, porque los asuntos enquistados no hacen más que conectarnos con la rabia, el orgullo y otro tipo de emociones bastante tóxicas.

Una vez que hemos contentado esta parte del niño enfadado y quejica que todos llevamos dentro, es el momento de jugar con su parte más jovial, vitalista y liberada. Él sabe quiénes somos de verdad, pues llegamos vírgenes a este mundo, con ideas y sensaciones y una personalidad que la sociedad va modelando hasta que perdemos el contacto con quienes fuimos. De algún modo, el héroe no es más que alguien que se atreve a desafiar al personaje que le habita para ir en busca de la persona que es. En este itinerario, poco antes del tesoro más preciado, aparece el niño interior con su doble naturaleza: la traumática, que hay que sanar, y la visionaria, que contiene el crisol de todas nuestras ilusiones.

En su vertiente negativa, encarna todos los dramas no procesados en nuestra infancia que nos desconectan de la realidad y bloquean nuestra radiancia y capacidad de ser más reales y auténticos. La cuestión es que este niño enfadado es un ser imaginario que tampoco eres tú. Su carga son una serie de patrones automáticos e inconscientes que te neurotizan. El niño interior, oculto o imaginario, al igual que sucede con la sombra, debe emerger para poder hablarle, consolarle y amarlo.

El niño interior construye la estrategia para ocultar el dolor original, creando un personaje imaginario, que no somos nosotros, y al mismo tiempo esconde una parte de su personalidad, que no deja que se vea y que es este *Hidden Self* que puede considerarse parte de la sombra.

La cuestión es que, si el héroe o la persona no sana a su niño interior, cada vez que reviva el trauma original se verá dominado por su ser oculto y neurótico. Debido a esto, a lo largo de la vida podemos ir repitiendo patrones que nos hacen daño, porque tienen poco que ver con nuestra verdadera esencia. Aunque nos lleva a la frustración, en muchas ocasiones sirve para despertar nuestra llamada de la aventura, ante la necesidad de no sostener más una situación de estancamiento. De no hacerlo, podemos ser esclavos de los traumas que vivimos en la infancia, cargando con otros arquetipos psicológicos reconocidos como la víctima o el agresor guerrero.

Al igual que no hay que hacer lo mismo que tu padre, por mucho que durante un tiempo encarnara tus ideales, tampoco debemos vivir en el niño caprichoso que vivió en ti, pues siente que la vida le debe algo y sigue pidiendo. En cambio, debemos escuchar al niño feliz, que revive las ilusiones y pasiones en tu presente como adulto. Ese es el niño sano que habita en muchos de los héroes y aventureros que desafían los patrones establecidos y las normas o academias, aunque sean muy rígidas, como esos grandes artistas con preciosos niños como Pablo Picasso, Joan Miró o Walt Disney. Ellos son los héroes contemporáneos, que no aparecen en los mitos y cuyo itinerario vital nos sirve para comprender la naturaleza de este personaje central que transita la aventura para mostrarnos cómo podemos transformar nuestras vidas y llevarlas hacia un sendero más cercano a nuestro bienestar y al de los que nos rodean. En la segunda parte de este libro, cuando tratemos los distintos viajes del héroe, veremos diversos héroes reales, pasados y contemporáneos como Alexandra David Néel o los Beatles.

El aprendizaje para llegar a conectar con el *True Self* o la persona que de verdad somos no consiste en eliminar todas nuestras personalidades o seres ocultos, sino en la integración de todos ellos alrededor de nuestro núcleo esencial.

La vida tiende a desconectarnos de este centro de identidad personal global que va mucho más allá del ego, por eso es necesario transitar el camino del héroe para vivir la aventura de descubrir quiénes somos en todo nuestro esplendor.

True Self

Este es el más importante de todos los arquetipos psicológicos, el que yace en nuestro interior como un núcleo esencial de nuestra persona. No es que esté oculto, pero el paso de los años lo han ido enterrando. En la infancia era prístino, claro, y se expresaba con toda espontaneidad, por eso en los ojos de un niño puedes ver su naturaleza esencial; en cambio, los adultos ocultamos muchas cosas. La educación construye capas, las etapas de la vida hacen trajes a medida, las relaciones abren y cierran heridas, y al final, de ese ser esencial y verdadero que somos, apenas queda nada. Descubrirlo, volver a conectar con él es la base del viaje del héroe.

El camino de transformación personal propuesto por este libro, al igual que hago en mis conferencias o retiros Wakenpath, no es otra cosa que llegar a contactar con nuestro *True Self*. Ese es el clímax del viaje del héroe, cuando llega a lo que Campbell llama la apoteosis o *the ultimate boon*.

Entrar y redescubrir la persona que verdaderamente somos es como volver a nacer, pudiendo mirar a la vez al niño que fuimos y a la persona que somos para tomar las riendas de nuestra vida, en sintonía con nuestros dones, virtudes, anhelos e ilusiones más profundas. Este es el mayor tesoro y recompensa del viaje del héroe.

El camino no es fácil, exige sacrificio, valentía y dejar ir, pero la recompensa es tan grande que vale la pena pasar por todas las etapas y seguir adelante, aunque nos quedemos atascados en algún punto o fracasemos. No hay que perder nunca la libertad de buscarnos, de ansiar ser la persona que somos de verdad. El mundo cotidiano nos pierde; las obligaciones nos dirigen; la mente nos domina y las distracciones nos ayudan a evadirnos, pero si persistimos, comprenderemos que todos tenemos derecho a ser héroes y alcanzar al ser esencial y verdadero que nos permite llegar a lo más profundo de nuestra naturaleza.

El *True Self* comprende todas las posibilidades, potenciali-dades y energías de lo que representa vivir una vida en plenitud.

Jung habla del *Self* como un círculo con un centro o núcleo que nos es desconocido, porque está enterrado en nuestro in-consciente se va apretando en torno a nuestras capacidades e instintos. Gradualmente, se va despertando durante la primera parte de nuestra vida, pero, por desgracia, a medida que cre-cemos o envejecemos se va a dormir. Por muchas capas que le pongamos encima o lo abandonemos por descuido, si uno siente la llamada de la aventura, es porque algo de ese *True Self* sigue vivo o latente. Ninguno de nosotros lo ha perdido, la diferencia tan solo está en que algunos sienten la llamada, la necesidad de cambiar y otros siguen felices o inconscientes con sus vidas desconectadas de su ser verdadero.

El viaje del héroe es en su esencia la aventura de alguien que se arriesga para salir de su mundo, ayuda a los demás y cumple una gesta. En el camino, antes de regresar al mundo conocido, tarde o temprano da con su ser esencial, porque solo este puede darle la fuerza para salir victorioso.

El reverso tenebroso de la ambición y el poder siempre acechan, pero si muchos van entrando en la senda del héroe, aunque sea como antihéroes o personas corrientes que quieren conectar con su verdad interna, poco a poco el mundo irá cam-biando hacia posturas más empáticas, compasivas y altruistas. El tiempo de los héroes dictatoriales y guerreros parece caduco.

Hoy las personas buscan conocer su interior cultivando otros campos más allá de la mente cognitiva, comprendiendo que somos personas compuestas de emociones, sensaciones corporales, chispas de intuición, destellos de espiritualidad y también profundas ideas. Todo convive en nuestro ser verdadero, en el concepto de persona global y holística.

El viaje que ahora iniciamos es un sendero para recuperar esta dimensión perdida por el dominio de la razón. Los mitos vuelven desde los tiempos primitivos con todos sus personajes para recordarnos lo que una vez fuimos.

Acabamos con una bonita cita del inicio de *Demian* de Herman Hesse.

La vida de cada hombre es camino hacia sí mismo, el intento de un camino, el esbozo de un sendero. Ningún hombre ha llegado a ser él mismo por completo; sin embargo, cada cual aspira a llegar, los unos a ciegas, los otros con más luz, cada cual como puede. Todos llevan consigo, hasta el fin, los restos de su nacimiento, viscosidades y cáscaras de un mundo primario. Unos no llegan nunca a ser hombres; se quedan en rana, lagartija u hormiga. Otros son mitad hombre y mitad pez. Pero todos son una proyección de la naturaleza hacia el hombre. Todos tenemos en común nuestros orígenes, nuestras madres; todos procedemos del mismo abismo, pero cada uno tiende a su propia meta, como un intento y una proyección desde las profundidades. Podemos entendernos los unos a los otros; pero interpretar es algo que solo puede hacer cada uno consigo mismo.[9]

---

9. H. Hesse. *Demian*. Alianza Editorial, Madrid, 1993. págs. 10, 11.

3. La aventura

El viaje del héroe es la senda de la aventura, un recorrido cíclico que comprende las etapas de iniciación, separación y retorno, al igual que los ritos iniciáticos que le preceden. Joseph Campbell desarrolló la teoría del monomito desde esta premisa.

Gracias a otros estudios contemporáneos como *El mito del eterno retorno* de Mircea Eliade y de sus estudios de mitología comparada, el mitólogo norteamericano concluyó que todos los mitos fundamentales tienen la misma estructura.

El héroe se adentra en una tierra sobrenatural, donde encuentra fuerzas fabulosas, supera pruebas y gana una batalla decisiva. El hombre regresa de su misteriosa aventura con un poder que se manifiesta como liberación, triunfo, tesoro, descubrimiento o maduración personal. Este recorrido es perfectamente ejempli-

Kirk Douglas en *Ulises*
(*M. Camerini/M. Bava, 1954*).

ficado por el Buda en la tradición oriental o por Moisés en la occidental, como veremos en el capítulo dedicado a los viajes de transformación espiritual.

Desde el inicio, Joseph Campbell, mediante su libro *El héroe de las mil caras*, nos sirve de guía y esqueleto fundamental para conocer las diferentes etapas que el héroe transita a lo largo de su viaje de aventura. Tal como se ha esbozado en la introducción, la visión de Campbell está muy influenciada por la obra del hinduista Heinrich Zimmer y por muchas de las filosofías orientales, en todo lo que se refiere a la maduración y transformación personal. Asimismo, Carl Jung constituye otra de las fuentes de las que bebe para trazar su viaje del héroe, tomando conceptos orientalistas como el desapego, la no ambición, la transformación de la conciencia y mediante los arquetipos fundamentales que el héroe irá encontrando.

Por otra parte, debido a sus orígenes y raíces familiares, Joseph Campbell estuvo muy vinculado a los mitos y leyendas celtas, una saga cuyo núcleo pivota en torno a la historia del rey Arturo y sus caballeros. La saga artúrica llega hasta nuestros días como una mitología fundamental, incluso por delante de los clásicos griegos, por su influencia en la tradición anglosajona que pesa sobre el mundo audiovisual y por la popularización de nuevas mitologías como *El señor de los anillos* de J.R.R. Tolkien, que a lo largo de este capítulo servirá como modelo para comprender las etapas de la aventura. Para no dejar de lado las fuentes primitivas, recurriremos a la *Odisea* de Homero, trazando de forma resumida la aventura de Ulises. Ambas servirán para describir y comprender las etapas de la aventura.

El recorrido es válido para conectar con las raíces del mito y las historias universales que nos rodean. También para dar pautas acerca de nuestra propia aventura vital, aunque estos aspectos serán desarrollados en la tercera parte del libro.

En este momento nos disponemos a transitar la aventura desde su perfil narrativo, mítico y arquetípico, mezclando desde la base establecida por Campbell elementos de ficción y apuntes de orientalismo o psicología. No hay que olvidar que la aventura es un sendero, tanto físico como espiritual, tal y como establece la doble naturaleza del héroe.

Debemos seguir los pasos del héroe en las etapas de la aventura universal para descubrir lo que siempre ha estado allí. Esto nos ayudará a entender nuestro tiempo y también la individualidad del espíritu humano, en sus deseos de poder y sabiduría.

Como dice T.S. Eliot en uno de sus poemas:

No deberíamos cesar de explorar,
y al final de nuestra exploración llegaremos donde empezamos.
Y conoceremos el sitio por primera vez.

Aventura: base narrativa, guion y la *Poética* de Aristóteles

La aventura nace desde los tiempos primitivos como una historia primigenia, partiendo de la tradición oral cuando las gentes contaban los mitos y leyendas en torno al fuego. Más tarde, esas narraciones pasaron a ser escritas, lo que significó el paso del mito al logos. A partir de ese momento, los mitos escritos codificaron una forma de escribir que marcaba una estructura. Tiempo después, los griegos a partir de su potente dramaturgia volvieron a establecer unas pautas de cómo escribir tragedias gracias a la *Poética* de Aristóteles, el tratado que ha servido a la moderna escritura de guiones de películas para establecer sus reglas.

Todo se resume en que las historias deben construirse siguiendo tres actos: planteamiento, nudo y desenlace, tal como lo establecía el mito iniciático fundamental, mediante las partes: iniciación, separación y retorno. Esto nos ayuda a comprender que, cuando investigamos en las raíces del cuento, la novela, el cine o en cualquier forma de escritura, iniciamos un recorrido que es una regresión de presente a pasado, pues nos lleva al mito fundamental del viaje del héroe. Lo interesante de este itinerario no es volver a la fuente, que en ocasiones se desconoce, sino comprobar que esta sigue ofreciendo matices que la moderna dramaturgia no tiene en cuenta. Para todos los que han estudiado la estructura narrativa de los guiones audiovisuales, la base son excelentes libros como *El guion* de Robert McKee o *Cómo convertir un buen guion en un guion excelente* de Linda Seger, que hablan de alcanzar objetivos, superando conflictos o viviendo puntos de giro inesperados, pero apenas contemplan el viaje interior del personaje y su conflicto interno solo lo tienen en cuenta algunos teóricos más afines al cine de autor como Jean Claude Carrière en su *Práctica del guion cinematográfico*. En cualquier caso, el estudiante de una narrativa moderna tiene pocas fuentes contemporáneas que ofrezcan la visión que propone el viaje del héroe de Campbell, quien, sin querer escribir un libro sobre dramaturgia, al destacar la raíz común de los mitos, contribuyó a la creación de sagas mitológicas modernas como *Star Wars, Matrix, El señor de los anillos* y los productos de la factoría Disney o Pixar. Obviamente, antes de la aparición de *El héroe de las mil caras* hubo películas como *El tesoro de Sierra Madre* o *El mago de Oz*, que seguían esa estructura porque ya bebían de la fuente narrativa original, es decir, de los mitos y los cuentos. Además, previamente a Campbell, hubo estudiosos como Vladimir Propp o Bruno Bettelheim, que estudiaron las fuentes fundamentales de la narrativa.

En cualquier caso, antes de explicar las fases y etapas de la aventura, es bueno pasar un momento por la *Poética* de Aristóteles para comprender las similitudes entre ambas, así como la correspondencia entre los puntos fundamentales establecidos en un guion audiovisual y lo que propone el viaje del héroe.

En el siglo IV a.C., el sabio Aristóteles escribió la *Poética* como una reflexión estética sobre las reglas de escritura de la tragedia y la epopeya. Al parecer, también redactó una segunda parte dedicada a la comedia, que se perdió en la oscuridad de los tiempos, tal vez porque a los medios eclesiásticos no les convenía dar a conocer los recursos lúdicos y transgresores de este género. Sea como fuere, las normas de la tragedia son las que cimentaron la estructura narrativa actual. En ella, Aristóteles establece la idea de un protagonista único y de la historia principal como epicentro de la narración. Puede haber muchas historias paralelas o subtramas, pero el héroe o protagonista es uno y con él vivimos la historia. Esto establece la unidad acción, aunque pueda ser de larga duración, una única historia que sigue un planteamiento de causa y efecto. En cuanto a la estructura, la *Poética* habla de plantear un principio, mitad y fin que la completen como un todo orgánico. Concretamente, estas partes en la tragedia se llamarán prólogo, episodio y éxodo, a las que se suman dos anexos de inicio y final por parte del coro. En la narrativa moderna, esto sería el planteamiento, nudo y desenlace, que en el viaje del héroe constituye el mundo cotidiano, lo desconocido o el terreno de la aventura y el regreso al mundo conocido.

Según Aristóteles, la naturaleza del héroe o protagonista debe ser virtuosa y justa, aunque con algún error o desliz en su carácter, como lo ejemplifican los celos de Otelo o la ambición de Macbeth en Shakespeare o la ira de Aquiles y el exceso de confianza de Edipo en la mitología clásica. Por último, la *Poética* establece un concepto clave: la catarsis, que implica que el espectador debe vivir una transformación al presenciar una tragedia. Una transformación interna o catarsis que le hace salir distinto a como entró. En la narrativa moderna, se vincula con el arco o evolución del personaje.

Uno no puede ser el mismo al llegar al final de la peripecia, porque esta implica sufrimiento y obstáculos. El héroe debe sufrir y hacer partícipe de su sufrimiento al público o al lector. La mimesis o imitación de la realidad y la bondad del héroe producen la identificación del espectador o lector, que así llega a experimentar una profunda catarsis. Las grandes historias nos transforman de un modo similar al que plantea el viaje del héroe, donde la búsqueda de un tesoro o la conquista de una princesa deviene un viaje interior de distinto tipo (iniciático, de rebelión o aprendizaje) en el que siempre se produce una transformación o catarsis. La tragedia y las buenas historias aúnan felicidad y miserias, lo que los modernos teóricos de guion llaman tensión dramática, que es el resultado de la unión de dos fuerzas contrapuestas: felicidad y tristeza o deseo y obstáculo.

Por último, antes de detallar las etapas, conviene aclarar que, según las normas de Aristóteles, va antes la historia que el personaje; es decir, que la naturaleza del personaje principal y de los secundarios se adapta a la estructura narrativa. Esto es algo que puede prestarse a polémica, porque es una pregunta como la del huevo y la gallina. Bajo una perspectiva más artística y libre, el personaje crea la historia con su evolución y su carácter en forma espontánea y natural, pero hay que comprender que la narrativa audiovisual es parte de una industria, que prefiere estructuras férreas que aseguren el relato. Lo que interesa es que el lector o espectador pueda seguir la trama sin perderse, reconociendo distintos puntos de la aventura, viviendo la experiencia narrativa como algo satisfactorio, que reconoce y con lo que se identifica. Por eso, la mayoría de los tratados narrativos parten de la estructura en tres actos de Aristóteles, siendo el viaje del héroe una excelente alternativa que profundiza, al igual que hacen los mitos, en las esencias de la naturaleza humana, incluyendo aspectos inconscientes o espirituales, además de materiales. Esta duplicidad es lo que se produce cuando el protagonista, además de un conflicto externo como encontrar a un asesino que tiene secuestrada a una chica, vive uno de naturaleza interna, como madurar y pasar de niña a mujer en un mundo dominado por los hombres. Esta última situación hace referencia a la película *El silencio de los corderos*, con una heroína rodeada de diversos mentores, que vive la aventura desde lo material y espiritual, lo interno y lo externo.

Antes de pasar al detalle de las etapas de la aventura, veremos las fases que marca la narrativa convencional, con las que probablemente el lector estará más familiarizado.

Como hemos dicho, una historia se compone de tres actos: planteamiento, nudo y desenlace.

En el primer acto, el protagonista pasa de una situación cotidiana a experimentar un *twist*, giro o detonante, que supone un suceso, noticia o acontecimiento que cambia su mundo establecido. En la estructura del viaje del héroe, se conoce como la llamada de la aventura. A continuación, aparece un mentor o ayudante, seguido de un objetivo o una intención dramática que será determinante. Por ejemplo, el detonante en *El silencio de los corderos* sería que una chica es asesinada y Clarise Sterling es llamada por su jefe en la academia de policía del FBI para que vaya a entrevistarse con un psicópata que puede aportar pistas sobre el posible asesino. Su jefe y el propio psicópata, Hannibal Lecter, van a ejercer de mentores. El objetivo será atrapar al asesino y liberar al inocente.

En el viaje del héroe, como final de la primera parte, hay un umbral que en la estructura de guiones suele aparecer como un cambio de lugar o de ciudad o el abandono del espacio establecido. En el caso de *El silencio de los corderos*, la protagonista abandona la seguridad de la academia.

Un primer acto o historia no puede tener su peripecia si no hay obstáculos y problemas que serán las pruebas en el viaje del héroe. En la dramaturgia audiovisual hablamos de un conflicto principal como un gran obstáculo a superar, que suele ser causado por un personaje llamado antagonista, al que generalmente se presenta como el malo, aunque no siempre es así. En la aventura de Clarise, el obstáculo es que el asesino es un psicópata y que para atraparlo debe tratar con otro, el doctor Lecter, de naturaleza perturbada e inteligente, que busca escarbar en su mente y en sus traumas a cambio de darle información.

Una vez superado este punto, entramos en el segundo acto de las peripecias o en el desarrollo, que en el viaje del héroe es lo desconocido o la aventura. El camino de pruebas de Campbell se llama carrera o sucesión de obstáculos, en un *crescendo* que nos lleva a una gran crisis en la que el protagonista parece más lejos de conseguir su objetivo. Antes de llegar a esta, puede haber otra crisis menor. Estos dos puntos en el viaje del héroe se llaman «el vientre de la ballena» (primera crisis) y la «caverna más profunda» (segunda crisis).

En *El silencio de los corderos*, primero Clarise es apartada del caso durante un tiempo y después vive la fuga de Lecter como el abandono de su gran aliado y de su recurso para atrapar al asesino. Hay que destacar que esta gran crisis de la fuga del doctor Lecter coincide con el momento en que la chica resuelve su conflicto interno con su ayuda. Este le ha hecho ver que su angustia se debe a que cuando era niña no pudo salvar a los corderos de un incendio sucedido en su granja y que desde entonces vive para salvar al inocente, al igual que hacía su difunto padre. Si atrapa al asesino y salva a un inocente, curará su herida y podrá madurar. Después de la crisis, hay un suceso inesperado que devuelve al héroe o protagonista a la senda de la resolución de su aventura y propósito. En la narrativa audiovisual se llama *twist* previo al clímax; en el viaje del héroe apenas está contemplado, aunque puede sumarse a lo que llamamos «apoteosis o consecución del elixir», que es el clímax de la narrativa convencional, donde se resuelve la historia principal.

En la historia de Clarise Sterling, el punto de giro viene al recordar las palabras «codiciamos lo que vemos cada día», lo cual le da la pista de que el asesino pudo trabajar en la mercería donde cosía la víctima. Así, puede descubrir la identidad y la casa del asesino, viviendo un intenso clímax, en el que, después de un equívoco, logra abatir al asesino y salvar a la hija de la senadora secuestrada.

Por último, lo que en la estructura de Campbell es el regreso del héroe al mundo cotidiano se denomina desenlace o epílogo, donde se resuelven las tramas o historias paralelas inacabadas y vemos en el protagonista las consecuencias de haber cumplido su aventura.

El silencio de los corderos acaba con Clarise siendo condecorada y admitida como agente del FBI, mientras vemos que Lecter disfruta de su libertad y anda suelto por un paraíso perdido, al que ha ido a buscar una nueva víctima.

Para entender las fases del viaje del héroe, no es fundamental saberse la estructura narrativa convencional, pero puede servir de apoyo o recurso. Asimismo, es un buen complemento para todos los lectores interesados en el mundo de la literatura, la gamificación o el guion audiovisual, porque los puntos en común y complementarios son muchos.

Etapas de la aventura

El mundo cotidiano

La aldea representa el mundo cotidiano, el lugar que habitamos y donde vivimos el *statu quo* de una sociedad establecida. Un lugar conocido, fácil de comprender, en el que las personas se desenvuelven de manera natural. Representa la norma, el patrón a seguir, el camino programado, donde las cosas funcionan de forma aparente o verdadera. No se cuestiona nada y tampoco se modifica nada, porque es un mundo confortable pensado para que vivamos con comodidad. El problema es el estancamiento, el aburrimiento, la necesidad de algo más, el hastío vital o la visión de desperfectos en esta sociedad establecida, porque esta semilla es la que siembra la llamada de la aventura. No todos la sienten, ni tampoco la reciben solo los elegidos, aunque en la visión mítica esto puede ser así.

El héroe nace predestinado a transitar la aventura, porque tiene unas condiciones especiales que van a hacerle percibir lo que no funciona en su mundo cotidiano y a conectar con las fuerzas y la naturaleza de lo desconocido. Desde su carácter intrépido, aventurero y sacrificado, no verá en el miedo, ni en la inseguridad un obstáculo para atreverse a trascender su mundo cotidiano. En cambio, el cobarde, el conformista es quien puede vivir en una cierta plenitud sin salir de su mundo cotidiano. Este tipo de gente es amargamente acomodaticia o tan feliz en su naturaleza que no entiende de complicaciones, mundos desconocidos ni llamadas de ningún tipo. El problema surge cuando alguien siente la llamada de la aventura y, al no poseer la fuerza necesaria, se ancla en la comodidad del mundo establecido, porque la salida y la separación de lo cotidiano suponen una primera gran prueba.

Lo conocido aporta seguridad, y esta es una de las premisas fundamentales que busca el ser humano, pero si nadie transitara la senda de la aventura, el mundo no evolucionaría. Por eso, todos los que se atreven a ir en busca de algo –sabios, científicos, artistas o guerreros– son héroes. Ellos son quienes detectan que su entorno habitual padece deficiencias, aunque sean simbólicas.

Según Joseph Campbell, el mundo cotidiano será transformado por un nuevo estado de conciencia cuando el héroe regrese de su aventura.

La llamada a la aventura

La aventura se inicia por una ligereza, muchas veces accidental, por una coincidencia, azar o fortuna que revela un mundo desconocido e insospechado. El individuo queda expuesto a poderes o fuerzas extrañas que no comprende. En la teoría freudiana, este incidente o detonante revelador de lo oscuro y desconocido no es fruto del azar, sino la expresión de deseos y conflictos reprimidos. Otros pueden pensar que la fortuna o lo fortuito no es tal, sino que el héroe o quien recibe la llamada está predestinado. No importa, la cuestión es aceptar que esta llamada aparece vinculada a un mundo desconocido y que con ella surge una primera crisis. Son los miedos inconscientes, que se diluyen en la mente sembrando incertidumbre y pánico, pero también excitación. Son peligrosos porque ponen en duda toda nuestra estabilidad y seguridad. Nos afectan personalmente y a nuestra familia, así como a nuestro entorno, pero a la vez son fascinantes porque contienen las llaves que nos abren las puertas del reino de lo deseado y de la aventura temida, que nos lleva al descubrimiento de nosotros mismos.

La llamada de la aventura constituye el despertar, y así lo plantea Campbell cuando dice: «la llamada podría significar una alta empresa histórica. O podría marcar el alba de una iluminación religiosa. Como la han entendido los místicos, marca lo que puede llamarse el despertar del yo».[10]

Tanto en los mitos como en los cuentos, el lugar más característico de la procedencia de la llamada es el bosque oscuro, bajo el gran árbol o junto a la fuente que murmura. Su anunciador suele ser alguien siniestro, terrorífico o incluso repugnante, que se puede tomar como un diablo o cuando menos un *outsider* o un ser extraño y marginal, dentro del ámbito cotidiano, lo cual es lógico porque encarna las fuerzas de lo desconocido.

De algún modo, la llamada significa que el destino transfiere su centro espiritual de gravedad al héroe, llevándolo desde su sociedad a un mundo desconocido. El héroe deviene en el ombligo del mundo como encarnación del dios, el centro umbilical por el que las energías de la eternidad irrumpen en el tiempo.

Lo desconocido puede ser la visión de un país lejano, un bosque encantado, un reino enterrado o una isla secreta, ya que siempre se trata de un lugar de naturaleza extraña, poblado por seres polimorfos.

---

10. J. Campbell. Op Cit. pág. 54.

Por ejemplo, en *El señor de los anillos*, la llamada de la aventura procede del mago Gandalf, un ser de luz formado por su decano Saruman, quien ha caído bajo la mala influencia de Sauron, el gran señor y espíritu de Mordor, una tierra oscura poblada de extrañas criaturas llamadas *orcos*, sumida en la noche eterna entre volcanes de fuego. El protagonista es el pequeño hobbit Frodo Bolsón, quien, al conocer la historia del anillo único que recogió su tío Bilbo de la cueva del repugnante Golum, entra en contacto con las fuerzas del universo. Toda la responsabilidad de salvar la Tierra Media cae sobre él, como centro del mundo. Ya nada podrá desvincularlo de los terrores de Mordor, con las visiones de los peligros y miedos que allí le esperan. El anunciador de su aventura es Gandalf, bueno y generoso, pero aparecen también los *nazgul*, espectrales caballeros encapuchados que vienen a acabar con él para quedarse con el anillo.

Lo primero que siente el héroe es el rechazo a la llamada, porque no quiere apartarse de lo que son sus propios intereses, sus amigos y su vida establecida. Entonces, aparece la ayuda sobrenatural, como protector y mentor que, como se ha visto anteriormente, se corresponde con un hombre o una criatura vieja y sabia. Este es el rol que cumplen para Frodo tanto su propio tío Bilbo, que al inicio de la historia va a cumplir ciento once años, como el mago Gandalf.

Además de un mentor, el héroe antes de partir busca aliados, amigos o ayudantes que le acompañarán en gran parte de su aventura. En el caso de los amistosos hobbits, al héroe Frodo no le es difícil contar con la ayuda incondicional de su amigo Sam y los gemelos Merrin y Pippin. En primera instancia, Frodo cumple con la premisa de rechazar la llamada de la aventura, porque su misión es tan solo huir de la Comarca con el anillo, para no ser capturado, y llevarlo hasta un lugar seguro como Rivendel, la tierra de los elfos, donde tendrá lugar el concilio de todos los aliados, que quieren salvar la Tierra Media del peligro de Sauron. Allí, viendo las luchas de ambición entre los participantes y sus discusiones, decide tomar la responsabilidad de llevar a cabo la aventura de cargar con el anillo hasta Mordor para destruirlo en el fuego del Monte del Destino, donde fue creado.

Si vamos a las fuentes clásicas, tenemos como ejemplo la aventura de Ulises, el rey de Ítaca que partió para participar en la guerra de Troya y vivió un calvario en un retorno no bendecido por los dioses. Veremos que se puede establecer una duplicidad narrativa, la que lo vincula a la primera historia mítica de la *Ilíada,* que narra los acontecimientos de la guerra, y la que lo presenta como protagonista de la *Odisea*, con su épico regreso. En la *Ilíada,* el papel de Ulises es menor, hasta el tramo final, en el que se vuelve decisivo. Su llamada a la aventura consiste en dar su apoyo al rey Agamenón y a su hijo Menelao, cuya mujer Helena ha sido secuestrada por el príncipe Paris de la lejana Troya. Antes de aceptar, debe transitar su rechazo a la llamada, vinculada a su amor por su mujer Penélope y su hijo recién nacido, Telémaco.

La historia cuenta que, para evitar ir a la guerra, Ulises se fingió loco, sembrando sus campos con sal, pero Palámedes puso a Telémaco delante del arado y Ulises, al no estar dispuesto a matar a su hijo, reveló su cordura. De este modo, se vio casi obligado a partir para la guerra de Troya.

En la épica de Ulises, la diosa Atenea cumple la función de una ayuda sobrenatural que lo protege y aconseja a lo largo de su interminable viaje. Entre sus ayudantes o compañeros, está el valioso héroe Aquiles, de quien el oráculo del adivino Calca había dicho que sin él sería imposible ganar la guerra de Troya.

Cuando el héroe está listo, ya no puede contener más su voluntad de aceptar la llamada de la aventura, así que, habiendo obtenido la ayuda sobrenatural de su mentor y reclutado a sus ayudantes, pasa a la acción y emprende el viaje a lo desconocido.

La primera gran prueba será pasar el primer umbral, donde le espera el guardián.

Cruzar el umbral

El umbral constituye el tránsito de lo conocido a lo desconocido. El lugar desde el que ya no hay vuelta atrás: el héroe inicia la aventura. En múltiples ocasiones se presenta como un río o un abismo que hay que cruzar, mediante un puente o un acto de fe. El umbral pone a prueba la determinación del héroe, la confianza en su empresa, la motivación con la que afronta su aventura, pues se le exige valentía y trascender sus miedos. Allí le espera el guardián para poner a prueba todos estos aspectos. En los mitos medievales, el héroe libra un combate sobre un puente, donde debe vencer al guardián para poder acceder al mundo conocido. Por ejemplo, de este modo se conocen el rey Arturo y el imbatible caballero Lancelot, que está custodiando el puente y el territorio. Al no poder vencer y llegar a tablas en un combate intenso y justo, Arturo pregunta quién se esconde

tras tan gran guerrero y, a partir del enfrentamiento, lo convertirá en el primer caballero de la Mesa Redonda.

En el caso de la *Odisea* de Ulises, el umbral viene delimita-
do por la tempestad sobre el mar, cuando partiendo de Ismaro,
ciudad que asaltaron para ira de los dioses y tras doblar el cabo
de Malea, vivieron siete días de un viento que levantó el mar
con olas infernales, dejándolos en un horizonte de tierra desconocida. Entonces Ulises sale a un mundo extraño, sin espacio
para la humanidad. Un mundo poblado por seres de naturaleza
divina como Circe o Calipso o monstruos infrahumanos como
el Cíclope o los caníbales, que se nutren de carne humana. La
primera gran prueba para este héroe, que se enmarca en el arquetipo inteligente y espiritual, también emparentado por su
travesía con Eneas, se produce al llegar a la isla de los Cíclopes,
donde quedará encerrado dentro de la caverna de Polifemo,
junto a su tripulación.

En otros mitos contemporáneos como la película *Apocalypse Now* (Coppola, 1979), basada en la narración de *El corazón
de las tinieblas* de Joseph Conrad, el teniente Wilard, en su travesía ascendente por el río en busca de Kurtz, llega al umbral
en el puente de Do Lung, que delimita el territorio conocido
y seguro con la tierra habitada por los vietcongs. El lugar los
recibe en medio de una gran oscuridad, bajo los fuegos de las
bombas y de la artillería enemiga.

Los márgenes del río están sembrados de cadáveres y crá-
neos clavados sobre palos y, a partir de ese punto, solo queda
Kurtz como imagen de la locura producida por el horror de la
guerra. Este es un viaje del héroe iniciático, que veremos más
adelante.

El umbral constituye siempre una gran prueba, porque implica dejar atrás todo lo conocido y la aparición de los miedos inconscientes del héroe. Supone entrar en un espacio donde se acabó la red de seguridad, la protección y todo aquello que nos servía. El territorio desconocido de la aventura tiene sus propias reglas, que poco a poco hay que ir conociendo mediante pruebas y errores.

Este lugar fronterizo entre lo conocido y lo desconocido, puede presentarse también como una taberna o lugar bullicioso poblado por extrañas criaturas procedentes del mundo de la aventura. Como sucede en *La guerra de las galaxias* con la taberna intergaláctica, en el momento en que Luke, acompañado de Owi Wan Kenobi, va en busca de Han Solo para partir a la aventura a bordo del Halcón Milenario.

En *El señor de los anillos* también aparece una taberna como parte del primer umbral. Frodo, tras salir de su mundo cotidiano, la Comarca, acude a la aldea Bri en busca de Gandalf el gris. Dentro de la taberna, se siente amenazado y se pone el anillo de poder, que le hace invisible, pero que también le conecta con las fuerzas oscuras.

En ese momento aparece un nuevo ayudante, Aragorn el Guerrero, que se presenta para protegerle de los caballeros oscuros. Aunque el verdadero umbral de esta aventura es el paso por las minas de Moria, porque a este lugar llegan los nueve componentes de la Comunidad del Anillo, quienes en el Concilio de Elron pactan llevar el anillo hasta Mordor. Dado que el paso del sur está cubierto por el ejército de orcos de Saruman, optan por cruzar por estas minas pobladas por seres maléficos y primitivos. Al entrar, vencen al guardián, que es una especie de pulpo gigante que, al ser abatido, cierra el paso al exterior. Tan solo les queda transitar el camino por la oscuridad, que los llevará al otro lado si pueden superar las pruebas que hallarán en este umbral.

La prueba final consiste en vencer a un monstruoso dragón que destruye todos los pasos y puentes por los que transitan sobre el abismo. El mago Gandalf se sacrifica por su comunidad, enfrentando al monstruo que lo arrastra consigo al abismo de Helm. De este modo, Frodo y sus compañeros pueden salir tras haber cruzado el umbral.

Pese a la desaparición del mago y mentor Gandalf, Frodo, como todos los héroes, al igual que le sucede a Luke Skywalker, debe saber y confiar en su empresa. Al hacerlo, aparecerán siempre los guardianes eternos para guiarle y ayudarle. Tanto el mago Gandalf como el jedi Owi Wan, una vez muertos, reaparecen como mentores en la conciencia más profunda del héroe. Su muerte hace que el héroe se sienta poseedor de todas las fuerzas del inconsciente.

Campbell nos recuerda que «la aventura es siempre y en todas partes un pasar más allá del velo de lo conocido a lo desconocido; las fuerzas que cuidan la frontera son peligrosas; tratar con ellas es arriesgado, pero el peligro desaparece para aquel que es capaz y valeroso».[11]

11. J. Campbell. Op. Cit, pág. 81.

El vientre de la ballena

Este episodio ofrece muchas posibilidades a los modernos mitos contemporáneos cinematográficos, ya que consiste en la absorción simbólica del héroe por las fuerzas del inconsciente. Es la imagen de una ballena engullendo al héroe para llevarlo a un rito de paso y renacimiento en el que vive una muerte simbólica, para renacer transformado en alguien que conoce el reino de las profundidades y el inconsciente.

El vientre de la ballena simboliza el mundo de la oscuridad que el héroe transita para pasar del mundo consciente al inconsciente, y es el paso al reino de la noche. En lugar de conquistar o integrar la fuerza del umbral, es tragado por lo desconocido como si hubiera muerto, que es un episodio muy frecuente en el panteón griego, donde todos, excepto Zeus, fueron tragados por su padre Cronos. En los cuentos populares como el de *Caperucita*, la niña es devorada por el lobo, pero luego renace de su vientre.

En la saga de *Star Wars*, en esta ocasión en *El Imperio contraataca* (Kershner, 1980), algunos de sus héroes, como Han Solo y la princesa Leia, son devorados literalmente por una ballena-dinosaurio, cuando su nave se introduce por su esófago sin saberlo.

En la primera parte de la trilogía, este episodio lo viven en unas compuertas que van cerrando el espacio lleno de agua, donde han quedado atrapados. En *Matrix* (hermanas Wachowski, 1999), otra película contemporánea de ciencia ficción que está basada en el viaje del héroe, Neo es sumergido bajo las aguas para ser entubado y transformado, mediante chips electrónicos que le llevan a una muerte y resurrección en forma de avatar.

El vientre de la ballena es un episodio muy vinculado al cruce del umbral, que viene a continuación y como consecuencia de este. Sirve para marcar la verdadera entrada al mundo desconocido, donde el héroe deja atrás todo lo viejo para renacer con una conciencia global consciente e inconsciente antes de someterse al camino de pruebas. El paso del umbral es una forma de autoaniquilación que se manifiesta en el vientre de la ballena.

En la *Odisea*, el vientre de la ballena es la cueva del gigante Polifemo, que encierra a Ulises y a sus hombres con la amenaza de devorarlos a todos. Gracias a su astucia, Ulises lo emborracha con el vino que le había regalado Marón y consigue atacar a Polifermo clavándole una gran estaca de olivo ardiente en su único ojo. El monstruo queda ciego y, ocultos entre el rebaño de ovejas, Ulises y sus hombres logran salir de la cueva. Aunque antes de partir el orgullo lleva a Ulises a revelar su nombre al monstruo, sin saber que Polifemo es hijo de Poseidón, el dios del mar, lo que provocará el castigo de la divinidad, que hará que su viaje a Ítaca esté plagado de mil sufrimientos.

Otro mito clásico, en este caso procedente de la Biblia, ejemplifica muy bien el episodio del vientre de la ballena. Es la historia del profeta Jonás, a quien Dios le había pedido que fuera a predicar a la ciudad de Nínive, donde abundaba la gente con maldad. Como no estaba de acuerdo, Jonás se embarcó en la dirección contraria, hacia Tarsis. Durante la travesía, Dios desató una tormenta terrible y los hombres decidieron tirar a Jonás por la borda por traer un mal augurio. En ese momento, la divinidad hizo que una gran ballena lo engullera durante tres días para transportarlo en su vientre hasta las costas de Nínive, donde fue escupido. Jonás renació, pidió perdón a Dios y cumplió su cometido de predicar por toda Nínive.

En *El señor de los anillos*, el pequeño Frodo vive dos situaciones vinculadas al vientre de la ballena. La primera y más poderosa sucede camino de Rivendel, cuando acampados en un montículo, sus amigos hacen fuego atrayendo a los nazgul, siniestros caballeros oscuros que, desde su naturaleza, espectral hieren al hobbit para arrebatarle el anillo. Aragorn llega a tiempo para alejarlos, pero Frodo queda herido de muerte por la espada hecha con una hoja de Morgul, y solo la medicina élfica puede salvarlo, pero están a seis días de distancia.

La maga Galadriel aparece para llevarlo a la luz, perseguida por cinco espectros de los que logra librarse. Frodo parece morir, pero Elron y su hija consiguen resucitarlo. Esta es una primera muerte, antes de que Frodo acepte la verdadera llamada de la aventura y cruce el umbral de las minas de Moria, pero sin duda constituye una inmersión en el reino de la noche y los temores del inconsciente, como pide el episodio del vientre de la ballena, aunque su ubicación se anticipe un poco a lo establecido.

Si buscamos otro momento de esta aventura, ya cruzado el umbral, encontramos el paso por la ciénaga, donde Frodo y Sam, guiados por el Golum, van camino de Mordor. La inmensa ciénaga es un lugar vacío, donde solo habita la muerte y que los hobbits transitan, evitando a los orcos. El agua refleja las caras de todos los que murieron en ellas. De pronto, Frodo cae en las aguas y está apunto de morir, pero el Golum lo rescata y lo devuelve a la superficie.

Pese a que las pautas o el itinerario propuesto por Campbell son claros, aceptar la teoría del monomito que da lugar a la estructura cíclica de la aventura o viaje del héroe no implica considerar que todos los mitos o narraciones de ficción con presencia de héroes vayan a cumplir siempre en todos sus capítulos el orden señalado. Lo importante es identificar esos momentos comunes con sus implicaciones psicológicas, porque, aunque todos los mitos son el mismo, recordemos que pueden tener mil caras y diversas variaciones sobre ese único sendero que constituye la aventura.

Entrar en el vientre de la ballena significa la muerte del tiempo para regresar al vientre del mundo, a su ombligo, al paraíso terrenal. La entrada a un templo con sus guardianes y la zambullida del héroe en la boca de la ballena son situaciones similares. Quien no es capaz de ver un dios ve un demonio, por eso es un tránsito al centro y al origen de la vida, una renovación que vuelve a conectar al héroe con las fuentes primigenias.

También es un episodio en el que el héroe empieza a aniquilar los vínculos con su ego, confrontando su dragón, para poder salvar a los demás. Este es el gran reto que le espera en el camino de pruebas que le llevarán a transitar todos los antagonismos fenoménicos o polaridades.

El camino de pruebas

En esta fase, el héroe inicia un descenso que en su punto más crítico lo llevará a la caverna más profunda. Este momento está cargado de acciones, acontecimientos, batallas internas y externas, que dan pie a la clásica peripecia y desarrollo de las historias del mito y la ficción, pero también contiene mucha información psicológica relativa a la transformación personal del héroe. Por lo tanto, hay que comprender que las pruebas no son tan solo físicas, como sucede en los ya comentados doce trabajos o pruebas de Hércules, sino internas, especialmente en todas aquellas narraciones míticas cuyo héroe es de naturaleza espiritual. Durante este descenso de aprendizaje, el héroe debe conocer su sombra o lado oscuro y abrazarla, aceptándose como es, al tiempo que tiene que integrar los miedos del mundo desconocido y vencerlos para poder avanzar.

Por otra parte, tiene que trascender las polaridades o parejas de opuestos que nos condicionan normalmente, entendiendo que el bien y el mal, al igual que la noche y el día forman parte de una misma cosa. Tal como afirman las filosofías orientales, que tanto influyeron en Joseph Campbell, el universo es un todo único y cambiante, interrelacionado. Algo que el héroe aprende en esta fase de crisis y maduración, en la que cada prueba conlleva un aprendizaje. A medida que avanza, el héroe irá sintiéndose más poderoso y capacitado, y este factor hará crecer su ego. El último escollo que debe superar, si quiere seguir avanzando en el viaje de la aventura. Aquellos que caen en el ego o la vanidad y se enamoran de sí mismos sucumben abducidos por la grandilocuencia. El reverso tenebroso es la imagen de la ambición y la sed de poder, que poco tienen que ver con el héroe que regresa y comparte.

Cada pareja de contrarios o prueba supone un conflicto y, finalmente, el héroe tras el encuentro con la madre y el padre, como figuras arquetípicas de crecimiento, debe superar su propio conflicto interno, desprendiéndose del ego. Solo así podrá empezar a ascender hacia el tesoro de comprender su propia naturaleza y destino, que alcanzará cuando llegue al elixir o al apoteosis, pero antes toca pasar la parte más ardua, difícil y peligrosa de la aventura.

No hay una pauta clara para describir las pruebas, todas ellas varían según el mito en el que estemos, pero poseen una misma base, que es examinar la capacidad del héroe para seguir avanzando. A lo largo de todas estas etapas del viaje, el héroe debe demostrar su capacidad de conseguir aliados, contactar con sus recursos y reconocer sus debilidades y enemigos. En esta fase de la aventura, todavía cuenta con personas que le rodean y acompañan, pero más adelante, cuando se aproxime a la cueva más profunda, quedará solo para morir y renacer por segunda vez, en la crisis más importante.

En mitos como el de Ulises, las pruebas son muchísimas como en toda gran aventura épica. Después de huir del monstruoso Polifemo, vive su primer encuentro con una mujer que lo adora y ejerce de figura protectora: la maga Circe, quien, al llegar la tripulación a su isla, transforma a Ulises y a sus hombres en cerdos, pero más tarde se enamora del héroe griego. Gracias a una hierba milagrosa que le había dado el dios Hermes, Ulises se libró del hechizo y, seduciendo a la hechicera, pudo seguir el camino de regreso a Ítaca. Sin embargo, la maga le predijo muchas desventuras y obstáculos, entre otras, debería descender al Hades, el reino de los muertos, para verse con el adivino Tiresias. Al llegar al Hades, sacrifica una oveja y un carnero negro en honor a los dioses de ultratumba, como Circe había mandado, y pronto aparecen las almas de los muertos. Jóvenes, viejos, guerreros, muchachas… Ulises llegó a ver a su madre muerta, Anticlea, y también a sus amigos Heracles, Aquiles y Agamenón. El héroe lloró desconsolado, al descubrir la muerte de su madre, que aun vivía cuando él partió a la guerra, y la del rey Agamenón, con quien había luchado en Troya.

En esta fase de la aventura, el héroe y la persona deben aprender a soltar, a dejar ir, al comprender que todo es impermanente y nada es eterno, excepto los dioses.

Finalmente, se le acercó la sombra de Tiresias y le hizo beber de la sangre de los animales sacrificados. El adivino le dijo que Poseidón haría todo lo posible para evitar su regreso a Ítaca, pero que algún día podría volver a su patria. También predijo que atracarían en la isla de Tinacracia, donde pastaban los rebaños sagrados del Sol, y que cumplirían su objetivo de regresar si no tocaban a los bueyes sagrados, pero si alguien mataba a uno solo de los animales, caerían todos en desgracia. Después de esto, Tiresias retiró las sombras y Ulises siguió su azaroso camino de pruebas.

Navegando nuevamente, tuvo que evitar sucumbir al encanto de las sirenas, cuya melodía embrujaba de amor y obligaba a los hombres a detenerse y a entregarse a ellas. La maga Circe le había advertido que debía tapar los oídos de su tripulación y superar en solitario la prueba de escuchar su canto, sin caer rendido y detenerse. Atado al mástil del barco, Ulises escuchó el canto de las sirenas y sus hombres cumplieron las órdenes de no detenerse, aunque su capitán ordenara lo contrario. A esta fase, Joseph Campbell la denomina «la mujer como tentación».

Así llegaron a la isla de Tinacracia, donde, por desgracia, en un momento en que Ulises estaba ausente, sus hombres muertos de hambre incumplieron la voluntad de Tiresias y desataron la ira de los dioses. Una tormenta los retuvo en la isla varios días y cuando finalmente se hicieron a la mar, Zeus lanzó un rayo contra la nave, rompió el mástil y todos los hombres naufragaron, excepto Ulises, que se quedó completamente solo, agarrado a un madero a merced de las olas durante nueve días. Cuando la furia del mar cesó, llegó moribundo a la isla de Ogigia, donde le esperaba la ninfa Calipso, que representa el episodio que Campbell denomina el matrimonio sagrado o el encuentro con la diosa, que ejerce de oráculo y de protectora del héroe como madre universal. Esta aparición suele indicar que el héroe está al final del camino de pruebas, habiendo superado los distintos retos, miedos y tentaciones. No obstante, el encuentro con la diosa es la preparación y el descanso para la gran prueba final, que consistirá en adentrarse en la caverna más profunda.

La ninfa y diosa Calipso acoge a Ulises en su reino y le promete amor e inmortalidad, pues ella, que estuvo triste y sola, ha encontrado a su compañero para la eternidad. La diosa lo hará inmortal y eternamente joven, pero el héroe le recuerda que solo quiere regresar a su tierra para rencontrarse con su mujer y su hijo. La bella ninfa no le hace caso y Ulises permanece ocho años en la isla, hasta que el dios Zeus se apiada de él y encarga a Hermes, el mensajero de los dioses, que con sus sandalias aladas viaje hasta la isla de Ogigia y lo libere. Calipso tiene que obedecer los designios de los dioses y prepara la partida de un incrédulo Ulises. Sin embargo, cuando el dios Poseidón descubre que el héroe ha vuelto a navegar en libertad hacia su patria, descarga nuevamente su ira sobre él para sumirlo en la caverna más profunda, un episodio que narraremos más adelante.

Todo lo que tiene que ver con el encuentro con la diosa o la madre protectora se refiere al equilibrio que las pruebas superadas aportan al héroe. Ella reúne el bien y el mal, ejerciendo de fuerza cósmica o totalidad del universo que otorga armonía a todas las parejas de contrarios, combinando amor y destrucción al mismo tiempo. Ese sentimiento de amor y repulsión es el que siente Ulises hacia Calipso, que lo nutre y protege, pero que lo aleja de su anhelo más profundo. Por eso, el héroe debe seguir adelante, como el niño que se desprende de la madre una vez que ha sentido todo su calor y su gratitud hacia ella.

Asimismo, en las pruebas del héroe, hay una muy importante que se da cuando ya se está aproximando a la caverna más profunda o está dentro de ella. Una vez armonizadas las parejas de contrarios, gracias a la figura protectora de la madre, el héroe debe encontrarse con el padre, que ejerce el rol de enemigo arquetípico y es quien va a iniciarlo para trascender a un mundo superior. El encuentro con el padre supone la aniquilación del ego del héroe, porque representa la perfección y los ideales con los que la personalidad se ha forjado durante la etapa de crecimiento.

El padre se presenta en este punto de la aventura o viaje de transformación personal como un ogro al que el hijo y héroe se enfrenta por el dominio del universo. Simbólicamente, todos los enemigos que el héroe encuentra representan alguna parte del padre.

En el camino de pruebas, el héroe se ha ido relacionando con aliados y enemigos, por lo tanto, el padre va a aunar estos dos roles, porque es alguien a quien debe aniquilar, pero también tiene que reconciliarse con él. Se trata de una muerte simbólica y una dura prueba para el héroe, si quiere seguir creciendo y caminando por la senda de la aventura en soledad, como una persona adulta y madura.

Esta es una fase importante que debe cumplir para demostrar que puede caminar más allá del ego y desarrollar sus propios recursos para enfrentarse a su dragón interno, cuando entre en la caverna más profunda.

Joseph Campbell lo explica de esta manera:

> El problema del héroe que va a encontrar al padre es abrir su alma a tal grado, y haciendo caso omiso del terror, que adquiera la madurez para entender cómo las enfermizas y enloquecidas tragedias de este vasto mundo sin escrúpulos adquieren plena validez en la majestad del Ser. El héroe trasciende la vida y su peculiar punto ciego, y por un momento se eleva hasta tener una visión de la fuente. Contempla la cara del padre, comprende y los dos se reconcilian.[12]

Una vez más, este episodio se manifiesta de forma exacta en la saga de *Star Wars*, cuando al final de *El retorno del Jedi*, contempla la cara del padre y se reconcilian, de forma que el padre salva al muchacho de la ira del Emperador cuando va a matarlo.

En cambio, en la trilogía de *El señor de los anillos* este episodio no aparece más allá del traspaso de poderes entre Bilbo Bolsón y su sobrino Frodo, el héroe de la aventura. Tampoco aparece en las aventuras de Ulises, porque solo su reencuentro con su hijo Telémaco, al regresar a Ítaca, tiene algo que ver con este episodio que describe Campbell del viaje del héroe a lo largo de su camino de pruebas.

---

12. J. Campbell. Op. Cit. pág. 137.

Pese a que Frodo, no viva este episodio, está claro que el pequeño hobbit cumple los requisitos del héroe espiritual que realiza un sendero iniciático lleno de pruebas y dificultades que superar, pues para fortalecerse y armonizar las parejas de contrarios tiene un doble encuentro con la maga Galadriel. El primero cuando le han herido con una espada de Morgul y más tarde cuando entra en el bosque encantado tras cruzar el umbral de las minas de Moria. Allí, en el bosque, la bruja maga, en su doble naturaleza protectora y destructora, le hace escuchar el oráculo de su misión que se presenta al filo de la navaja.

Frodo ve su futuro reflejado en el espejo del gran pozo, pues si fracasa, serán esclavizados y pasarán todo tipo de penurias. El oráculo le dice que alguien dentro de la Comunidad del Anillo los traicionará, algo que se cumplirá con el caballero Boromir, que sucumbe al reverso tenebroso de la ambición. Llevar el anillo de poder conlleva estar solo: si Frodo no es capaz de encontrar el camino, nadie lo hallará. Antes de partir, la maga le entrega un amuleto en forma de estrella de luz para iluminarle en los lugares oscuros.

Hay que señalar que en *El señor de los anillos*, al igual que sucede en *Star Wars* con los personajes de Luke Skywalker y Han Solo, se produce una duplicación de héroes en una senda paralela. Frodo es quien hace un viaje de transformación interna como héroe espiritual y Aragorn es el héroe material y guerrero, que reúne a todos los pueblos para llevarlos a la victoria frente a las tropas de Sauron. En su aventura, en apoyo del pequeño hobbit, vive el matrimonio sagrado con la diosa, como amante y caballero que se enamora de Arwen. Juntos protagonizan un romance similar al de Lancelot y Ginebra, aunque aquí la dificultad es pertenecer a una raza mortal e inmortal respectivamente.

Aragorn, con su romance con la elfa Arwen, ayuda a la unión de todos los pueblos para combatir al enemigo común. Su naturaleza como héroe es la fortaleza, mientras que la del pequeño Frodo es la pureza, por eso Aragorn no puede portar el anillo, pero sí luchar en mil batallas para proteger al hobbit y debilitar el mal de Saurón.

En cambio, el camino de Frodo está sembrado de tentaciones y aprendizajes de naturaleza interna que le ponen a prueba. A excepción de él, nadie es capaz de portar el anillo sin enloquecer o caer presa de la ambición de gobernar el mundo con su poder. Sus pruebas son huir del acoso de Boromir, que, aliado con la Comunidad del Anillo, desea quedárselo, y por eso lo ataca. Esta huida hace que Frodo se quede con Sam como único acompañante. Aquí tiene una importante crisis interna, en la que piensa en desprenderse del anillo y abandonar, pero el mentor Gandalf aparece para insuflarle fuerza.

Cuando Frodo y Sam están a punto de entrar en Mordor, aparece el Golum, que constituye otra importante prueba de confianza y compasión por esta extraña criatura que encarna la dualidad de las parejas y contrarios. Por una parte, es el bueno de Sméagol, de buen corazón y que quiere ayudar, y por otra, el mentiroso Golum, que ambiciona el anillo. Frodo pasa la prueba al conseguir que sea la versión más buena de Sméagol la que acabe dominando, para que este personaje monstruoso pueda guiarle hasta las puertas de Mordor.

Tras caer en las aguas de la ciénaga, donde Sméagol le salva, Frodo vuelve a tener una crisis interna de desconfianza hacia

Sam y un fuerte sentido de posesión o apego al anillo. Cree que es solo suyo y que es su objetivo. El ego le domina al final del camino de pruebas. Paralelamente, Sméagol le pide a su naturaleza maligna Golum que se vaya y le deje tranquilo, algo que solo conseguirá parcialmente. Frodo camina hacia su caverna más profunda y Mordor ya está cerca.

La caverna más profunda

Esta es la crisis más importante del héroe, porque todo parece perdido y entra en la cámara más oscura de la caverna más profunda, en lo que Campbell llamó la odisea o el calvario.

La senda se torna angosta y sombría, pues no hay espacio para la esperanza y tampoco para la vuelta atrás. En este momento, la muerte mira a los ojos del héroe. Dentro de la caverna más profunda está la figura más amenazadora, los miedos más ancestrales, la herida sangrante que le han acompañado a lo largo de sus días. En su interior, aguarda el dragón interno que constituye todo lo que el héroe teme, lo que nunca llegó a superar. Allí dentro, lucha con él y sucumbe. En la caverna más profunda, muere y renace, por eso este es el momento más crítico de la aventura del héroe, cuando está más lejos de lograr su objetivo. La muerte que el héroe padece en la caverna más profunda le hace tocar fondo. En esa profunda caverna, o bien sucumbirá, o bien renacerá transformado.

No existe un viaje de transformación personal sin pasar por el sufrimiento de la caverna más profunda. Hay que hundirse en el barro, navegar en la tormenta o cruzar el desierto a pie, para poder ascender y volar muy alto. La intensidad de la ascensión es directamente proporcional a la profundidad de la caída. En este punto, el héroe se sacrifica en cuerpo y alma, cayendo en una trampa de la que, si sale, no tendrá que superar más pruebas. No hay compañía, ni aliados, solo sus propios recursos y sus miedos. En la caverna más profunda, el héroe entra desnudo, vulnerable y despojado de toda arrogancia.

A lo largo de este episodio, y en función del mito, puede enfrentarse a un monstruo o a un gran rival, pero internamente siempre va a tener que lidiar con su propia sombra y dragón. Parcialmente, los héroes superan este momento gracias a una ayuda natural que les concede amuletos y protección. Perseo mata a la medusa armado con el escudo reflectante que Atenea le ha proporcionado, pero nada es posible si antes no vence su propio miedo.

La caverna más profunda representa también un final de camino o la salida del laberinto. Esto solo puede ocurrir, tal como ilustra el famoso mito del Minotauro, en el que Teseo mata al monstruo y sale del laberinto ayudado por el hilo de Ariadna, gracias al poder del amor que nos une a los otros. Como propone Christopher Vogler en *El viaje del escritor*:

> El hilo de Ariadna constituye un potente símbolo del gran poder del amor, de la conexión casi telepática que vincula a las personas que mantienen una relación sentimental intensa [...]. El hilo de Ariadna es una banda elástica que conecta al héroe con los seres amados.[13]

13. C. Vogler. *El viaje del escritor*. Ediciones Robin Book, Barcelona, 2002, pág. 202.

Esto es lo que sucede en *El señor de los anillos* cuando Frodo, mal aconsejado por el Golum, penetra en la caverna más profunda en lo alto de la montaña que custodia las puertas de Mordor. El hobbit se ve perdido en la oscuridad y pese a la ayuda sobrenatural del amuleto de luz que lleva y del hada Galadriel, que se le aparece para recogerle del suelo, no puede evitar la picadura de la gran araña. Frodo cae muerto y frío al suelo, presa de la araña que lo embalsama para devorarlo, pero en ese momento aparece Sam, su amigo del alma para salvarle.

Su tránsito por la caverna más profunda no es fácil, porque Sam debe rescatarlo una segunda vez, cuando su cuerpo inerte es llevado por los orcos hasta una gran torre donde van a acabar con él. El pequeño hobbit despierta del veneno de la araña en unas horas y con la ayuda de Sam, que simboliza su hilo de Ariadna, puede salir de este trance, en el que confronta su desconfianza hacia su mejor amigo, la fe al Golum que le ha engañado y su miedo a no encontrar el camino de salida.

Ciertamente, lo que sucede en *El señor de los anillos* no es la mejor muestra de lo que debe hacer un héroe para superar la caverna más profunda, porque normalmente debe ser él mismo quien halle los recursos para superar esta gran y última prueba. En cualquier caso, la saga de Tolkien ilustra a la perfección la dificultad de este pasaje.

Frodo, a merced de la traición del Golum, se enfrenta a un monstruo diabólico, y Aragorn, por su parte, viajará junto con Gimli y Légolas por el sendero del desfiladero para encontrarse encerrado en el reino de los muertos. Allí no muere, pero debe pasar la prueba de convencer a los muertos de que luchen a su lado. Gracias al poder sobrenatural del rey elfo Elron, que ha forjado de nuevo la gran espada del rey, podrá mostrar este amuleto y convencer a los muertos para salir de la profunda caverna donde habitan. Al superar esta prueba, Aragorn, como descendiente legítimo del rey, podrá llevar en su bando al ejército de los hombres muertos en la batalla de Minas de Tirinth contra las hordas de Sauron.

La prueba final de la caverna más profunda en la *Odisea* debe enténderse como el momento en el que el héroe se enfrenta a su mayor temor. Casi siempre lo que más tememos es la propia muerte, pero también puede ser una fobia o el miedo a fracasar y perder aquello que más se ama. Esto es lo que sucede en la aventura de Ulises, quien, después de pasar diversas pruebas, sufre la mayor tormenta de todas las que Poseidón le ha lanzado. Cuando Ulises es liberado del encanto de la ninfa Calipso por el dios Zeus, Poseidón carga con rabia para impedir que el héroe regrese definitivamente a su patria. Para él, su caverna más profunda o calvario más terrible, el final de su odisea es una tormenta, que le sumerge bajo las aguas hasta casi matarlo, para arrojarlo después a una isla donde, una vez más, una mujer, Nausica, lo protegerá. Allí en la isla de los feacios, el rey y su hija darán a Ulises la nave para regresar a Ítaca, pero antes el héroe, al contar sus hazañas, no podrá reprimir el llanto por todo lo que ha vivido. Esta puede considerarse su crisis interna final antes de alcanzar el propósito de regresar a Ítaca veinte años más tarde.

La senda de la aventura es un camino arduo en el que el héroe debe demostrar su determinación, valentía, capacidad de sacrificio, fortaleza, inteligencia y recursos para hacer frente a todo lo que acontezca. Los elegidos triunfan, pero muchos se quedan en el camino sin conquistar el tesoro que cambiará el mundo que los rodea y su propio universo interno. Esto es lo que sucede en el clímax de la aventura.

El elixir y la apoteosis

El ascenso es gradual y no inmediato, aunque en muchos mitos contemporáneos o películas pasemos de la caverna más profunda al elixir por la vía rápida. En la vida real o en los mitos clásicos, para alcanzar el tesoro o premio final es necesario, todavía, pasar por etapas de crecimiento.

Pasada la oscuridad y la muerte simbólica que la acompañan, el héroe asciende para llegar a la revelación, a la sabiduría máxima, al elixir o cáliz sagrado que va a representar un beneficio común para su sociedad. Obviamente, pese a que no ha llegado hasta donde lo ha hecho para alcanzar un beneficio personal, cumplir su misión repercute en sí mismo. La prueba final es ser capaz de compartir el estadio conseguido, el trofeo, tesoro, revelación o forma de sabiduría con sus congéneres. Este triunfo final puede manifestarse en encontrar un tesoro o ganar una gran batalla, pero en las historias de héroes espirituales o en el crecimiento personal es algo inaprensible, no material, pero sí interno y muy profundo. Aquí la profundidad no es oscuridad, sino la luz más intensa y brillante que brota del corazón para iluminar la mente como un diamante perfecto.

La sabiduría de saber quiénes somos, el *insight* de la transformación. Aquello que, sin saberlo, estábamos buscando cuando como héroes partimos a la aventura.

En la hazaña puramente física, al llegar a este punto, el héroe realiza un acto de valor, ganando una batalla o salvando una vida. En el tipo de hazaña espiritual, aprende algo de su vida dentro de un nivel superior y regresa con un mensaje o aprendizaje. Cuando llega a la apoteosis, lo que se manifiesta es una transformación psicológica fundamental.

En el momento en que el héroe deja de pensar en sí mismo y en su supervivencia, inicia una transformación realmente heroica de su conciencia, conectando con el espíritu de sacrificio, entrega a los demás y abandono de sí mismo.

El elixir como cáliz sagrado o grial es alcanzado por el caballero más puro de corazón, aquel que escoge la copa más humilde, porque no es el ego ni la ambición los que lo mueven. Por eso, Frodo Bolsón es el único capaz de destruir el anillo en el fuego del Monte del Destino. Sus últimos obstáculos en la oscura tierra de Mordor son de naturaleza interna. La ambición de quedarse con el anillo para siempre aparece como una sombra que solo su pureza podrá disipar.

Finalmente, cuando pueda lanzar el anillo al fuego de la Montaña del Destino, su gesta va a repercutir en beneficio de todo su pueblo. La humanidad y todos aquellos que viven en la Tierra Media se salvan de la destrucción de Sauron gracias a la hazaña heroica de Frodo, que al destruir el anillo único, acaba definitivamente con su señor oscuro y la amenaza de sus tropas.

En consecuencia, la historia de *El señor de los anillos* es un mito de liberación del mal y de restauración de la paz. Los dos héroes que participan en ella cumplen con su rol: Aragorn como guerrero, que une las tropas para llevarlas a la victoria y coronarse como rey del nuevo orden, pacífico y estable, y

Frodo como un héroe espiritual, que no ha sucumbido al poder del anillo, viviendo un viaje interior y un rito de paso de niño a adulto. Después de su aventura ya no podrá ser el mismo, comprenderá su naturaleza, que va a llevarle de héroe a mentor de las generaciones venideras.

Ulises, en cambio, vive su apoteosis casi como una ensoñación. No gana ninguna batalla, ni llega a ninguna gran revelación, porque a lo largo de su viaje ha ido aprendiendo de cada una de las pruebas que ha superado. Casi sin saber cómo, después de ganarse la confianza de las gentes de la isla de los feacios, le dan una embarcación con una pequeña tripulación, que le conduce hasta las playas de Ítaca. Su umbral de retorno puede considerarse toda su aventura de la *Odisea*, a lo largo de un retorno maldito por los dioses. Al abandonar la isla donde encuentra la protección de Nausica, ya no le quedan más umbrales que cruzar. Cuando por fin llega a Ítaca, cumple su anhelo más preciado, aunque todavía debe vivir la crisis de los dos mundos. A su llegada nadie le cree, ni nadie le conoce, excepto su perro Argos.

El episodio de la apoteosis o la obtención del elixir suele tener un papel relevante en la mayoría de los mitos vinculados a la aventura. En casos como el de la *Odisea,* queda diluido por la intensidad de los obstáculos y pruebas anteriores. Alcanzar el elixir o encontrar el tesoro, como manifestaciones materiales de una aventura, son más fáciles de comprender que la apoteosis que vive un héroe espiritual. Hallar un cáliz sagrado, salvar a una princesa o ganar una batalla crucial es algo palpable y reconocible. En cambio, un descubrimiento o revelación interna es algo más difícil de manifestar, dada su naturaleza inaprensible.

Esta es la senda de los sabios y visionarios que tienen aquí su momento *eureka*, su chispa de genialidad o la revelación que cambiará el curso de la cultura a la que pertenecen.

Van Gogh vive esta apoteosis gracias al sol de la Provenza, cuando su intensidad le revela la posibilidad de pintar con colores saturados que anticiparán el expresionismo y la modernidad pictórica. El Buda es el ejemplo clásico de la iluminación bajo el árbol de la sabiduría, pues en ese momento integra las Cuatro Nobles Verdades, después de un sueño profundo del que no sabe si va a despertar.

La literatura y el cine de ciencia ficción son propicios a plantear momentos de apoteosis o revelaciones interiores, por su tendencia a tratar temas metafísicos o internos, como se verá en el capítulo sobre viajes iniciáticos y en el ejemplo de *2001, odisea del espacio*. La novela *Solaris* de Stanislav Lem y la película homónima de Tarkovski son un buen ejemplo, con el viaje espacial de un hombre que, al alcanzar un planeta remoto, comprende su relación con la mujer que perdió y el sentido de su vida.

Más recientemente, *Interstellar* (Nolan, 2014) plantea otro viaje espacial con un precioso episodio de apoteosis, en la que un padre, cumplido su viaje del héroe, regresa para transmitir su sabiduría a la hija, que podrá salvar a la humanidad de la destrucción. Este clímax de la aventura iniciática del padre resuelve varias revelaciones, porque partió en una misión espacial que, alcanzada la velocidad de la luz, lo aleja para siempre de su hija. Él sigue siendo joven, pero en la Tierra han pasado diversas décadas y la hija es ya una anciana cuando él puede regresar. No obstante, en el momento de la apoteosis, padre e hija se van a comunicar en el espacio de la librería de la vieja casa. Al entrar en un agujero negro, el viajero espacial modifica las coordenadas espacio-tiempo y, de una forma mágica o etérea, se manifiesta por detrás de las estanterías como un ángel que ella no puede ver. Aplicando un código morse, mueve diversos libros y las manecillas del reloj para darle las claves a su hija del viaje espacial en el que ha aprendido cómo la humanidad puede sobrevivir a un virus letal que destruye las cosechas. La hija intuye la presencia del padre y comprende el mensaje que le envía con la información de los datos cuánticos que necesita para resolver la ecuación gravitatoria en la Tierra y preparar la vida humana en otros planetas. Murph, la hija del piloto espacial Cooper, se convierte en la heroína que salva a la humanidad.

Ella vive su viaje de heroína como una científica vinculada a la NASA. Cooper lo hace como el héroe que viaja a lo desconocido, para descubrir las claves que puedan salvar a los hombres, garantizando la vida en otros lugares de la galaxia. Son dos historias que coinciden en una misma revelación interna, apoteosis o *insight,* mediante una conexión mágica en un no espacio para él, de pasillos con estanterías en tres dimensiones, y la vieja librería de su casa, en el caso de Murph. La ciencia ficción tiene la capacidad de poder narrar, mediante símbolos, conceptualizaciones y abstracciones, tocando temas profundos sobre la existencia. Muchos viajes espaciales devienen viajes del héroe por senderos de la aventura, en busca de lo desconocido.

El umbral de retorno

Después de la apoteosis, viene la gran prueba final: el retorno. Si las fuerzas han bendecido al héroe, será plácido, pero, en caso contrario, será perseguido y maltratado y encontrará toda clase de obstáculos, como se demuestra en la *Odisea* de Ulises, que hemos narrado a lo largo de este capítulo. En el umbral de retorno, las fuerzas trascendentales deben permanecer atrás, aunque el héroe debe aceptar como reales las experiencias y aprendizajes que ha vivido a lo largo de su viaje por el mundo desconocido. Por una parte, cree y confía en su nueva sabiduría, pero al mismo tiempo es capaz de no emborracharse de poder. Si se lo cree mucho, el héroe puede pensar que no necesita regresar. Cuando lo alcanzado te posee, se convierte en «tu tesoro», tal como le sucede a Golum, y ello arruina todo viaje de transformación o del héroe.

Como bien saben los alpinistas, lo más difícil es bajar de la cima, no llegar a ella. En la visión de plenitud que satisface al alma, se hace difícil regresar a ese lugar del que uno partió, porque no le satisfacían sus banalidades e imperfecciones. Sin embargo, hay que regresar a la cotidianeidad del mundo establecido para cumplir el ciclo.

El umbral de retorno constituye la gran prueba de amor por los demás, por aquellos que se quedaron, y también el reto final del héroe para constatar que ha perdido la arrogancia o la ambición. El deseo de compartir, así como la compasión y la humildad son los motores que mueven al héroe para cruzar el umbral de retorno.

Cuando uno lo tiene todo, no es fácil bajar del Olimpo para compartir. El elixir puede ser la vida eterna que Calipso le ofrece a Ulises, pero, por grande que sea la recompensa, el héroe debe regresar. Este es el momento de contactar con su humildad, recordando su cometido y compromiso, ya que ha realizado una gesta en beneficio de los demás, siendo un ser generoso, restaurador, divino o rebelde. No importa cuál sea su naturaleza; si quiere realizar una gesta heroica, debe volver para compartir aquello que ha logrado, aprendido o descubierto. Quienes ganan la batalla pero no regresan no son héroes en el sentido completo del término. Algunos como Napoleón pueden ser grandes líderes, para su nación, conquistando territorios, pero su afán de poder y arrogancia les pierden. Por eso, las grandes empresas heroicas se reservan a personas modestas, como el pequeño Frodo Bolsón, con mucho espíritu de sacrificio y bondad.

Dentro del cine clásico americano, hay una gran película o mito contemporáneo idónea para ilustrar la dificultad de cruzar el umbral de retorno. Se trata de *El tesoro de Sierra Madre* (Huston, 1948), una historia sobre tres buscadores de oro que van en busca de fortuna a las montañas. Dos de ellos tienen sueños humildes y vinculados a la ayuda a los demás. El más anciano será feliz si se queda en la aldea de campesinos primitivos como médico curandero de los niños enfermos. El más joven, si tiene un poco de dinero, irá a cuidar a la viuda de un compañero que murió en la senda de la aventura. Su felicidad se cumple cultivando los campos y cuidando del ganado. Pero Fred Dobbs (Humphrey Bogart) solo tiene sueños materialistas de grandeza y necesita todo el oro para él. Por ello, tratará de matar a su compañero de expedición. Pero cuando llega al umbral de retorno, cargando con todo el oro, unos indios acaban con su vida. Un poco más tarde, sus compañeros llegan a una aldea, en territorio civilizado. No se sabe nada del oro, pero cuando lo encuentran, una tormenta de viento hace volar los sacos por los aires. Los héroes cotidianos, que sí han cruzado el umbral, podrán rehacer sus vidas cumpliendo sus sueños, porque para hacerlo no necesitan oro. El film se basa en una novela homónima del alemán B. Traven que refleja la moraleja «la avaricia rompe el saco», en plena era de la opulencia norteamericana.

Cruzar el umbral implica que se está suficientemente enraizado en el mundo del que uno procede y que se tiene humildad para no caer en el egoísmo y, desde la soledad de la aventura, desear ofrecer a los demás los logros alcanzados, sean de la naturaleza que sean.

Como planteábamos anteriormente, en la *Odisea*, el umbral de retorno de Ulises constituye por sí solo toda una aventura, más allá de los acontecimientos vividos en Troya, donde su astucia fue crucial para ganar la guerra, gracias al engaño de esconderse dentro de un gran caballo de madera. Ulises tuvo que vencer muchas tentaciones, con ninfas y mujeres protectoras y con monstruos como Polifemo, y tuvo que pasar las peores tempestades antes de volver a pisar Ítaca.

En el caso de *El señor de los anillos*, el énfasis se pone en la dificultad por alcanzar Mordor y el Monte del Destino. Una vez destruido el anillo, regresar a la Comarca implica un largo sendero libre de amenazas, porque el reino de la oscuridad ha sido destruido. No obstante, Frodo debe salvarse de la lava de Mordor, mientras la tierra se hunde, para llegar a Elron y restablecer el orden.

Ambos, tanto Ulises como Frodo, van a vivir la crisis de los mundos, porque ya no podrán olvidar nada de cuanto han vivido a lo largo de la aventura.

La crisis de los dos mundos
y la libertad para vivir

Una vez que el héroe ha regresado, siente que tiene un pie en el mundo desconocido y otro en el cotidiano. Como en el trastorno de *jet lag*, la conciencia del héroe está perdida, sin saber si lo que ha vivido es real y si reconoce lo que está viendo…

Nada es como antes, porque la aventura cambia a la persona y, a su regreso, la cotidianeidad parece distinta, y lo peor es que los dos mundos no encajan. Una vez cruzado el umbral de retorno, toda la excitación, la aventura y los peligros del mundo desconocido son solo placidez, aburrimiento y normalidad. Ajustar la frecuencia, adaptarse al cambio de espacio no es nada fácil. Cualquiera que haya viajado a un lugar lejano una buena temporada, al regresar ha vivido esta crisis de los dos mundos. Uno querría estar todavía allí, pero está aquí. Quiere estar nuevamente en lo cotidiano, pero no es fácil, porque la aventura transforma la conciencia, y con ella la visión de nuestra realidad. Por ello, el héroe o la persona en transformación necesita un tiempo de aclimatación y debe pasar por esta fase de forma irremediable. A veces, la escisión puede durar para siempre, pero se resuelve si el héroe integra lo que lleva consigo para transmitirlo a los demás. Todo lo vivido durante la aventura debe regresar de ese abismo, al plano de la vida contemporánea, y servir para transformar a los potenciales humanos, como si el héroe fuera un demiurgo, un semidiós, un sabio, un genio o cualquiera de esas mil caras con las que ha aparecido para enseñarnos a vivir y evolucionar.

A algunos héroes les sucede como al protagonista del mito de la caverna de Platón cuando regresa a la cueva para contar a los suyos que su realidad es una sombra proyectada en la pared, pero que la verdadera está allá fuera. Los otros no le creen.

Hay muchas historias de personas que regresan como héroes y no encajan en su vida cotidiana o los que tienen muchas dificultades en hacerlo. Entre los primeros, suele haber muchos sabios, que después de la iluminación permanecen como anónimos eremitas o monjes. Por ejemplo, Frodo Bolsón acaba su ciclo volviendo a la Comarca y queda en una especie de olvido con la idea de que, una vez salvada la Tierra Media, ya no puede encajar en su mundo cotidiano, y por eso se dedica a escribir su historia, siguiendo el camino mostrado por Bilbo, su tío y primer héroe.

El mismo Ulises se presentó en Ítaca como un mendigo anónimo a quien nadie conocía. La diosa Atenea lo hizo para protegerlo de todos los pretendientes que deseaban casarse con Penélope y quedarse con su trono. Con ese aspecto se presentó en la cabaña del porquerizo, Eumeo, quien no había creído que Ulises volvería algún día. Cuando Telémaco apareció por la cabaña, la diosa devolvió al héroe su apariencia y ambos se abrazaron, aunque al hijo le costó reconocer a su padre en aquel hombre. Nadie debía saber que había regresado porque tenían que preparar bien su venganza contra los pretendientes a usurpar el trono.

Al llegar a palacio solo el perro Argos reconoció al héroe, que se presentó vestido de mendigo. Penélope tampoco lo reconoció, aunque sí lo hizo Euriclea, la vieja nodriza, ya que, al lavarle la pierna, vio la herida que le había hecho un jabalí.

Para preparar su venganza, Ulises le pidió a Penélope que propusiera a los pretendientes una prueba de arco: quien supiera tensarlo y pasar la flecha por los agujeros de las doce hachas hincadas en el suelo se convertiría en su esposo. Telémaco fracasó, pero también Antínoo y el resto de pretendientes. Nadie consiguió doblar el arco para tensar la cuerda, hasta que apareció Ulises como un viejo mendigo. Sus hombres habían tomado posiciones, y cuando superó la prueba, pudieron, entre todos, reducir y matar a los pretendientes que habían desterrado al rey Laertes y habían estado abusando de la hospitalidad de Penélope, quien para mantener su castidad y no casarse con ninguno dijo que lo haría al acabar de tejer un sudario que cosía de día y descosía de noche.

Después de la matanza, Ulises pudo integrar los dos mundos, consiguiendo que Penélope le reconociera con la ayuda de Euriclea. A partir de ese momento, tuvo la libertad para vivir anciano y feliz en su ansiada Ítaca con su bella esposa y su hijo.

La diosa Atenea detuvo la luz de la aurora para que el héroe pudiera seguir narrando todas sus aventuras, mientras Penélope le contaba cómo había logrado engañar a los pretendientes con la tela que nunca terminaba de tejer.

Todo lo que aprendió Ulises en su largo viaje le sirvió para convertir a Ítaca en un reino floreciente, aunque él volvió a navegar y no acabó sus días con Penélope, según cuentan las distintas versiones del mito.

Después de su aventura, el héroe debe permitirse la libertad de vivir, pero ya nada en su vida tendrá la misma intensidad.

El tercer ciclo de retorno es el epílogo, en el que algunos héroes devienen mentores, algunos caen en el olvido y son rechazos, y solo unos pocos cambian profundamente su mundo cotidiano, para llevarlo a la modernidad de los tiempos futuros.

> El héroe mitológico es el campeón no de las cosas hechas, sino de las cosas por hacer; el dragón que debe ser muerto por él, es precisamente el monstruo del *statu quo*.[14]

Joseph Campbell marcó el camino con su libro *El héroe de las mil caras*, donde el mito de la búsqueda visionaria, de quien sale en busca de una gracia o una visión, tiene la misma forma en todas las mitologías. Probablemente, este es el núcleo esencial del viaje que nos propone: salir del mundo en el que se habita para ir a una profundidad o distancia. Allí se encuentra lo que le faltaba a la conciencia, y después debe plantearse si se aferra a eso o regresa con esa gracia, para tratar de integrarla en el mundo social.

El camino es conocido y todos los héroes lo han recorrido, pero no todos estamos dispuestos a emprender el viaje. Por eso, el gran reto es sentir la llamada de la aventura y pensar que, en nuestra medida, nosotros también podemos ser héroes de nuestra propia aventura, tal como se plantea en las siguientes partes de este libro.

---

14. J. Campbell. Op cit. pág. 300.

Los caminos siguen avanzando, sobre rocas y bajo árboles, por cuevas donde el sol no brilla, por arroyos que el mar no encuentran, sobre nieves que el invierno siembra, y entre las flores alegres de junio, sobre la hierba y sobre la piedra, bajo los montes a la luz de la luna.

Los caminos siguen avanzando, bajo las nubes y las estrellas, pero los pies que han echado a andar regresan por fin al hogar lejano. Los ojos que fuegos y espadas han visto, y horrores en salones de piedra, miran al fin las praderas verdes, colinas y árboles conocidos.

J.R.R. Tolkien, *El hobbit*

Parte II.

EL VIAJE DEL HÉROE

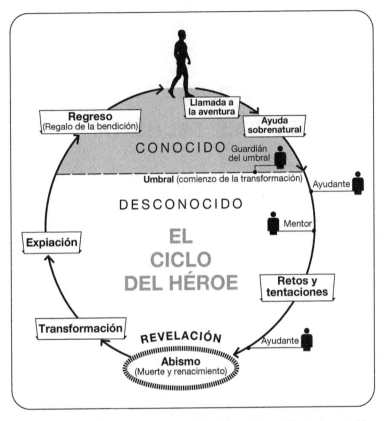

Esquema básico del ciclo del héroe, en su tránsito del mundo conocido a lo desconocido. Más allá del umbral, el héroe, siguiendo su aventura, deberá afrontar retos y tentaciones para morir y renacer. Finalmente, una vez que haya alcanzado su transformación, regresará para compartir lo aprendido.

4. Viajes de aprendizaje

El de aprendizaje es el primer viaje que hacemos todos, y es una de las etapas fundamentales en la vida de cada persona, para crecer, madurar y convertirse en un adulto/a. Es el rito de paso por excelencia, desde la infancia hasta la madurez. Sin embargo, hay aprendizajes que son más transformadores que otros, ya que depende de la intensidad y la naturaleza del viaje que cada uno realice. Una gran mayoría los vive dentro de su zona de confort, sin salirse del colchón de seguridad que crean los padres o el entorno familiar y educacional.

En cambio, los y las protagonistas de los mitos o leyendas contemporáneas son personajes que trascienden lo cotidiano para cruzar ese umbral que los lleva a mundos desconocidos, donde realizan un aprendizaje más allá de lo convencional que los convierte en futuros magos o maestros mentores a temprana edad.

La curiosidad del niño, su irresponsable valentía o la inquietud de jugar y probar cualquier cosa son virtudes propias de este estadio primario de la vida y de los héroes más infantiles. Todos los ejemplos cinematográficos que se presentan son niños o niñas arrastrados por un ciclón al país de Oz, como antes lo fue *Alicia en el país de las maravillas* o al mundo de los muertos, desde una cripta que trasciende para ver otra dimensión, muy lejos de la realidad cotidiana.

Volar o viajar más allá de lo establecido tiene el premio de la profunda sabiduría de descubrir cosas que los demás jamás soñarían y la recompensa de poder volver y transmitir lo aprendido. Unos, siendo músicos felices y cumpliendo una vocación, como el niño héroe de *Coco*, otros entendiendo mejor su lugar en el mundo, como la niña Dorita de *El mago de Oz*, y otros, como en el caso de Harry Potter, convirtiéndose en un mago prodigioso.

En el viaje de aprendizaje, si bien hay pruebas que pasar, lo que predomina es la inmersión en el conocimiento mediante la aparición de mentores que transmiten sabiduría antes de alcanzar la propia maestría. Una parte es aprendida de otros y otra es experiencial, gracias a las vivencias propias del sendero de la aventura. Esto es evidente en los casos de heroínas como Dorita, que no se detiene y vaga por Oz hasta aprender su lección con ayudantes y mentores como el Hombre de Hojalata y el León Miedoso, y también en el de Alexandra David-Néel, quien a los veintiún años se marchó a conocer las fuentes de Asia, y no regresó hasta ser una experta en el budismo más ancestral del Himalaya.

Los héroes o heroínas de los viajes de aprendizaje son personajes como el niño héroe Krishna, quien, tal y como se relata en el *Mahabharata* o en los *Puranas,* derrota a temidos enemigos, monstruos y demonios con sus aptitudes y su flauta encantadora. Como niño pastor huido para no ser asesinado por su tío Kamsa, Krishna crece feliz en un mundo rural y desconocido en la aldea de Vrindavana, donde se gana los corazones de las bellas mujeres gopis de tez morena mientras aprende el arte de la música y la danza. Una historia que se puede relacionar con la de Miguel, el niño de doce años protagonista de la película *Coco*.

Krishna es un héroe, también considerado dios, con la dualidad de castigar a los hombres por sus obras o de llevar iluminación a sus corazones. Antes de esposar infinidad de mujeres como un gran seductor hedonista, Krishna vive aventuras de juventud en las que derrota al toro Danava o a la serpiente gigante Kaliya.

También es conocido popularmente por ser el mentor y protector del joven Arjuna en la batalla de Kurukshetra, recogida en la reveladora narración de la *Bhagavad-gita*.

Entre sus grandes enseñanzas está el saber que nuestro ser esencial está separado del cuerpo y que esta naturaleza primordial que tenemos es inmortal, pues forma parte de un todo universal. Como tantos héroes, los niños o héroes de aprendizaje también pasan por la caverna más profunda o por esos momentos en los que deben morir para resucitar. Esto ocurre con el mago Potter o el joven Krishna, quien, al igual que el poderoso Aquiles, es herido mortalmente por una flecha disparada a su talón.

Los viajes de aprendizaje pueden ser muy peligrosos a la vez que gratificantes, y quienes los transitan como héroes van más allá de lo convencional, arriesgando sus vidas para entrar en dimensiones y mundos desconocidos. Allí les esperan fuentes de sabiduría primitiva que pueden estar a punto de perderse para siempre, tal como le sucedió a la valiente Alexandra David-Néel con el budismo, pues como heroína protagonizó una vida de leyenda, transgrediendo todas las normas de su época.

Alexandra David-Néel

Alexandra David-Néel,
Tíbet, 1933.

Mujer aventurera, avanzada a su tiempo, que nació 1868 a las afueras de París. Fue la única hija de un padre editor de una revista republicana y una madre belga católica y conservadora, con la que nunca se entendió.

Ya de niña, Alexandra mostró un carácter anárquico y dado a la evasión. Tuvo la suerte de que las inversiones de sus padres le pudieron costear parte de sus viajes y aventuras. Siendo muy joven, entró en contacto con la Sociedad Teosófica francesa y con las enseñanzas de Madame Blavatsky, que fueron recogidas en la obra *La doctrina secreta* (1888). Así aprendió espiritismo, religiones comparadas, esoterismo y la rama más ocultista de la filosofía oriental. Puede suponerse que su llamada a la aventura ocurrió al descubrir la fantástica colección asiática reunida en el Musée Guimet de París. Fascinada por un buda dorado, se prometió aprender todo aquello que podía conducirle a ese estado interior. Fue su iniciación y compromiso con un viaje de aprendizaje basado en el budismo, que le iba a llevar a los confines de Asia, después de haber viajado por toda Europa y parte de África del Norte.

Sus primeros recursos espirituales o fuentes de aprendizaje fueron las novelas de Julio Verne, la *Bhagavad-gita*, las máximas de Epicteto y el Eclesiastés, que contenía una de sus máximas favoritas: «Sigue las sendas y los impulsos del corazón y las escenas que atraen tu mirada». Una lección que veremos como apoteosis final de transformación en el viaje de la niña protagonista de *El mago de Oz*. Sin embargo, en el mundo real, ser heroína era mucho más difícil que en los cuentos, pues Alexandra empezó a escaparse sola por Europa, pero a menudo tenía que pedir que la fueran a buscar al quedarse sin dinero. Su madre la coaccionó para que se buscara un marido, mientras ella colaboraba en medios feministas y se comprometía con el sufragismo.

Con veintiún años, viajó a Londres para aprender orientalismo y se pasaba las horas leyendo en la biblioteca de la Sociedad de la Gnosis, donde fue introducida por su amiga la señora Morgan. Allí vivió un tiempo, visitando también los tesoros del Museo Británico y leyendo sobre esoterismo, metafísica, filosofía, astrología, alquimia, así como textos chinos e hindúes.

Antes de entrar como su padre en una logia masónica, Alexandra reclamó la herencia de su madrina y se marchó a la India. No iba como turista, sino en un viaje de aprendizaje y peregrinaje espiritual. Después de una travesía de quince días, desembarcó en Ceilán, donde entró por primera vez en un santuario budista, en el que encontró una estatua de tamaño natural que la dejó impactada: había esperado ver más expresividad y sentimiento en un rostro pintado de amarillo, que le parecía inexpresivo. Junto al Buda, pudo ver las ofrendas en forma de comida o flores de loto y el ritual que realizaban los devotos.

Con ansias de conocer más, emprendió la parte final de su viaje hacia el sur de la India, cruzando la bahía de Tuticorin, donde le esperaba su umbral de la aventura.

Pese a que la distancia no era grande, un temporal estuvo a punto de hacer naufragar la pequeña embarcación en la que viajaba. De pronto, las cubiertas fueron invadidas por ratas enormes, impulsadas por el agua desde las bodegas del barco, junto con muchísimos insectos, como chinches, arañas y cucarachas gigantes, que invadieron su camarote y la hicieron entrar en pánico y sufrir náuseas. La travesía fue un infierno, pero pudieron llegar a la India. En ese viaje, pasó por Madrás y Benarés, donde conoció al sabio asceta Swami Bashkarananda, que se pasaba meses meditando casi sin ropa. Alexandra tomó contacto con una vida austera que ella conocía solo por los estoicos.

La joven aventurera regresó a París sin un céntimo, pero finalizó sus estudios de música y canto, y consiguió un puesto de primera cantante en la ópera de Hanoi. Hay que recordar, que en esa época Vietnam formaba parte de la llamada Indochina, una gran colonia francesa en territorio asiático. Esta posición le dio la oportunidad de seguir conociendo Asia durante las dos temporadas que trabajó. Después la canción la llevó a Túnez, donde conoció a su marido, un ingeniero ferroviario del que se enamoró y con quien vivió una relación muy atípica, pues ella, que ya tenía treinta y seis años, no estaba dispuesta a dejar de viajar.

Un tiempo después de una breve estancia en Londres para apoyar a las asambleas a favor del sufragio de las mujeres y dar una conferencia en la Sociedad Budista de aquella ciudad, regresó a la India. En ese momento, ya se había hecho budista y le faltaba poco para publicar su obra *Le modernisme boudhiste et le bouddhisme du Bouddha* (1911).

En agosto de 1911 volvió a la India, y aunque le había prometido a su marido regresar en diecinueve meses, no cumplió su promesa. Al año siguiente, llegó a un monasterio budista en la remota región montañosa de Sikkim, donde conoció a un monje adolescente y ayudante vital llamado Aphur Yongd, con quien se retiró a vivir como una ermitaña, en una cueva a cuatro mil metros de altitud. Se hizo amiga de Sidkeon, el líder espiritual de ese territorio y también del lama Kazi Dawa Samdup, que la llevó hasta Kalimpong, para conocer al decimotercer Dalai Lama que estaba refugiado allí mientras duraba la guerra en China. Acabó en Lanchen, en las montañas próximas al Tíbet, estudiando budismo durante cuatro años y mezclando conceptos y técnicas con retiros anacoretas. La apodaron Yshe Tome, la lámpara de sabiduría.

Por un tiempo volvió a la India y visitó lugares como la montañosa Darjeeling o Bengala, pero cuando Sidkeon ocupó el trono de Sikkim, la mandó llamar para que fuera su consejera, pues quería que le ayudara a llevar a cabo una reforma religiosa. Su viaje de aprendizaje empezaba a revertir; pronto empezaría a transmitir lo aprendido, pero aún quedaban nuevos episodios de aprendizaje en la intensa vida de esta heroína.

El marahá de Sikkim murió al poco tiempo y Alexandra decidió irse al Tíbet en 1916, acompañada de su fiel amigo y monje Aphur. Cuando llegaron al monasterio de Tashulimpo, al sur de la meseta tibetana fueron muy bien recibidos por el lama, quien le abrió el acceso a la biblioteca, donde Alexandra pudo profundizar sus estudios, llegando a una inaccesible sabiduría tibetana, que mezclaba el budismo con elementos de la primitiva religión Bon. Antes de que regresara al protectorado británico de Sikkim, la hicieron lama y doctora en budismo tibetano.

Europa había entrado en la Primera Guerra Mundial y las cosas se complicaban. Por otra parte, ante su abandono, su marido Philippe le había comunicado hacía tiempo su separación o al menos su intención de mantener relaciones con otra mujer. Alexandra era consciente de que no podía convivir con ningún hombre, porque había elegido una vida solitaria en un constante viaje de aprendizaje. Pese a ello, cuando fueron expulsados de Sikkim por cruzar la frontera sin autorización, continuó con el joven Aphur un largo itinerario que los llevó hasta Japón.

El país nipón resultó ser demasiado civilizado y occidentalizado para ella, pese a que se hospedó en un precioso monasterio zen y fue acogida por la esposa de D.T. Suzuki, el gran introductor del budismo zen.

No tardó en abandonar el país, aunque antes tuvo un encuentro providencial con el filósofo y monje Ekai Kawaguchi, quien le contó su estrategia para entrar en Lhasa disfrazado de religioso tibetano. Alexandra guardó esta información, que le serviría para alcanzar la cumbre de su viaje y aprendizaje por Asia.

La viajera y su joven monje y asistente Aphur pasaron por Corea camino de Pekín, antes de acabar refugiados en el lejano monasterio de Kumbum, donde estuvieron cuatro años traduciendo los *Sutras* de la *Prajña-paramita* y trabajando en la copia de una colección de obras de Nagarjuna. Por el camino, cruzaron el desierto de Gobi y llegaron hasta zonas de Mongolia, haciendo un viaje de más de tres mil kilómetros en mitad de la guerra civil que acaba de estallar en China.

Cuando la epidemia de gripe española causó miles de víctimas en el sur de Kansu, Alexandra tenía cincuenta años, y tanto ella como su ayudante cogieron la enfermedad y estuvieron al borde de la muerte con fiebre muy alta, pero al final la intrépida viajera pudo recuperarse para seguir su aventura. Como dice su biógrafa Ruth Middleton:

> ¿Quién habría creído que una mujer madura, pequeña y regordeta se alinearía con Ulises, Rolando, Galahad y Parsifal? Había seguido la senda heroica: había obedecido su propia voz interior; había superado las pruebas físicas e intelectuales; había vencido la tentación de permanecer en un puerto cómodo y seguro; había experimentado un despertar romántico que concluyó en separación y muerte; se había retirado a la soledad para fortalecer sus recursos espirituales bajo la dirección de un sabio y había realizado finalmente el rito de iniciación completado con todos los objetos místicamente simbólicos, el cáliz, el rosario, los anillos, los mantos y los textos sagrados. Ni el mentor más exigente habría encontrado defectos en su preparación.[15]

Faltaba la guinda del pastel, ya que entrar en Lhasa era la culminación del viaje de Alexandra David-Néel. Su huida a la India solo podía ser por el Tíbet, puesto que estaba rodeada por tres guerras: la chinojaponesa, la chinotibetana y la de los bolcheviques en Mongolia, mientras el tifus y la gripe causaban estragos en la región. Tras un largo viaje, logró entrar en la ciudad prohibida de Lhasa en 1924, vestida de mendigo y con el rostro tiznado de hollín. Pudo visitar el Potala y muchos de los monasterios del entorno, hasta que una mañana fue descubierta en el

---

15. R. Middleton. *Alexandra David-Néel, retrato de una aventurera.* Edaf, Barcelona, 2001, pág. 146.

río, cuando bajaba a asearse y tuvo que huir precipitadamente con Aphur. Exhaustos y muertos de hambre, llegaron a Sikkim con el salvoconducto que les hizo un amigo militar británico.

La aventura terminaba y era la hora de volver a Europa con todo ese aprendizaje, pues en 1925 su fama la precedía y aparecía en todos los periódicos. Desde entonces, publicó libros tan importantes como *Voyage d'une parisienne à Lhassa* (1927) o *Mystiques et magiciens du Tibet* (1929). Se estableció en una casa de la Provenza a la que llamó Samten-Dzong, la Fortaleza de la Meditación, considerada el primer santuario budista de Francia. Falleció con 101 años y tuvo todavía tiempo de regresar a Asia para aprender taoísmo y retirarse cinco años más en su amado Tíbet. No dejó de publicar y dar conferencias, pero poco antes de morir dijo que «no sabía absolutamente nada y que estaba empezando a aprender».

Esta es la naturaleza de una mujer sabia e incomparable, pues Alexandra David-Néel fue una heroína de carne y hueso, que nos demuestra, una vez más, cómo la realidad puede superar a la ficción. Ninguno de los ejemplos que presentamos a continuación puede alcanzar las cotas de intensidad del viaje de aprendizaje de esta aventurera.

El Mago de Oz

Una película musical cargada de magia, bajo una atmósfera de cuento infantil en el que una niña vive un viaje al mundo de Oz, un lugar poblado de hadas, brujas y seres misteriosos.

Se trata de un clásico del año 1939, rodado por primera vez

en tecnicolor para mostrar el maravilloso mundo de Oz. La vida cotidiana de la joven Dorita aparece en un sepia, opaco y apagado, ya que transcurre en un entorno aburrido, donde ella se siente siempre incomprendida por sus atareados tíos. Su deseo es volar en libertad, a un lugar de fantasía donde la lleve su imaginación. Dorita es una niña cándida y una heroína blanda, propia de un cuento de hadas y del puritanismo de su tiempo, que canta «Over the rainbow», expresando su voluntad de partir. Entonces un rayo se filtra entre las nubes y se abre un claro de luz.

Judy Garland la joven heroína en
El mago de Oz (*V. Fleming, 1939*).

Somewhere over the rainbow
Way up high
There's a land that I heard of
Once in a lullaby
Somewhere over the rainbow
Skies are blue
And the dreams that you dare to dream
Really come true.[16]

16. «En algún lugar más allá del arcoíris, allá arriba hay un país del que oí hablar en una canción de cuna. En algún lugar más allá del arcoíris, los cielos son azules y los sueños se hacen realidad». Primera estrofa de la canción «Over the rainbow», tema principal de la película *El mago de Oz*.

Oz parece ser ese país del que una vez oyó hablar en una canción de cuna. Cuando la niña vuelve a su hogar, la malvada señora Gutch quiere llevarse castigado a su querido perrito Toto, porque parece haberla mordido. El perro se fuga y vuelve con Dorita y, antes de que la mala regrese, deciden huir de casa.

En un puente que marca el primer umbral, se encuentran con el profesor Wonder, un mentor y vidente que lee en su pensamiento las ansias de vagar, ya que siente que vive en un mundo donde nadie la comprende. En su bola de cristal, aparece la entristecida tía Emma, desconsolada por no saber dónde está la niña, que, arrepentida, decide volver, pero un tornado impide el rencuentro. Los tíos han huido, la casa está vacía y la niña es absorbida, dentro de ella, con su perro Toto.

El tornado cumple la función del umbral, donde se proyectan sus deseos y temores. La señora Gutch se presenta como una bruja malvada, volando sobre una escoba. Cuando el viento cesa, Dorita abre la puerta y se encuentra en Oz, un mundo de color y fantasía. Otra vez en el puente, recibe la visita del hada Glinda, la bruja buena del Norte, que la protege de la aparición de la bruja mala del Oeste. Ella le entrega las mágicas zapatillas rojas de rubíes y le da la pista para seguir el sendero de baldosas amarillas. Si quiere regresar a su hogar en Kansas, solo el Mago de Oz puede ayudarla. Para ello, debe llegar hasta la lejana ciudad de Esmeralda.

De este modo, la niña emprende su viaje de aprendizaje, que va a someterla a las primeras pruebas, cuando encuentre al Espantapájaros, al Hombre de Hojalata y al León. Todos comparten la voluntad de cambiar algo que no funciona en sus vidas. El Espantapájaros ya no asusta a nadie y quiere un cerebro, para lograrlo, acompañará a la niña a ver al Mago de Oz. Tras pasar el bosque de manzanos parlantes, se encuentran con el Hombre Hojalata. Dorita lo reanima, poniéndole aceite en la boca y en sus articulaciones. Le falta el ánimo y un corazón, que le marque el compás. Al igual que el Espantapájaros, se une a Dorita para llegar hasta la ciudad Esmeralda. Cuando llega la noche, dan con el León Cobarde, que necesita tener valor. Dorita los ayuda a todos gracias a su corazón abierto, y juntos forman una buena compañía liderada por ella. La valentía de la niña los guía por la senda de la aventura.

Al llegar a las puertas de la ciudad Esmeralda, la bruja los hace dormirse en un campo de amapolas embrujadas, pero el hada Glinda los devuelve a la vida para que puedan presentarse en el umbral del guardián de la ciudad, que solo les deja pasar cuando ve las zapatillas mágicas de la niña. Un carruaje tirado por un caballo lila los lleva ante el Mago.

Si quieren obtener sus deseos, deben robarle la escoba a la bruja del Oeste. Esta será la gran odisea o calvario y la caverna más profunda en la que deben confrontar a la muerte y a sus mayores temores.

En el bosque encantado, Dorita y Toto son apresados por los hombres voladores de la bruja, que busca acabar con su vida. La bruja del Oeste quiere sus zapatillas rojas y debe matarla para poder arrebatárselas. El perro logra escapar en busca de los tres aliados, mientras la niña queda pendiente de un tiempo de vida que se agota. Superando sus limitaciones, sus ayudantes llegan hasta Dorita, pero la bruja los detiene nuevamente, y cuando está por quemar al Espantapájaros, la niña lo salva lanzando el agua, que acabará fundiendo a la bruja.

La recompensa o tesoro es la escoba con la que regresan ante el Mago de Oz. El perro Toto, tirando de una cortina descubre la verdadera identidad del Mago, que no es otro que el profesor Wonder, a quien Dorita encontró por primera vez en el puente sobre el río, en una forma similar al encuentro de Siddhartha con el barquero.

Como apoteosis o clímax de su aventura, el Mago de Oz les recompensa entregándoles tres elixires por su valor y por la gesta de acabar con la bruja. Al León le da una medalla para que recupere su valor, al Espantapájaros un diploma que le convierte en letrado y al Hombre de Hojalata un reloj para su corazón. Parece que Dorita tendrá el premio de regresar a casa, pero, inesperadamente, el profesor parte sin ella, aunque el hada Glinda vendrá en su ayuda.

El aprendizaje y la revelación para Dorita es que siempre ha podido regresar, porque el secreto estaba en su interior. «Si quieres algo, debes desearlo con el corazón.» La felicidad consiste en seguir la amable filosofía de los que son jóvenes y puros de corazón.

Sin embargo, antes de su partida, Dorita debe vivir la crisis de los mundos, porque no le es fácil abandonar a sus amigos del mundo de Oz. Cuando despierta en su hogar de Kansas, algo ha cambiado, ya que los personajes de Oz están entre quienes la rodean. Ya no ve igual a sus vecinos de Kansas, ahora tienen los rostros de sus amigos del mundo maravilloso de Oz, porque parece que somos nosotros quienes creamos la realidad… Sin duda, ha habido una transformación y lección en esta narración infantil, que tan bien refleja el viaje de la heroína.

Dorita ha aprendido a escuchar a su corazón, porque la plenitud y la felicidad están dentro de uno mismo, aunque a veces debamos viajar a Oz para descubrirlo.

Harry Potter

Esta es una exitosa saga narrativa, creada por la escritora J.K. Rowling, que fue llevada al cine, siguiendo la progresión de las sucesivas entregas. El conjunto de esta monumental y rentable historia del joven aprendiz mago abarca siete novelas, que se escribieron entre 1997 y 2007. Fue un éxito absoluto desde el primer momento, convirtiéndose en la serie de libros más vendida de la historia. Hoy, la marca Harry Potter tiene parques de atracciones, obras de teatro, videojuegos y películas.

Warner Bros compró los derechos y rodó ocho películas (la séptima entrega se estrenó en dos partes) entre el 2001 y el 2011. Las claves del éxito se basaron en seguir las premisas clásicas del viaje del héroe y en los cuentos góticos con sus magos buenos y malos, criaturas que vencer, guardianes que derrotar, y todos los ingredientes básicos de la narrativa universal, en una sabia modernización, apta para el fin del siglo xx.

Tomaremos como ejemplo la primera historia: *Harry Potter y la piedra filosofal,* porque es suficiente para comprender un primer viaje de aprendizaje. En las siguientes entregas, el niño va pasando por la adolescencia hasta alcanzar la madurez, momento en el que se cierra la historia. Con cada nueva entrega, más que a una historia lineal de evolución, asistimos a un caso que se debe resolver siguiendo el modelo de *Las aventuras de*

Sherlock Holmes. Entre estos, hallamos títulos como *La cá-mara secreta*, *El cáliz de fuego* o *Las reliquias de la muerte*. Globalmente, puede considerarse la narrativa de *Harry Potter* como una *bildungsromane*, término utilizado para hablar de las novelas de formación, en las que asistimos al crecimiento y desarrollo de un personaje principal. Si aplicamos este modelo combinado con el viaje del héroe y los arquetipos propios de la novela gótica, *Harry Potter* se convierte en un clásico moderno de la literatura juvenil, ambientada en los años noventa y con un marcado tono fantástico.

Hogwarts es una escuela de magos que sigue la estela de los *colleges* de Oxford o Cambridge, y es su espacio principal, mientras que Harry Potter es el protagonista absoluto en com-pañía de sus amigos Ron y Hermione.

Lord Voldemort es el antagonista, un malvado y oscuro mago, también formado en la gran escuela de magos, pero, al igual que Darth Vader en *Star Wars,* cayó en el lado oscuro, am-bicionando gobernar el mundo mágico. Cree en la continuidad de la sangre pura y, después de depositar su alma en siete *ho-rrocruxes* (objeto mágico), casi muere tratando de aniquilar al pequeño Harry para evitar que se cumpla la profecía de que un pequeño mago acabaría con su reino del terror. Hacia la mitad de la serie, el temible Voldemort consigue reconstruir su cuerpo.

La misión vital de Harry Potter pasa por comprender su rol, como un elegido que debe evitar el resurgimiento del señor oscuro para que prevalezca la paz y la magia blanca.

Harry nace como niño huérfano y abandonado, retomando las pautas de numerosos mitos como el de Rómulo y Remo o el del rey Arturo, en los que el héroe debe crecer con padres adoptivos, familiares o mentores. Además, Harry posee, al igual que Ulises, una mancha de nacimiento que le identifica. Tiene un cuatro invertido en la frente, que le hizo Voldemort cuando trató de acabar con su vida. Por tanto, el bebé Harry ya nació como elegido, pero no lo supo durante el tiempo que vivió con sus miserables tíos, que solo tienen ojos para su malcriado hijo Dudley.

Los primeros indicios de su llamada a la aventura suceden en una visita al zoo, cuando el pequeño Harry descubre sus dones para la magia al lograr entablar una conversación con una serpiente.

Sus tíos destruyen las numerosas cartas que Harry recibe para ingresar en Hogwarts, la gran escuela de hechicería, pero finalmente Rubeus Hagrid, ayudante de Albus Dumbledore, el gran mago y director de la escuela, viene a buscarle, dándole las claves de su viaje iniciático y de aprendizaje.

Juntos visitan Londres, donde el mentor le muestra la realidad paralela habitada por magos, con su bar clandestino, el banco o el callejón Diagon, donde Harry puede comprar sus primeros amuletos o enseres de magia. Allí se provee de una varita mágica y de una escoba voladora, antes de partir en un tren y luego en una embarcación para llegar a la isla donde está el Colegio Hogwarts.

Recibe clases con la maga McGonagald y el mago Snape, bajo la tutela del sabio Dumbledore, que encarna el conocido arquetipo del anciano mentor, en la línea del mago Merlín o Gandalf. Entre sus enseñanzas, está la de vivir sin dejar que les domine el pánico. Una vez que Harry llega a Hogwarts, podemos hablar de su mundo desconocido y de la aventura, pese a que con el paso de los años el colegio irá convirtiéndose en su hogar. Entre las primeras pruebas que él y sus amigos deben pasar, está la lucha de la joven Hermione contra el orco gigante, del que se libra gracias a la intervención de Harry y Ron. En el día del torneo de *quidditch*, la competición deportiva de los jóvenes magos, que es una especie de béisbol con escoba voladora, Harry logra la victoria de su equipo, los Grifendorf. Más tarde, al llegar la Navidad, el joven aprendiz de mago recibe dos amuletos para nuevas aventuras: una capa invisible y una nueva escoba voladora más potente. Cuando, ante un espejo mágico Harry ve a sus difuntos padres, Dumbledore le enseña que el espejo solo muestra los más profundos deseos del corazón, pero que no aporta conocimiento, y le advierte que debe tener cuidado con lo que desea porque la ambición es mala compañera y no debe perderse en los sueños, olvidándose de vivir.

A partir de este punto, arranca la aventura, o sea, el misterio intrínseco del primer capítulo de la serie. Después de una incursión clandestina bajo la capa de la invisibilidad, Hermione habla de la piedra filosofal guardada bajo el cancerbero de tres cabezas en las mazmorras de Hogwarts. La piedra convierte en oro todo metal, según las creencias de la alquimia, y también es capaz de otorgar la eterna juventud.

Un tiempo después de un paseo por el bosque de la oscuridad, donde Harry se topa con un ser encapuchado y maligno del que se libra gracias a un centauro protector, empieza a sentir ardor en su cicatriz y presiente que el peligro le está acechando. Alguien va a intentar robar la piedra filosofal, y Voldemort puede estar detrás de ello.

En la escuela no creen a Harry y a sus amigos, así que una noche se meten por la trampilla y vencen al perro guardián de tres cabezas, pero este los empuja al abismo de la caverna más profunda, en la que están a punto de morir, apresados por unas raíces de árbol. El secreto para sobrevivir es relajarse y no dejarse llevar por el pánico. Ron es quien más mal lo pasa, pero al final los tres siguen avanzando por la gruta que custodia la piedra filosofal.

La siguiente prueba es una partida de ajedrez a vida o muerte que deja malherido a Ron, quien es el que mejor juega, en beneficio del grupo. Harry, como héroe principal, lo salva con un jaque mate y así es como llega solo a la cámara final, donde encuentra al malo encubierto, su profesor Quirrel, que lleva el espíritu de Voldemort en su interior.

Como sucede en la trilogía de *Star Wars*, el héroe es tentado por el lado oscuro: Voldemort le propone unirse a él; juntos, le dice, gobernarán el mundo y su magia les hará invencibles, pero Harry no accede. Alrededor de un fuego, Voldemort le pide cambiar la piedra filosofal por la vuelta a la vida de sus padres, pero el joven mago se mantiene firme. El espíritu de Voldemort lo ataca antes de huir, y Harry debe permanecer postrado en la cama un tiempo. La escuela y el gran mago Dumbledore deciden destruir para siempre la piedra filosofal y recompensan a los tres amigos con los puntos suficientes para que Grifendorf se convierta en la mejor casa de brujos del curso. Con la llegada de las vacaciones, finalizan estas primeras aventuras del viaje de aprendizaje de este joven mago. Como todo héroe, lo que aprende y descubre beneficia a su comunidad.

Coco

Esta es una bonita historia sobre los ancestros, la necesidad de recordar a los muertos y la confrontación entre el peso de la tradición y la importancia de desarrollar una vocación.

Miguel es un niño de apenas diez años que siempre ha querido ser músico. En su familia, su tatarabuelo se dedicó a la canción, pero como los abandonó, se borró su recuerdo y ya nadie habla de él. Su mujer, Imelda, suprimió la música de sus vidas, y su hija, Coco, la bisabuela de Miguel, es hoy en día una ancianita que ya no recuerda nada.

Un día Miguel desempolva una vieja guitarra hallada en el trastero y descubre que pudo pertenecer al gran Ernesto de la Cruz, el músico que había dado fama a su pueblo de Santa Cecilia. Está muy feliz y le comunica a su familia que él puede ser descendiente del afamado músico, pero los suyos no le escuchan, pues quieren que siga la tradición familiar y se convierta en un buen zapatero.

Triste y muy decepcionado, el día de los muertos se fuga al cementerio, donde las familias hacen ofrendas a sus difuntos, entra en el sepulcro de Ernesto de la Cruz y toca su guitarra para pedirle que le ayude a ser músico. De pronto, un débil rayo rompe la oscuridad de la noche y Miguel entra en una dimensión paralela a la realidad. Por una parte, puede ver a sus padres, que le buscan por el cementerio, pero ellos no pueden verlo, ni oírlo a él. Por la otra, entra en contacto con los espíritus de los muertos y, en su compañía, sigue la llamada de la aventura para cruzar el umbral de un puente mágico que conduce a la tierra de los difuntos. Un Hades poco infernal, colorista y bastante luminoso, con unas reglas específicas.

Allí, Miguel es claramente un intruso por ser un vivo muerto y, si no regresa a su mundo antes del amanecer, permanecerá para siempre en el reino de los muertos.

El niño es conducido ante sus ancestros, entre los que la tatarabuela Imelda lleva el mando y es quien debe bendecir su regreso para que Miguel pueda volver. Imelda lo hace, pero con la condición de que no se dedique a la música. De esta forma, el niño regresa por unos segundos, pero en cuanto coge una guitarra vuelve a estar en el Hades, el mundo desconocido de su aventura que le llevará a encontrarse con Ernesto de la Cruz.

Sin embargo, antes debe superar algunas pruebas, como ganar un concurso musical en compañía de Héctor, su mentor, un músico que murió hace años y al que nadie recuerda, lo que hace que le quede muy poco tiempo en la tierra de los muertos, ya que cuando te olvidan del todo te desintegras.

El encuentro entre Miguel y su supuesto ancestro, Ernesto de la Cruz, empieza bien, pero en cuanto se revela un importante secreto del pasado, las cosas cambian. Al parecer, todas las canciones del famoso músico fueron compuestas por Héctor, y lo que es peor, Ernesto envenenó al desdichado compositor para quedarse con toda su fama y su gloria. El ambicioso Ernesto decide mandar a un foso a Miguel para que no revele lo que sabe sobre él y hunda su reputación.

En esta caverna más profunda, Miguel vive su gran crisis, encerrado sin poder salir, sin más compañía que la del desdichado Héctor, al que se le acaba el tiempo. Cuando todo parece perdido, Héctor manifiesta su deseo de ver a su hija Coco por última vez para decirle que la amó. Esta información es muy valiosa, ya que si Héctor es el ancestro de Miguel, puede con su bendición devolverlo al mundo de los vivos. Entonces, muy contentos pactan un beneficio común: el compositor dará su bendición al niño, que regresará para decirle a su bisabuela Coco que su papá la amó y que se acuerde de él.

Miguel puede regresar con los suyos después de pasar una serie de pruebas más, como salir del foso con la ayuda de un dragón mágico y convencer a la tía Imelda de la bondad de Héctor, su marido.

Como Coco sigue sin recordar a su padre, Miguel le canta la canción «Recuérdame», y la viejita recobra la memoria, empieza a tararearla, sonríe y, finalmente, saca de un cajón las cartas que su padre le había enviado, así como un trozo de una fotografía en la que había recortado la cara de Héctor.

La felicidad es completa en la familia, que ahora está definitivamente unida. El ostracismo del músico desaparece, su foto regresa con la de todos los ancestros y la música vuelve a estar presente. Miguel puede cumplir su sueño de ser músico y todo cambia, porque como héroe ha vivido un viaje de aprendizaje y transformación gracias a su aventura en el reino de los muertos.

El pueblo de Santa Cecilia ya no venera a Ernesto de la Cruz, sino a Héctor, cuya casa se ha convertido en un museo que la gente visita con devoción. Desde la otra dimensión, los espíritus de los ancestros se abrazan alegres, viendo la alegría de los suyos y la madurez del joven Miguel.

La película es una producción conjunta de Disney y Pixar, dos factorías de los sueños que desde tiempos remotos basan sus relatos en el viaje del héroe. Entre sus títulos más destacados están *Blancanieves*, *Peter Pan*, *El rey León*, *Buscando a Nemo* o *Del revés*.

Todas estas películas de dibujos o animación son un buen espejo contemporáneo de los tradicionales cuentos infantiles, readaptados a nuestros tiempos. Es importante no infravalorar la potencialidad de los cuentos como fuentes de aprendizaje y crecimiento personal, pues todos hemos sido niños y llevamos dentro un niño o una niña.

La primera condición para la transformación personal es no perder la capacidad de imaginar; con nuestra imaginación podemos volar tan alto como queramos, dentro y fuera de nuestra realidad.

No todos los viajes de aprendizaje tienen a los niños como protagonistas, porque nunca es tarde en la vida para aprender o reinventarse, pero evidentemente es más fácil hallar ejemplos como los aquí mostrados. La voluntad ha sido despertar al niño que llevamos dentro antes de pasar a viajes más trascendentes y, a la vez, demostrar que los héroes o heroínas no deben ser siempre guerreros, adultos o sabios en busca de madurez, ya que todos podemos ser héroes en cualquier etapa de nuestras vidas.

El sendero penetraba en la región de los paisajes fantásticos, precursores de las altas gargantas. En el profundo silencio de aquel desierto se escuchaba el murmullo cristalino del agua pura y fría de los arroyos. A veces, en la orilla de un lago, algún pájaro de áureo copete contemplaba muy serio el paso de nuestra caravana. Subíamos continuamente bordeando helechos gigantescos, entreviendo aquí y allá valles misteriosos ocultos entre las nubes, y de repente, al salir de la niebla, sin transición, surgió la meseta tibetana, inmensa, desnuda, radiante, bajo el sol centelleante del Asia central.

ALEXANDRA DAVID-NÉEL

5. Viajes de liberación

El héroe liberador y restaurador del orden es una de las figuras más presentes, tanto en las narrativas de aventuras como en la historia real de nuestro tiempo. Los personajes pueden ser ilustres conquistadores, como Alejandro Magno, o seres anónimos como *Los siete magníficos*. Su epopeya puede incluir un largo viaje de liberación o representar tan solo la irrupción del héroe como un intruso benefactor que viene a liberar a un pueblo o a una comunidad de un tirano o de alguna forma de opresión.

En este capítulo trataremos algunos ejemplos de héroes que en su liberación llevan implícita la idea de viaje, como Alejandro Magno, Daenerys de la Tormenta, Luke Skywalker y Neo, en *Matrix,* que se libera de la falsa ilusión de vivir en un mundo ficticio sin cruzar fronteras. Pese a ello, el héroe de esta saga de ciencia ficción *cyberpunk* sí debe cruzar un umbral metafórico clave, el del mundo real y *Matrix*, para llegar a una revelación que lo cambiará todo.

Aquí es importante entender la diferencia entre el viaje físico transformador y liberador y la posibilidad de viajar sin moverse del espacio que uno habita. En este segundo caso, el viaje se produce en el plano de la conciencia; en lo mental, a partir de la entrada a nuevos mundos, dentro de nuestro propio territorio. Esta es la tradición de cuentos como *Alicia en el país de las maravillas,* quien cruzando el espejo y siguiendo al conejito blanco entra en las profundidades del subconsciente. Algo similar sucede en *Matrix* y puede suceder también en nuestras vidas. Para vivir un viaje de transformación personal, debemos insistir en que o bien puede hacerse con la ayuda de un viaje físico a un lugar desconocido, que nos permite tomar perspectiva y conciencia, o bien puede hacerse sin movernos de donde estamos, tan solo cambiando los hábitos, la frecuencia y la naturaleza del sí mismo, para poder percibir nuevos horizontes de transformación.

Los viajes de liberación son gratificantes y expansivos, demandan un héroe entregado al sacrificio de los demás, aunque en ocasiones esto puede coincidir con el engrandecimiento personal, tal como sucede con la figura de Alejandro Magno, el primero de los casos que vamos a tratar. Su historia es un ejemplo vital e histórico que, partiendo de la realidad, se convierte en leyenda por la tremenda dimensión de su gesta. La vida de Alejandro está hecha del material sobre el que se forjan los sueños, como la mejor de las películas.

Alejandro Magno

La figura de Alejandro Magno se conoce como la de un conquistador, una fuerza de la naturaleza que a temprana edad fue capaz de erradicar la rebelión en su Macedonia natal tras la muerte de su padre. Luego partió a la mayor empresa que

La carga de Alejandro Magno sobre el rey persa Darío III. Mosaico de Issos, 325 a.C.

jamás nadie había emprendido: la conquista de Asia, liberando a Occidente de la amenaza del Imperio persa que había subyugado a los griegos. De esta forma, Alejandro va a convertirse en liberador y conquistador a partes iguales. Su afán de aventura y su valentía le convertirán en el creador del primer gran imperio del mundo occidental, anticipando la expansión romana o la napoleónica. Como viajero, será también el primero en llegar a la India, cerrando su viaje en las fuentes del Indo. En su rol de liberador, tuvo mucho que ver la educación recibida del sabio Aristóteles, quien le instruyó en filosofía, religión y civilidad durante cinco años. Su concepto de polis o ciudad-Estado libre, basada en un sistema democrático, se extenderá por todo su imperio, sustituyendo las formas totalitarias de los persas. Además de sus capacidades como guerrero y estratega, que lo convirtieron en un nuevo Aquiles, tuvo la virtud de saber escuchar, negociar y respetar las costumbres y formas culturales de los territorios a los que llegaba. Por ello, consiguió adherir o conquistar muchas ciudades y pueblos sin necesidad de combatir. Este es el rol del liberador e integrador, que aparece como alternativa para transformar la rutina de un pueblo, que con su cobijo se siente más protegido o respetado.

Obviamente, no todo fueron luces y buenas intenciones en las campañas de Alejandro Magno, pues también se le conocen actos viles, como el que cometió contra Persépolis, la gran metrópoli del Imperio persa, en venganza por lo que hicieron a los griegos. No todos los pueblos que se rindieron sin lucha lo hicieron por la admiración y empatía con el conquistador, sino por el miedo a ser destrozados, como le sucedió a Tiro, donde el conquistador cumplió un asedio terrible hasta que la ciudad se rindió y pasó a cuchillo a ocho mil tirios.

La historia de Alejandro se inicia en el año 356 a.C., cuando nace en Pela como hijo del rey Filipo de Macedonia y la bella Olimpia de Epiro. Como sucede en tantos mitos y grandes narraciones, como la de Perseo o la de Macbeth, el rey lo desterró junto a su madre porque temió que un día le usurparía el trono conspirando contra él o asesinándolo. Además, lo consideraba un hijo fruto del adulterio. Alejandro se marchó a Epiro con su madre, hasta que su padre fue asesinado por sus generales en el 336 a.C. En ese momento, el héroe regresa para erradicar la rebelión y ocupar el trono que le pertenece.

Cuenta con tan solo veinte años y, como había hecho su padre, trató de mantener la Alianza Helénica con libertad y autonomía para sus integrantes, convirtiéndose en poco tiempo en el hegemón de Grecia. En cinco años, Alejandro había conseguido derrotar a los grandes ejércitos persas, apoderándose de sus ciudades, palacios y tesoros. Su conquista y liberación acabaron con el Imperio persa de Darío, que había durado más doscientos años.

Como plantea Robin Lane Fox:

> Alejandro también había heredado de Filipo el objetivo de liberar a los griegos de Asia. En menos de un año prácticamente lo consiguió, y fomentó las democracias como alternativa a las oligarquías apoyadas por los persas. Las ciudades griegas vieron cómo se abolía el pago de tributo, un privilegio único en la historia de las relaciones de esas ciudades con un poder superior. La libertad, en consecuencia, se convirtió en sinónimo de democracia en las ciudades-estado griegas.[17]

La gran aventura de Alejandro fue conquistar el imperio persa, vengando el daño infligido a los griegos, recuperando las ciudades costeras de Asia Menor y muchas de las islas arrebatadas en el mar Egeo. El héroe macedonio quiso adentrarse en Oriente, hacia la India, para llegar al océano exterior, que entonces creían que rodeaba el mundo. Llegó a reunir un ejército de ciento veinte mil hombres reclutados entre los pueblos conquistados (indios, bárbaros, iranios) y nunca perdió una batalla, yendo siempre al frente de la formación. Su juventud le aportó una extremada valentía y una fuerte impulsividad, que hacía que los rivales le vieran casi como a un dios, porque parecía no

---

17. R. Lane Fox. *El mundo clásico*. Ed Crítica, Barcelona, 2007. pág. 301.

tener límites y superaba heridas, caídas y todo tipo de situaciones. Alejandro llegó a sentirse hijo de un dios y, cuando visitó el oráculo de Siwah, en pleno desierto del Sáhara, el sacerdote del dios de aquel oráculo, Amón, lo saludó como el nuevo monarca de Egipto y el hijo de Zeus. Asimismo, fue una persona imbuida de una profunda religiosidad y misticismo, que combinaba con el hedonismo y la valentía propia de un guerrero.

Su llamada de la aventura fue liberar al pueblo griego y conocer los límites del mundo, pues no soñaba nada que no fuese grande. Además de la conquista de Asia, parece que pensó dar la vuelta a Arabia, costear Etiopía, Libia y Numidia para llegar hasta el monte Atlas o pasar las columnas de Hércules.

El umbral que debió cruzar en su aventura de conquista y liberación fue el Helesponto o estrecho de los Dardanelos, que separa Europa y Asia, comunicando el mar Egeo con el de Mármara. Al lograrlo, sacrificó un toro en honor del dios Poseidón, y se dice que al pisar Asia Menor lanzó su jabalina en un gesto ritual de toma de posesión y fue el primero en pisar sus playas, al igual que hizo al final de su viaje, cuando llegó al Indo y sacrificó un carnero.

Alejandro practicaba el culto religioso politeísta propio de los griegos, fue muy cuidadoso con las ofrendas y el respeto hacia los dioses, consultó los oráculos y practicó las ceremonias de todos los cultos. Antes de partir para Asia y después de reducir a escombros a la insurrecta ciudad de Tebas, en su conquista del Ática, visitó a la sacerdotisa del oráculo de Delfos, que le dijo que era invencible.

Sus grandes pruebas en el mundo desconocido fueron las batallas de Gránico, Issos y Gaugamela, en las que venció, pese a estar en inferioridad numérica. Su táctica era la formación triangular, heredada de su padre para dividir al adversario, cargando desde un flanco para obligar al enemigo a desplazarse a los lados y atacando finalmente por el centro.

En lo simbólico, una gesta importante fue desanudar el nudo gordiano de la ciudad de Gordión, cuyo oráculo vaticinó que quien consiguiera tal hazaña conquistaría Asia. Un carro estaba atado de un modo imposible y Alejandro, pacientemente, logró deshacerlo.

Tuvo dos mujeres persas, la bella Barsine, hija de Darío, y la princesa Roxana, pero también tuvo relaciones con hombres como un hedonista bisexual. Según Plutarco, recibió la visita de la reina amazona Talestris, que apareció con trescientas guerreras para engendrar hijos con el héroe y tener herederas de estirpe noble y guerrera. Alejandro admiraba a Aquiles más que a nadie, y por ello, en cuanto pisó Asia Menor, visitó la antigua Troya para honrar su tumba, y se dice que siempre llevaba una *Ilíada* consigo. Entró también en Egipto para fundar una nueva Alejandría, que todavía hoy persiste. Como héroe espiritual tuvo dones casi visionarios y la capacidad de convencer a los suyos para adentrarse por los lugares más hostiles. Estuvo a punto de morir en el 325 a.C. en la India, cuando saltó de la muralla de una ciudad y cayó sobre una nube de arqueros enemigos. En las montañas del Hindu Kush, bajo las lluvias monzónicas, sus hombres dijeron basta al llegar a la desembocadura del Indo, en el actual Pakistán. Allí, hizo el sacrificio de un gran animal para honrar al océano exterior, como si hubiera llegado al fin del mundo.

Su regreso de la aventura no fue bendecido, porque al regresar a Babilonia murió envenenado, aunque recientemente se cree que falleció por unas fiebres de la malaria. En cualquier caso, pese a que su imperio se resquebrajó con su desaparición, su modelo de civilización y sus formas culturales fueron asimiladas por todos los pueblos, hasta el punto de que se le puede considerar el creador del patrón del mundo occidental y de los imperios venideros.

Su visión civilizadora siempre promovió la fusión de las culturas, abriendo el comercio y los lazos entre los pueblos, reactivó la industria y la cultura, revelando a Grecia un nuevo mundo al que podía extenderse. Un mundo en el que los pueblos, las ideas y las religiones se mezclaban y confundían en una unidad armoniosa. Tal vez solo le faltó algo de tiempo para poder fraguar su sueño.

Al morir a los treinta y dos años, se había convertido en rey de Macedonia, hegemón de Grecia, faraón de Egipto y gran rey de Persia. Un semidiós o un héroe dispuesto a transitar los senderos de la leyenda hasta nuestros días.

Desgraciadamente, el cine no ha aportado buenos ejemplos de su aventura y de sus conquistas, ya que tanto *Alejandro el Grande* (Rossen, 1956), como la versión de 2004 dirigida por Oliver Stone son films de escasa calidad.

En cambio, la literatura sí cuenta con obras muy dignas como *El muchacho persa* de Mary Renault (1972), que relata su biografía desde la narración de un eunuco que fue su amante hasta el final, o la trilogía *Alexandros* de Valerio Manfredi (1998). Entre los clásicos, Alejandro figura en las *Vidas de Plutarco (Vida de Alejandro)*, al igual que es importante la versión de Arriano de Micomedia (siglo II a.C.), quien cuenta sus contiendas en *Anábasis de Alejandro Magno*. Igualmente,

Calístenes, sobrino de Aristóteles, escribe *Vida y hazañas de Alejandro Magno,* que estuvo perdida y se recuperó durante la Edad Media.

Star Wars

La primera y clásica trilogía de *Star Wars* comprende *La guerra de las Galaxias* (Lucas, 1977), *El Imperio contraataca* (Kershner, 1980) y *El retorno del Jedi* (Marquand, 1983). En ellas, vemos la aventura protagonizada por el grupo formado por Han Solo, Chewbaca, la princesa Leia, Luke Skywalker y los dos simpáticos robots C3PO y RD2. Sin embargo, hay un personaje, que hemos mencionado, Luke Skywalker, que se eleva por encima de todos como el héroe de esta saga tipo culebrón del espacio.

Como se apuntaba en la introducción, su personaje contrasta con el de Han Solo, porque ejerce de héroe espiritual, frente al carácter más carnal, materialista y de fuerza del otro. Ambos

Imagen promocional de la saga de *Star Wars.*

viven muertes y resurrecciones, así como una transformación importante. Han Solo pasa de ser un mercenario a sueldo con algunos ideales a convertirse en el amor de la princesa Leia y el defensor de la revuelta frente al dominio del Imperio. Si bien es cierto que su personaje no tiene un peso tan marcado como el de Luke, su aportación como piloto del Halcón Milenario le convierte en un héroe, si se quiere menor, pero dotado para el sacrificio y la lucha exigida al arquetipo central de la aventura.

Por su parte, Luke Skywalker es el clásico héroe que vive un viaje de aprendizaje para convertirse de niño en adulto, siendo su aventura un viaje de liberación de los suyos del poder del reverso tenebroso encarnado por Darth Vader y el malévolo emperador.

George Lucas, como creador de la saga, se inspiró en el Imperio romano para establecer esa transición, que va de la república al imperio absolutista. Al inicio de la acción, el Imperio se impone mediante la fuerza de las armas destructoras como la Estrella de la Muerte o los poderes paranormales de su lugar teniente, Darth Vader, que antiguamente perteneció a la orden de los caballeros jedi, algo así como los miembros de la corte del rey Arturo o los samuráis, en quienes verdaderamente se inspiraron los creadores de la saga.

Los jedis hacen uso de espadas láser como los antiguos miembros de la caballería japonesa utilizaban las katanas y tienen ideales que se basan en conceptos como el desapego, dejar fluir o liberar la mente, procedentes del budismo zen. Igualmente, cuando en *Star Wars* se habla de la fuerza o del reverso tenebroso, se refieren al *chi* o *prana* del orientalismo o a la ambición que el budismo busca erradicar.

Por ello, el viaje de Luke Skywalker desde su humilde aldea al desierto donde vive Owi Wan Kenobi, su primer mentor, y su aventura galáctica al planeta Dragobar, donde debe encontrar al maestro Yoda, que completará su formación para poder enfrentarse al poderoso Vader, constituyen las sendas iniciáticas de aprendizaje imbuidas en la filosofía oriental. En su personaje y en su aprendizaje, así como en las figuras de los mentores es donde más se nota la influencia de Joseph Campbell, en el guion de la película.

El viaje de liberación de Luke Skywalker consiste primero en atender la llamada de la aventura, que brota de una unidad robótica que emite un extraño mensaje holográfico en el que la princesa Leia pide ayuda. Alguien debe ir en busca del anciano Owi wan Kenobi para ayudarla, y el chico decide ir, aunque sus padres se lo desaconsejan. Después del primer encuentro con el sabio jedi, sufre el rechazo a la aventura por los miedos y el conformismo, pero cuando sus padres son aniquilados por las tropas del Imperio, decide partir en una escena en la que contempla sobre el horizonte las dos lunas.

La taberna intergaláctica en compañía de Owi Wan representa el umbral hacia el mundo desconocido de la galaxia. Allí habitan extrañas criaturas y deben conseguir aliados como Han Solo y una nave para emprender el viaje. En ese momento, se entra en la propia aventura. Luke y los suyos caerán en el vientre de la ballena cuando se precipiten a una habitación donde las paredes metálicas se van estrechando hasta que parece que van a ser engullidos. Su diosa o madre protectora será la princesa Leia, quien resultará ser su hermana, y su crisis o descenso a la caverna más profunda se iniciará con la muerte de Owi Wan

Kenobi. Entonces, como todo héroe, deberá transitar en solitario el resto de la aventura, para conseguir librar a la Resistencia de la amenaza de la Estrella de la Muerte, la poderosa nave intergaláctica en manos del imperio. Si no lo consigue, serán destruidos planetas enteros.

Finalmente, aunque en inferioridad de condiciones, conseguirá la victoria disparando un certero proyectil sobre el núcleo y único punto vulnerable de la nave enemiga. Lo hace gracias a las enseñanzas jedi, liberando la mente, sintiendo el poder de la fuerza con él, mediante la intuición y la sabiduría adquirida. Así, su aprendizaje sirve para vencer una batalla que traerá la liberación de los suyos, por lo menos durante un tiempo.

La primera película de la saga acaba con una celebración y coronación de los héroes, como si fuera una historia independiente bien cerrada. De hecho, lo es, pero el éxito de taquilla y la popularidad del film hicieron que tuviera una continuidad en dos episodios más. Ambos muestran de forma cronológica el crecimiento del héroe Skywalker, al tiempo que va rebelando los enredos sobre sus orígenes y se presentan nuevos obstáculos, para liberar a la galaxia del dominio del Imperio.

En *El Imperio contraataca* está a punto de morir cuando, después de entrar en una caverna y luchar contra un yeti, queda solo en el desierto bajo una tormenta de nieve. Han Solo lo rescata y lo recupera metiéndolo en las vísceras de una camella. En su delirio próximo a la muerte, se le aparece Owi Wan diciéndole que debe ir al planeta Dragobar a aprender del maestro Yoda. Allí, Luke pasará la gran prueba de confrontar su miedo, entrando en la caverna más profunda, en la que se encuentra con el mal y su enemigo arquetípico encarnado en

Darth Vader, su padre. Cuando le corta la cabeza con su espada láser, el rostro que aparece tras la máscara de Vader es el suyo propio. Al entrar en la caverna más profunda, confrontando sus miedos ha aniquilado su ego.

Mientras tanto, el Halcón Milenario trata de escapar de la persecución del Vader real, metiéndose dentro del vientre de una ballena o extraño dinosaurio. El grupo de Han Solo y la princesa Leia caerán presos de Vader por la traición de un cazarrecompensas que, al final, arrepentido, les ayudará a escapar. Ellos servirán como cebo para atraer a Luke a un combate final con Darth Vader, que quiere convertirlo a su causa, para gobernar juntos en la galaxia como padre e hijo. Al escuchar esto, Luke casi enloquece y con la mano amputada por el combate, decide lanzarse al vacío antes que caer presa del reverso tenebroso que convirtió a su padre, Anakin Skywalker, antiguo caballero jedi, en un esbirro del mal. Luke ha debido superar la prueba de la ambición y el odio hacia su padre.

Finalmente, el grupo de Leia consigue rescatar a Luke, que ha quedado suspendido de la nave imperial, pero no puede impedir que Han Solo sea congelado sobre una placa de basalto que lo tiene hibernando eternamente.

En *El retorno del Jedi*, que cierra la trilogía, Solo es rescatado de su letargo por Luke Skywalker y sus amigos. La empresa no es fácil, porque debe enfrentarse al poderoso Jabba el Hutt, una criatura viscosa que reina en su corte. En una fase de la aventura, Luke es enviado a un foso, donde debe derrotar a un dragón prehistórico. Más tarde, su astucia y destreza con la espada láser les salva de caer en las fauces de un monstruo engullidor de las arenas. Al final, la princesa Leia consigue estrangular a Jabba con sus cadenas y el grupo sale airoso del planeta Tatooine.

En este punto, Luke va al planeta de Yoda, donde el anciano jedi está a punto de morir a la edad de novecientos años. Antes de desaparecer, le confirma a su aprendiz que Darth Vader es su padre, Anakin, y le revela que él será el último jedi vivo después de su muerte, aunque hay otra Skywalker, la princesa Leia.

Las últimas frases del maestro Yoda son un compendio de filosofía oriental y buenas consignas para cualquier proceso de transformación personal: «Recuerda que el poder de un jedi fluye de la fuerza, el odio, el miedo y la agresividad y el lado oscuro son ellos. Una vez que entran en ti, siempre dominarán tu destino».

Este será su último aprendizaje antes de enfrentarse al emperador, mientras los rebeldes se dividen en dos bandos. Lando Calrissian está al mando del Halcón Milenario y los pilotos que van a tratar de volar la nueva Estrella de la Muerte. Para ello, Han Solo, la princesa Leia y los robots van a la Luna santuario, un frondoso planeta verde, lleno de bosques habitados por los ewoks, unos ositos diminutos de aspecto rupestre que viven en cabañas sobre los árboles. Allí, deben volar el generador que carga la energía de la Estrella de la Muerte y su blindaje deflector. Todos superan su aventura con éxito, de forma que, al desaparecer el generador, los pilotos pueden hacer blanco y acabar con la nave mortífera del Imperio.

Por su parte, Luke ha tratado en balde de sacar a su padre del lado oscuro. Ambos luchan y el hijo le perdona la vida, pero el emperador decide aniquilar a Luke si no se pasa a su bando. En el último instante, Vader, moribundo, intercede para salvar a su hijo y aniquila al Emperador lanzándolo al vacío.

Luke queda libre como último jedi y tiene tiempo de salir en una pequeña nave al encuentro de sus amigos.

Finalmente, parece que la Alianza Rebelde ha triunfado y se ha librado para siempre del Imperio. El viaje de liberación ha finalizado, aunque años más tarde la factoría de George Lucas y la Disney, en calidad de nueva propietaria de la marca Star Wars, decidieron sacar nuevas entregas que muestran el final de las vidas de estos héroes, ya clásicos, y también sus años de formación. Son los tiempos de la mercantilización de una franquicia que nació como espejo del viaje del héroe de Campbell.

Hemos querido ceñirnos a la primera saga por cuestiones de síntesis, al igual que hemos tomado el personaje de Luke Skywalker como representante del viaje de liberación, aunque, como se ha visto, también hay mucho aprendizaje y camino iniciático.

Juego de tronos

Esta saga medieval creada por George R.R. Martin es uno de los fenómenos culturales más importantes de los últimos tiempos, que reafirma la vigencia de los mitos. Su estructura en forma de una novela por entregas fue explotada después como serie de televisión y se construyó a partir de los cimientos de la trilogía de *El señor de los anillos* de J.R.R. Tolkien y el mito fundacional del viaje del héroe. A esto hay que añadirle un profundo conocimiento de la historia medieval, para estar ante la tradicional lucha del bien y el mal, en la que el altruismo heroico se enfrenta a la ambición desmesurada de los más corruptos.

La familia Stark contra los perversos Lannister que han usurpado el gran trono de los Siete Reinos, como cuando en la Guerra de las Dos Rosas lucharon la casa de York contra la de Lancaster. Mientras, el invierno acecha como el reverso tenebroso de la fuerza, con unos caminantes blancos, mitad zombis, mitad espectros invencibles de la noche, ante los que la humanidad deberá unirse para vencer.

En este universo o mundo desconocido poblado de caballeros andantes, enanos, princesas y dragones voladores, emergen el héroe Jon Nieve y la heroína Daenerys de la Tormenta como personajes centrales que vivirán su viaje de liberación. Como mandan los cánones, el héroe en su aventura debe abandonar el mundo cotidiano para adentrarse en lo desconocido y superar múltiples pruebas que le llevarán al borde la muerte, para finalmente alcanzar un propósito que beneficiará a su comunidad cuando regrese.

Jon Nieve y Daenerys de la Tormenta se reparten el rol de héroes en *Juego de tronos,* aunque en el desenlace de la serie quedan algo desplazados debido a la innecesaria voluntad de los guionistas de jugar siempre a la sorpresa, *twist* o golpe de efecto final.

Jon es el hijo bastardo de la familia Stark, elegido para gobernar la Guardia de la Noche, que defiende el muro (un guiño al histórico muro de Adriano que los romanos construyeron en Britania para defenderse de los pictos) de la amenaza de los caminantes blancos. Su llamada de la aventura se produce cuando en una boda diversos miembros de su familia son asesinados y debe asumir el rol de Rey del Norte. Su objetivo es liderar a los suyos contra los caminantes blancos, reunificando los Siete Reinos. Para ello, debe liberar a todos del dominio de los Lannister, que gobiernan de forma cruel y absolutista.

Jon Nieve debe trascender la sed de venganza contra quienes mataron a sus progenitores, y lo hace desde la pureza de un héroe que recuerda a Parsifal, aunque luche como Lancelot. En su viaje cruza el umbral del muro para vagar por el norte y sobrevivir a duras pruebas de amor, soledad y traición. Como los héroes elegidos, muere y renace antes de afrontar su destino final. Su caverna más profunda acontece en el muro, cuando sus colegas de la Guardia de la Noche lo apuñalan a traición, recuperando el famoso episodio de la muerte de Julio César. Una vez renacido, une fuerzas con la bella khalesi de la que se ha enamorado, para juntos hacer frente al dominio de los Lannister y más tarde marchar contra los caminantes blancos. Si ambos triunfan, liberarán a la humanidad del frío invierno que trae consigo la eterna oscuridad.

Daenerys, la reina khalesi, es la poderosa heroína que ha debido transitar una aventura llena de obstáculos en el camino. Esta joven y bella guerrera rubia que recuerda a las valkirias presenta atributos de diosas, como la nórdica Freya o la griega Afrodita. Con su valentía se ha ganado el respeto de todos después de ser expulsada de su reino al morir su familia y ha rehecho su vida en las inhóspitas tierras al sur del mar de Dothraki, donde viven los salvajes guerreros nómadas liderados por su hombre, Khal Drogo. Cuando este muere, ella debe apagar la rebelión para ocupar el mando como reina khalesi, al tiempo que sobrevive a las intrigas de un hermano tirano.

Daenerys reina en una tierra hostil, poblada por hombres salvajes, resucitando de las llamas del fuego como madre de dragones. Por lo tanto, estamos ante una heroína maga que alcanza el dominio en los dos mundos, el conocido y el desconocido, lo consciente y lo inconsciente, lo real y lo mágico. A partir de este punto, con sus atributos y poderosos dragones ejerciendo de amuletos protectores, emprende una aventura en la que liberará numerosas ciudades, incorporando ciudadanos y prisioneros a su ejército de un modo similar al protagonizado por Alejandro Magno. Su objetivo final es llegar a Poniente con una gran armada para recuperar el Trono de Hierro, usurpado a su familia, los Targaryen. Cuando finalmente cruza el mar, logra acabar con el poder de los Lannister y de la malvada Cersei, a costa de la destrucción de la ciudad de Desembarco del Rey en un giro del personaje hacia el reverso tenebroso. Poco a poco, los guionistas de la serie van convirtiendo a la heroína Daenerys en un ser cruel, pese a su aventura de liberación. Gracias a ella y a sus dragones, caerán los Lannister y, aunque sea parcialmente, se podrá hacer frente a los caminantes blancos.

Su historia de amor con Jon será un bonito epílogo a la serie, pese a que el desenlace sea bastante sombrío en cuanto a este personaje. Algo que nos parece absolutamente innecesario, dado que aporta unos toques machistas en el cierre de una aventura que había tenido el acierto de presentar diversos personajes femeninos con una fuerza y madurez inusuales en las tradicionales sagas de aventuras medievales.

Nos referimos a personajes como Brienne de Tarth, una mujer fuerte y guerrera, como las amazonas de la mitología griega, quien con su reluciente armadura evoca a la histórica Juana de Arco. En la serie, se encarga de defender a la propia mano del rey o las hijas de la casa Stark como diestra caballera que maneja muy bien la espada. También está Sansa Stark, la víctima educada para ser dama de compañía y que acaba enterrando para siempre ese estereotipo blando de mujer que espera a su príncipe azul. Por encima de ellas y al final de la serie, brilla Arya Stark, la encargada de destruir al más poderoso de los caminantes blancos, hecho que acaba con su ejército entero. Esta joven adolescente vive un viaje iniciático de maduración de niña a mujer, con una aventura vinculada al crimen, la venganza y el dolor. Debe pasar duras pruebas como su estancia en la casa de Valar Morghulis, donde moran el Dios de la Muerte y los Hombres sin Rostro.

En cuanto al viaje del héroe y al desenlace final de *Juego de tronos*, debemos mencionar a Brandon Stark, el aprendiz de mago que conecta con el mundo invisible, los lobos y el espíritu de los árboles, teniendo la visión de lo que deparará el futuro. Desde su invalidez en una silla de ruedas, será él quien, como efecto sorpresa, ocupe el Trono de Hierro que unirá a todos los pueblos, aunque, como hemos mencionado, los verdaderos héroes transformadores y liberadores han sido Jon Nieve y Daenerys de la Tormenta.

Pese a sus toques melodramáticos y a los giros propios del serial televisivo, *Juego de tronos* ha dado a conocer la impronta de mitos y leyendas a nuevas generaciones, como los *millennials*, inmersos en una cultura cada vez más superficial y de hueca posmodernidad. Seguimos necesitando héroes y mitos en nuestras vidas, porque ellos nos hacen vivir aventuras extraordinarias que confrontan nuestros miedos más ancestrales y despiertan la llamada de la aventura.

Matrix

Esta película marcó tendencia a lo largo de toda la década de los 1990, profundamente influenciada por la estética tecnológica y el *cyberpunk* japonés. Es una historia alrededor de un jáquer que, haciendo caso a su llamada a la aventura, se adentra en lo desconocido para descubrir lo que es la realidad. Pocos films tienen tan en cuenta *El viaje del héroe* de Joseph Campbell para construir su trama.

Aunque se puede hablar de una trilogía rodada entre 1999 y 2003, nos centraremos en la primera película, ya que concentra de un modo más exacto el modelo de héroe liberador, cuya revelación o apoteosis viene a salvar y transformar el mundo de una dominación.

A diferencia de los casos anteriores, aquí no se trata de una liberación ante un imperio, monarca o cultura dominante, sino en la línea futurista propia del *cyberpunk*, un subgénero de la ciencia ficción, nos liberamos de la falsedad de vivir en el ciberespacio o *matrix*.

El término ciberespacio fue acuñado por el escritor William Gibson en su novela *Neuromante* (1984) para designar el espacio virtual propio de lo que hoy llamamos la red. No existe físicamente, sino que forma parte del entramado de la información de los ordenadores y las redes digitales de todo el mundo. Asimismo, esta novela fue uno de los primeros referentes de la estética *cyberpunk,* surgida durante los años ochenta y noventa del pasado siglo. En esta tendencia, el *punk* aporta su sentido anárquico e irreverente al jáquer antisistema y nihilista, además de un vestuario oscuro, duro, con cuero, botas, cadenas y pelo

de pincho. Neo, el protagonista de *Matrix*, es un *punk* recicla-
do, que viste chaqueta tres cuartos de cuero negro, sobre una
americana y camisas elegantes.

Por su parte, la cibertecnología crea entornos llenos de
cables y la fascinación por todo componente electrónico, in-
formático y digital. Por lo tanto, el *cyberpunk* es una estética
futurista contestataria, dura y eminentemente tecnológica.

En este contexto, se desarrolla el viaje liberador de *Matrix*.
Como en las buenas historias, sus narradoras, las hermanas
Wachowski, beben de las fuentes milenarias, concretamente
del mito de la caverna de Platón.

Thomas Anderson es un programador en una importante
compañía de *software*, pero fuera del trabajo se convierte en
Neo, un jáquer al margen del sistema. Un día recibe un extraño mensaje en la pantalla de su ordenador: «Sigue al conejo
blanco», una bonita alusión al clásico *Alicia en el país de las
maravillas*, donde la niña heroína cruza el umbral del espejo
hacia lo desconocido después de seguir al conejo blanco.

En el caso de Neo, este es el primer contacto con Morfeo, el
mentor que le guiará en su aventura, aunque la ayudante Trinity
es la mujer enviada para ponerle en la senda.

Neo parece ser el elegido para liberar a la humanidad del
dominio de las máquinas e inteligencias artificiales creadas
por los humanos, pero que parecen haberlos esclavizado. Esta
información, que se desconoce al inicio, será revelada por su
mentor antes de adentrarse de pleno en la aventura.

En la primera llamada, Neo recibe un mensaje para despertar porque Matrix le posee. Sin hacer mucho caso, el jáquer
sale de noche con un cliente que parece comprarle droga. Así

conocerá a Trinity, que le avisa de que está en peligro, de que le vigilan e igual que ella conoce la pregunta: ¿qué es Matrix?

Tras recibir este primer aviso, Thomas vuelve al trabajo, donde tiene una relación difícil con su jefe, descontento por su doble vida nocturna. Si no es puntual, lo echarán. De pronto, recibe un sobre con un móvil que va a suponer una nueva llamada a la aventura. Morfeo le habla directamente al auricular: «Van a por ti», mientras unos ejecutivos vestidos de negro lo acorralan en las oficinas.

Neo llega hasta el exterior del edificio, se sube a una cornisa y, ante sí, tiene el vacío o la prueba de fe para cruzar el umbral. Sin embargo, el héroe todavía no está preparado y nuevamente rechaza la aventura.

Es capturado y sometido a un interrogatorio en el que le piden que entregue a Morfeo, y antes de dejarlo en libertad le injertan un bicho en el ombligo que contiene un chip de seguimiento.

En casa, Morfeo le vuelve a llamar, insistiéndole en que es el elegido. Finalmente, acepta la llamada a la aventura y va a encontrarse con Trinity bajo un puente que cumple las funciones de umbral bajo la lluvia. La chica y ayudante le quita el chip injertado en el estómago y le guía para encontrarse con Morfeo, que vive recluido en un extraño lugar. «Ahora te sentirás como Alicia cayendo por la madriguera del conejo […]. Matrix nos rodea, está en todas partes […]. No lo sabes, pero eres un esclavo y vives en una prisión para tu mente.» A partir de este punto debe tomar una decisión: voto o compromiso, elegir entre la pastilla azul o la roja, que supone aceptar la aventura. Toma la segunda y ocurre el episodio del vientre de la ballena al ser sumergido en una cisterna llena de agua en la que vive una primera muerte y resurrección, al tiempo que se revuelve en una red asfixiante de cableado. Renace como avatar de sí mismo en una nave.

Poco después se cita con su mentor en un espacio blanco, el ciberespacio, la proyección mental de su yo digital. Morfeo le confirma la triste realidad de que la humanidad vive engañada en un mundo irreal, todo lo que ha visto hasta ahora es una simulación interactiva. Después de guerras y dominación por las máquinas, el mundo real se ha convertido en un desierto apocalíptico. Como en el mito de la caverna, donde vivimos viendo solo sombras virtuales proyectadas sobre la pared. Morfeo le da la bienvenida al desierto de lo real. Esta situación es la que como héroe debe tratar de revertir, liberando a la humanidad del poder de las máquinas surgidas de la inteligencia artificial. Neo se niega a aceptarlo y Morfeo le insiste en que el oráculo vaticinó que él vendría a liberar a los hombres de la cárcel de Matrix.

Desde este momento, el héroe pasa la fase de pruebas, cumpliendo un duro entrenamiento y aprendizaje físico luchando contra su mentor. En alguna de las pruebas fracasa, como cuando debe soltar la mente para dar un salto de fe. Llegamos así a la primera crisis, camino de la caverna más profunda. Neo tiene dudas de ser el elegido y piensa en abandonar. Mientras, en la nave, su avatar y el resto de sus compañeros de la resistencia son atacados, pero sobreviven. El encuentro con la diosa le sirve para integrar las energías discordantes, los miedos y las dudas, escuchando al oráculo: «Conócete a ti mismo», le dice, la gran lección del Buda. «Vas a tener su vida en tus manos

[…]. Morfeo cree en ti…» Deberá tomar una decisión y lanzarse al vacío, asumiendo que es el elegido, la única persona
que puede salvar a la humanidad de Matrix.

Siguiendo el camino de pruebas, Neo cae en una emboscada
y es capturado, mientras la nave donde va su avatar también
es asaltada y defendida por Morfeo. La resistencia vive una
traición interna, y Morfeo debe luchar contra el agente Smith,
líder de la robotizada inteligencia virtual que cumple las funciones de Darth Vader en esta saga, al igual que Morfeo ejerce
de Owi Wan Kenobi.

El mentor es interrogado y drogado para que revele la ubicación de Sion, la última ciudad que les queda a los hombres.
Cuando piensan en matarlo, Neo detiene su muerte escuchando
la voz del oráculo. Por fin, el héroe pasa a creer en su llamada
y lucha poniendo en práctica todo lo aprendido, aunque todavía es débil.

En una primera instancia parece esquivar las balas, pero
finalmente, la ayudante Trinity debe salvarlo de una muerte se-
gura. Algo que no podrá evitar cuando llegue a la caverna más
profunda, que en esta película se presenta en la habitación 303,
donde el agente Smith le espera para matarle. Neo cae en la
oscuridad de la noche eterna, inerte, sin vida, hasta que, como
en los cuentos de hadas, la princesa regresa para devolverle la
vida con un beso. Trinity le besa demostrándole su amor y Neo
renace para vivir su apoteosis o momento cumbre en el que se
empodera, aprendiendo a detener el tiempo y las balas de sus
enemigos, en una danza que tiene mucho de taichí o de aikido.
El héroe puede parar el tiempo y también convertirse en el más
veloz para vencer a sus enemigos.

La revelación es más propia de un héroe hercúleo material que del sabio espiritual, debido a que la enseñanza interna se le ha transmitido anteriormente cuando Morfeo le revela lo que es Matrix.

Neo hace estallar a los agentes, encontrando la forma de destruir a las máquinas inteligentes que dominan a la humanidad. A partir de este punto y mediante una elipsis o salto temporal, comprendemos que Neo podrá instaurar un nuevo mundo libre de toda opresión. Como les dice a sus oponentes antes de destruirlos: «Les enseñaré un mundo sin vosotros, sin Matrix». Un nuevo beso entre Trinity y Neo cierra esta intensa aventura futurista, tamizada de un aire distópico angustiante que finaliza en un *happy end* luminoso. El héroe ha podido cumplir la profecía del oráculo, siendo protagonista de un viaje de liberación y transformación personal que ha aportado un gran beneficio a toda su comunidad. Este es el verdadero sentido del viaje del héroe, que *Matrix* sabe plasmar perfectamente.

El aprendizaje es claro: no hay que perder la esperanza, el tiempo de los héroes no ha acabado. Allá donde nos lleve el futuro, siempre tendremos la oportunidad de despertar como héroes que liberan y se sacrifican para permitir construir un mundo mejor, pero la clave está en darse cuenta y despertar.

Como repiten los maestros en *coaching* generativo y en *El viaje del héroe* de Robert Dilts y Stephen Gilligan, al final de sus talleres: «*Don't go back to sleep, the World needs awakening more than ever*» (No te vuelvas a la cama, el mundo necesita que despertemos más que nunca).

Despierta, Matrix ya está aquí...

Matrix está en todos lados, a nuestro alrededor, aun aquí, en este cuarto. La ves cuando miras por la ventana o cuando enciendes el televisor. La sientes cuando vas a trabajar, cuando vas a la iglesia, cuando pagas tus impuestos. Es el mundo que te has puesto sobre los ojos para cegarte la verdad.

La verdad de que eres un esclavo, Neo. Como todos nosotros, naciste para ser esclavo. Naciste en una prisión que no puedes oler, probar ni tocar. Una prisión para tu mente.

¡Despierta, Neo!

Morfeo (el mentor) en el film *Matrix*

6. Viajes de rebelión

La rebelión es una de las formas clásicas en las que el héroe se manifiesta para liberar o transformar una sociedad. La semilla de la rebelión está en el inconformismo o en la capacidad de no permitir ser sometido por un totalitarismo. La opresión es la llama de rebelión que incita a héroes y heroínas de todos los tiempos a tomar una acción que cambie su mundo. Asimismo, la rebelión es un estadio del ser humano, una etapa de la vida que surge con la adolescencia. El momento de desafiar el poder establecido para lograr un sentido de identidad. Todos hemos pasado por fases de rebelión y, aunque en ocasiones sus llamas quedan apagadas por las brasas de la vida adulta, es bueno tenerla latente y dispuesta a rescatarnos de un letargo no deseado.

Lo peor de la zona de confort o mundo cotidiano es que nos duerme silenciosamente, y cuando queremos apelar a nuestra rebelión, ha desaparecido.

El miedo, el conformismo o la complacencia son enemigos de la rebelión y, por otra parte, un exceso de rebeldía puede llevarnos a posturas radicales y enconadas de por vida, viviendo en el *antitodo*. En este caso, nos convertimos en *outsiders* fuera del sistema, algo que forma parte del viaje del héroe, cuando abandona el mundo cotidiano para ir en busca de los caminos de sabiduría y transformación, pero que no puede convertirse en un patrón de vida establecido.

Recordemos que está en la naturaleza del héroe regresar para compartir y permitir que su transformación o cambio personal incida sobre los demás. Primero nos queremos a nosotros mismos, para luego llevar este amor a los otros. Así deben ser todos los héroes y heroínas con su espíritu de sacrificio, benevolencia, compasión y fortaleza.

Como veremos a lo largo de este capítulo, también están fuertemente arraigados al espíritu de rebelión, que les permite abandonar el mundo establecido para tratar de acabar con la represión y las formas de dominación abusivas. Estas características valen para el conjunto de una generación de artistas disidentes, como fueron los *beats* norteamericanos, a quienes revisaremos desde el mito de la novela autobiográfica *En la carretera*, para líderes históricos de una rebelión de esclavos como fue el caso de Espartaco, o para mujeres que se rebelan del machismo imperante, tal y como ilustra la película *Thelma y Louise*.

Muchos modelos cinematográficos de rebelión surgen de las llamadas *road movies*, películas en la carretera protagonizadas por individuos que huyen del mundo establecido, emprendiendo un viaje de autoconocimiento, en cuyas etapas aparecen diversos personajes o situaciones que les ponen a prueba. Al final, se hace camino al andar y apenas importa el destino designado, sino cuanto acontece en el viaje. Obviamente, toda *road movie* es una modernización del viaje del héroe, bajo una forma originariamente americana, enraizada en el tiempo de los colonos, el mito del Dorado y el wéstern para proseguir con la narrativa de Jack Kerouac y todas las películas en la carretera. En ellas, a causa del viaje, todos sus héroes y heroínas viven una transformación personal. El camino son las pruebas, el lugar donde encuentran mentores, enemigos y demonios internos.

En este capítulo, nos centraremos en dos *road movies* muy populares y distanciadas en el tiempo como modelo de este mito contemporáneo del viaje del héroe, que posee numerosos ejemplos que pueden servir al lector para comprender los mecanismos de la senda de transformación, desde la semilla de rebelión e inconformismo. Dejamos de lado, por no extendernos demasiado, los casos de rebelión juvenil en los que el cine también ha abundado, con films tan brillantes como *Semilla de maldad* (R. Brooks, 1955), *Rebelde sin causa* (N. Ray, 1955), *Rebeldes* (F. Coppola, 1983) y *El odio* (M. Kassovitz, 1995).

A inicios del siglo XXI, los tiempos convulsos, fruto de la crispación mundial tras los atentados del 11-S, la crisis económica y el auge de los nacionalismos han hecho aflorar muchos mitos contemporáneos de rebelión. En lo cinematográfico, *V de vendetta* (J. McTeigue, 2006) marcó una forma de cercana ciencia ficción distópica basada en el cómic de Alan Moore, en la que un héroe piensa liberar Gran Bretaña del totalitarismo de un gobierno fascista.

En el terreno de las series *The Handmaid's Tale*, partiendo de una novela de Margaret Atwood, presenta un caso similar con una mirada de denuncia feminista y una heroína trágica, que no siempre es capaz de acabar con la opresión. Más recientemente, *Joker* (T. Phillips, 2019) es una explosión de rabia, que reinterpreta las notas de rebelión presentes en la clásica

Taxi Driver (M. Scorsese, 1975) para denunciar cómo la sociedad establecida produce monstruos. Al igual que se ilustra en bellas y contundentes parábolas como *Alguien voló sobre el nido de cuco* o *La naranja mecánica,* que tienen sus precedentes en sendas obras literarias de Ken Kessey y Anthony Burguess, la sociedad puede instigar a la rebelión con sus formas represivas, hasta el punto de que sus héroes rebeldes acaben siendo delincuentes o asesinos. Pese a ello, la lectura reside en valorar quién engendra esta condición de héroes rebeldes, que acaban en un lado oscuro cercano a la demencia, el crimen y la ansiedad. Como se muestra en otro precioso cuento de S.E. Hinton llevado a la pantalla con el nombre de *La ley de la calle,* si metemos a los peces en una pecera, se pelean hasta matarse entre ellos, pero cuando se les libera en la inmensidad del océano, viven en armonía. Algo similar sucede con el ser humano, ya que si lo oprimimos y reprimimos, castrando sus instintos naturales y deseos, acabamos creando seres peligrosos, neuróticos y traumatizados. No se trata del libre albedrío, ni de la absoluta libertad de los instintos más primarios, pero hay que tener en cuenta que el sueño de la razón produce monstruos.

Como la voluntad de este libro es ser un apoyo para la transformación personal desde una perspectiva más terapéutica que destructiva, nos decantamos por mostrar ejemplos más luminosos, pero hay que tener en cuenta toda esa galería de héroes rebeldes que siempre pueden estar al margen de la ley o en una moralidad cuestionable. Algo que también vamos a encontrar tanto en los protagonistas de *Easy Rider* o *Thelma y Louise.* Asimismo, los héroes de rebelión tienen un componente trágico en su desenlace, que los eleva a los altares del Olimpo, como víctimas de redención y cambio futuro.

El camino de los héroes de rebelión alumbra y acompaña a todos los que en la vida se han visto confrontados por la injusticia, que no desean conformarse y quieren atender a su llamada de la aventura para vivir en plenitud. Pese a su naturaleza trágica, su aventura permanece inmortal, como una semilla del cambio para los tiempos venideros.

Jack Kerouac: *En la carretera*

La vida de Kerouac no fue un camino fácil, sino un tránsito a salto de mata, tratando de encontrarle un sentido a la vida en el margen de lo establecido.

Nacido en 1922, fue joven y rebelde en los años de la posguerra, cuando se imponía el tradicionalismo militarista. Su trayectoria y la de sus compañeros de aventura vital consistió en abrir el camino a las generaciones futuras. Como personaje, no fue un gran héroe, pero su novela autobiográfica *En la carretera* se convirtió inmediatamente en un mito atemporal vinculado a la rebelión y a los aires de libertad.

Después de pasar la infancia, durante los años de la Gran Depresión, sostenido por su imaginación y en soledad, Kerouac se convirtió y entró en la Universidad de Columbia en la ciudad de Nueva York gracias a sus dotes como deportista, pero se rompió la pierna y tuvo que dejar los estudios para convertirse en marino durante unos meses. Allí descubrió el viaje como forma de conocimiento, aunque finalmente regresó a la universidad para conocer a sus compañeros de generación: Lucien Carr, Alen Ginsberg y William Burroughs, con quienes fundaría el Movimiento Beat, basado en el arte de vivir la vida espontáneamente y al margen de lo establecido. Cada uno de ellos desarrolló una carrera literaria, renovando campos como la poesía o la novela. Su radicalismo vital y el contacto con drogas como el *speed*, la mescalina o la bencedrina los llevó a la delincuencia, pasando por oscuros episodios como la muerte de un joven llamado Dave Kammerer, que entonces era amante de Lucien Carr. Este incidente provocó que Kerouac fuera arrestado como testigo material de la muerte. Al poco tiempo, fue rechazado en el hogar paterno y abandonó los estudios para escribir su primera novela, *The town and the city*, en 1950.

Durante este periodo, Kerouac conoció a Neal Cassady, el personaje clave con el que se enrolaría en un viaje *on the road*, cruzando la geografía americana desde la Costa Este hasta la soleada California. El carácter de Cassady era vitalista, expansivo y salvaje, era alguien capaz de vivir la vida al límite, con múltiples amantes, tanto hombres como mujeres, y de esas personas que convierten cualquier situación en una oportunidad de divertirse. Su viaje duró desde diciembre de 1948 hasta enero de 1949, pero hasta principios del año siguiente Kerouac no encontró el tono de su novela. En ese momento, se decidió a escribirla en apenas tres semanas en un rollo de papel continuo, donde iba pegando las distintas hojas, que eran mecanografiadas sin puntos y aparte, ni capítulos, en una prosa espontánea y autobiográfica escrita del tirón.

Como poco después dijo William Burroughs, el *beat* más veterano y novelista de *Junky* y de *Naked Lunch: «En la ca-*

rretera sirvió para vender un trillón de pantalones Levi's y un millón de máquinas de café expreso, además de enviar a montones de jovencitos a las carreteras de Norteamérica».

Sin embargo, la novela tardó un tiempo en publicarse, y Kerouac entró en una de sus primeras depresiones, al ver el éxito de John Clellon Holmes y su novela *Go* y al quedarse otra vez solo, cuando Ginsberg y Burroughs se marcharon del país.

En ese tiempo, también empezó a beber, hábito que ya no abandonaría, pese a que en 1955, Viking Press le pasó un anticipo por su novela, para que hiciera leves correcciones.

El escritor se fue a México a trabajar en ellas y tuvo un romance con una prostituta drogadicta, que le serviría de inspiración para su novela *Tristessa*. De regreso, participó en la famosa lectura de poesía de la Six Gallery, donde Ginsberg presentó su poema *Howl* en presencia de todos los artistas de la San Francisco Renaissance, entre los que se encontraban Philip Whalen, Michael McClure, Philip Lamantia, Kenneth Rexroth o Gary Snyder. En ese instante, el movimiento *beat* surgido en Nueva York inauguraba su sede en California y oficializaba su nacimiento. Sus encuentros y veladas tomaban mucho de la antigua bohemia francesa y el espíritu del dadaísmo vanguardista.

Poco antes de conocer la fama, gracias a la publicación de *En la carretera*, Kerouac tuvo contactos con el budismo y empatizó especialmente con el primer precepto que dice que la vida es sufrimiento. Su personaje vital fue siempre bastante atormentado y, gracias al contacto con Gary Snyder, un poeta adepto al budismo zen y vagabundo del dharma, que había ejercido de guardabosques en Oregón, se marchó un tiempo a los bosques de Desolation Peak. Allí, en plena soledad escribió

Desolation Angels, pero luego vino el éxito de *En la carretera* que se convirtió en el emblema de la Generación Beat y en la primera expresión de la cultura juvenil.

La novela se convirtió en icono de rebelión y disidencia, siendo acogida como obra atemporal por distintas generaciones de *hippies*, *punks* o los jóvenes *grunge* de los noventa.

Los *beats*, al igual que los *punks* o sus contemporáneos británicos, los Angry Young Men, estaban obsesionados con transgredir las normas y los tabúes de la sociedad. Sexo, droga y *rock'n roll*, aunque ellos eran más adictos a la improvisación espontánea del jazz *be boop* de Charlie Parker.

La energía cinética del jazz y las anfetaminas instaron a los *beats* a viajar por la geografía americana o por distintos rincones del mundo, adentrándose en los caminos de Oriente y llegando a lugares tan remotos para ellos como Tánger.

El dinamismo y el movimiento inherente en la novela *En la carretera* se convirtieron en una forma de libertad y en un antídoto para la tediosa normalidad.

El viaje se convirtió en un destino en sí mismo, y la cuestión era estar *on the road*, en el camino, como los héroes que transitan la aventura sin saber a dónde los llevará.

Curiosamente, la popularidad de *En la carretera* superó a Jack Kerouac, que se compró una casa en el campo y se encerró a vivir allí con su madre, perdiéndose los trepidantes eventos de los años sesenta. Así vivió hasta el final de sus días, recluido, bajo los efectos del alcohol, la paranoia y la depresión, mientras sus compañeros de aventuras ejercían de mentores de las nuevas generaciones. Murió a los cuarenta y siete años, en otoño de 1969 de una cirrosis.

Como apuntábamos en la introducción, la locura o las diversas formas de demencia pueden ser expresiones de la rebelión. Quienes transitan por el lado salvaje de la vida, como Jack Kerouac y sus compañeros de generación, son vulnerables al vivir divinas locuras. Los *beats* siempre defenderán todo tipo de paranoia, antes que perecer en la mediocridad, como lo refleja Kerouac en un pasaje de su *En la carretera*, poco antes de describir a Allen Ginsberg

> La única gente que me interesa es la que está loca, la que está loca por vivir, por hablar, ávida de todas las cosas a un tiempo; la gente que jamás bosteza o dice un lugar común [...], sino que arde, arde, arde como candelas romanas en medio de la noche.[18]

La locura y la rebelión son una puerta, más allá de lo establecido, para alcanzar una nueva visión, pero hay que tener cuidado, porque en ocasiones la senda es escabrosa y puede conducir a páramos no deseados.

Algo así pudo suceder en la trayectoria vital de Jack Kerouac, sin embargo, su novela es una invitación a vivir la vida hasta el último aliento, celebrando cada uno de los instantes del presente.

En la novela, Neal Cassady es Dean Moriarty, Jack Kerouac es Sal Paradise, Carlo Marx es Allen Ginsberg y Bull Lee es William Burroughs. A lo largo de las más de cuatrocientas páginas, la narración deviene en un viaje iniciático por la geografía

---

18. J. Kerouac. *En la carretera (el rollo original)*. Ed. Anagrama, Barcelona, 2009, pág. 22.

americana, en el que los personajes son el verdadero centro de interés. La personalidad arrolladora de Neal Cassady lo convierte en la máxima expresión de la rebelión *beat*, como pecador irredento, siempre puesto de alcohol y hierba, buscando sexo y diversión, viviendo momentos de éxtasis y de desolación, pero siempre pletórico de carisma y energía. La novela está escrita como un monólogo interior, que parte de los hechos autobiográficos en los que Kerouac mezcla sus experiencias de viaje con Cassady. El itinerario recorre la mítica Route 66 desde Estados Unidos hasta México.

El viaje se inicia en Nueva York, donde Sal Paradise conoce al resto de los personajes. El narrador se enamora de Dean, que acaba de salir de un reformatorio, por su talante delictivo y transgresor. Como un mentor, Dean incita la llamada de la aventura de Sal, que se echará a la carretera para rencontrarse con el grupo.

Dean vive en Denver, lugar al que Sal acude varias veces, viajando en los autobuses Greyhound o haciendo autostop. Más tarde, Sal llega hasta San Francisco, donde vive un romance y trabaja por un tiempo como agente de seguridad. De regreso a Nueva York, tiene otra relación con una granjera de origen mexicano, con quien, todavía en California, trabaja en los campos de algodón. En el segundo viaje, Sal y Dean viajan juntos hasta Nueva Orleans para visitar a Old Bull Lee, el viejo Burroughs, que constituye otra forma de mentor, vinculado a la prueba de las profundidades de la droga y la adicción. Juntos cruzarán Texas y Arizona, en compañía de una mujer abandonada. De camino a San Francisco, roban la gasolina y la comida que necesitan y pasan noches enteras entre clubs de jazz y alcohol. El tercer viaje empieza en Denver con un Sal solitario y aburrido, que decide volver a San Francisco para encontrarse con su banda de amigos. De nuevo con Dean, regresa a Denver para pasar noches de juergas con chicas, hasta que el hábito de robar coches los obliga a huir. Cruzan el Medio Oeste hacia Chicago, donde viven más noches locas de jazz, alcohol y drogas.

La ruta finaliza en Nueva York, en el momento en que Dean deja embarazada a una chica. Su último viaje será hacia el sur, en dirección a México.

Nuevamente, Dean se une al viaje, en Denver, junto con su amigo Stan. Uno de los motivos es que Dean busca divorciarse de su segunda mujer, después de haber abandonado a su nueva amante y a su hijo en Nueva York.

El compromiso es un dragón interno que Dean Moriarty trata de evitar a toda costa para poder seguir siendo libre, viviendo al límite y sin aliento. Para el grupo, México se convertirá en una apoteosis, revelación o suerte de paraíso, donde las normas y la forma de vida tienen mucho más que ver con ellos que lo que conocen en el mundo cotidiano de Norteamérica. Allí, pueden visitar prostíbulos sin problemas, consumir buena droga y divertirse sin temer el cerco de la policía. Se sienten libres y en sus montañas conocen la sencilla vida de los campesinos, que les encanta. Sin embargo, de regreso a Ciudad de México, Sal sufre una disentería y tiene que quedarse solo un tiempo hasta poder regresar para rencontrarse con Dean, que ha vuelto con su segunda esposa.

Al final de la novela, Dean Moriarty va en busca de Sal para realizar un nuevo viaje a San Francisco, pero esta vez, el narrador y *alter ego* de Kerouac decide quedarse contemplando el río, mientras recuerda las aventuras vividas por la geografía americana, junto a su amigo.

> Así, en esta Norteamérica, cuando el sol se pone y me siento en el viejo y ruinoso muelle del río a mirar lo largos, largos cielos de Nueva Jersey, y siento toda esa tierra salvaje, que se extiende en una increíble y gigantesca vastedad en dirección a la Costa Oeste, toda esa carretera interminable, todas esas gentes que sueñan en su inmensidad, y sé que en Iowa, en este instante, la estrella vespertina irá descendiendo y proyectando sus tenues destellos sobre la pradera, que bendice la tierra, oscurece los ríos, y envuelve los picos en el Oeste y pliega y oculta las últimas orillas, y nadie sabe lo que va a pasarle a nadie, salvo que triste y fatalmente va envejecer, y pienso en Neal Cassady, e incluso pienso en el Viejo Neal Cassady, el padre que jamás llegamos a encontrar, pienso en Neal Cassady, pienso en Neal Cassady...[19]

En ningún caso la novela busca parecidos con el viaje del héroe, aunque hay distintas etapas y sucesos que coinciden debido a que toda senda iniciática implica su relación al recorrer nuevos territorios.

Sin ninguna duda, lo más destacable de la vida y obra de Jack Kerouac es su capacidad para reflejar el temperamento de una generación que vivió en plena rebelión ejerciendo de modelo para los tiempos venideros, lo que los transformó en héroes inmortales.

19. J. Kerouac. *Op. cit.*, pág. 435.

Easy Rider

Esta es la película más fiel a la novela de Kerouac que se haya rodado, ya que la versión cinematográfica de *En la carretera*, producida por Francis F. Coppola y dirigida por Walter Sales en el 2012, llegó tarde y con falta de inspiración.

Por el contrario, *Easy Rider* fue un hito contracultural que catapultó a la fama a su director e intérprete, Dennis Hopper. Producida de forma independiente en apenas unas semanas viajando por la geografía americana, preserva el espíritu rebelde y libertino de la Generación Beat. La música tiene un papel principal, con temas de Jimmy Hendrix, Bob Dylan y The Band. Su estructura narrativa tiene mucho del automatismo surrealista o de la prosa espontánea de los *beats*.

Aquí, los protagonistas son dos jóvenes que consiguen un alijo de cocaína en México y lo venden por una fortuna en California. Con ese dinero, deciden emprender un viaje de costa a costa por la geografía norteamericana. La película se concibe como un wéstern en el que los caballos son sustituidos por motos. Los dos protagonistas tienen nombres de héroes del Oeste, Wyatt y Billy. Las localizaciones son reales y muchos de los actores que aparecen no son profesionales. El realismo aporta ese tono autobiográfico que tenía la novela de Kerouac en escenas como la del consumo de LSD en un cementerio con Peter Fonda literalmente colgado de una estatua y llorando desconsoladamente. También se rodó de noche en el mausoleo de un asentamiento indio y en una comuna *hippie*, en plena efervescencia al final de los años sesenta.

La huida y la rebelión proseguía el camino iniciado en el

cine por *Bonnie & Clyde,* aunque de un modo mucho más transgresor y delincuente. Como llegó afirmar Dennis Hopper en el *making off* del film, las lágrimas en la escena del ácido podían representar el llanto de la Estatua de la Libertad por la muerte de Robert Kennedy, asesinado en junio de 1968.

A lo largo de su viaje en la carretera, los protagonistas recogerán a un *hippie* que los lleva hasta su comuna de New Buffallo, sobre las colinas de Marlborough en California. Poco después, pasan unos días en prisión, donde conocen a George (Jack Nicholson), un hijo de la sociedad opulenta, que ha estudiado derecho, pero tiene problemas con el alcohol. Juntos parten hacia los estados del sur de la Costa Este. Quieren pasar el martes de carnaval en Luisiana, pero su aproximación es cada vez más crítica, porque la parte conservadora de Estados Unidos los recibe muy mal. Cuando encandilan a unas chicas, el *sheriff* y los habitantes del pueblo les tildan de animales melenudos, que solo merecen ser enjaulados como los negros. Al llegar la noche, son atacados, y George muere, pero finalmente Wyatt y Billy consiguen llegar al carnaval de Luisiana.

En un prostíbulo llamado El Palacio Azul, dan rienda suelta a sus fantasías más hedonistas y acaban al amanecer en el cementerio, con dos prostitutas entre santos y madonas, poseídos por el ácido lisérgico.

Dos granjeros de la Norteamérica más conservadora les quitan la vida de un tiro, cuando, de nuevo en la carretera, partían hacia Florida.

Como tantos héroes de las *road movies*, tienen un final trágico, porque el sistema no permite la rebelión y quiere que todo vuelva al orden, aunque tenga que hacerlo por la fuerza. Con su muerte, los dos jóvenes se convierten en mártires de la causa rebelde y las libertades personales, ya que eran aventureros y delincuentes, pero solo querían vivir la vida al límite.

Paul Newman en una entrevista publicada en *Newsweek*, el 7 de diciembre de 1970, lo expresa con mucha claridad: «Los viejos héroes estaban acostumbrados a proteger a la sociedad de sus enemigos, ahora es la sociedad misma el enemigo».

Parecía que en Norteamérica, a finales de los años sesenta y principios de los setenta no había espacio para unos jóvenes buscando su camino.

Easy Rider se convirtió en un fenómeno de masas e icono tardío del movimiento *hippie*, cuando este perecía en Woodstock. Un film que había costado menos de medio millón de dólares puso en jaque a toda la industria de Hollywood, alentando a una nueva generación a vivir *on the road* y a no renunciar a la búsqueda de la libertad. Sin embargo, los tiempos estaban cambiando y, pese a la derrota de Vietnam, la política tradicional americana recuperó el mando y los aires de rebelión fueron perdiendo intensidad.

El film fue prohibido en España y en muchos otros países por sus desnudos explícitos y sus directas alusiones al consumo de drogas. Algunos de los diálogos son demasiado críticos con la sociedad establecida, pues son palabras propias de quienes experimentan un viaje de rebelión.

GEORGE: Antes este era un país agradable. No sé lo que habrá pasado.

BILLY: Di que todo el mundo tiene miedo. No podemos entrar ni en un motel de segunda. Creen que los vamos a degollar. Tienen miedo.

GEORGE: No les dais miedo vosotros. Les da miedo lo que representáis para ellos... Lo que representáis es la libertad.

BILLY: ¿Qué tiene de malo la libertad, todo el mundo la quiere?

GEORGE: Todo el mundo quiere ser libre, pero una cosa es hablar de ella y otra cosa serlo. Es muy difícil ser libre cuando te compran y te venden en el mercado. ¡Claro que no les digas jamás que no son libres, porque entonces se dedicarán a matar y mutilar para demostrar que lo son! Están todo el día con la libertad individual, y un día ven a un individuo libre y se cagan de miedo.

BILLY: Pues el miedo no les hace huir.

GEORGE: No, el miedo les hace peligrosos.

La ley de la calle

Esta película trata de jóvenes que pelean como vía de escape a su represión.

Uno de los personajes principales, el chico de la moto interpretado por un carismático Mickey Rourke, es un claro icono de rebelión, un *outsider* que lideró una banda hace años. Sin embargo, el *storytelling* de esta película se centra en Rusty James, el hermano menor de esta leyenda que acabará liberándose de la carga de vivir una vida que no es la suya.

La postadolescencia es una etapa en la que podemos ser esclavos de patrones, ideas impuestas, ideales y arquetipos mitificados. Rusty siente fascinación por su hermano, que viene a salvarle cuando es gravemente herido en una pelea entre bandas. Ambos sufren la soledad y las consecuencias de pertenecer a una familia desestructurada, con un padre dado a la bebida.

El entorno industrial de un pueblo de Oklahoma es una cárcel incolora. Un mundo en blanco y negro donde solo brilla el color de unos peces dentro de una pecera. Una bella imagen simbólica que explica la tesis de la película, sostenida desde el daltonismo del chico de la moto.

> Chico de la moto: Lo ves, Rusty James, son peces luchadores de Siam, si les pones un espejo, tratan de matarse ante su propio reflejo.
> Rusty James: ¡Qué extraño!
> Chico de la moto: Me pregunto si reaccionarían así en el río…
> Rusty James: Me encantan los colores, son preciosos.
> Chico de la moto: Casi me da pena no poder verlos.

Antes de su trágico final, el héroe rebelde trata de liberar a los peces. Finalmente, es Rusty James quien los conduce hasta el río para aprender que, cuando se los libera, dejan de pelearse. Lo mismo sucede con los jóvenes. Se pelean por estar dentro de una sociedad gris y autoritaria. Si se les deja volar a un espacio abierto de libertad, viven en plenitud.

Así es como Rusty James cumplirá su viaje del héroe, huyendo del suburbio urbano a la inmensidad del océano, en un homenaje póstumo a su hermano. Lo que este no pudo lograr es ahora su tesoro. La conquista de su propia libertad.

En ocasiones, no es tan solo la sociedad lo que nos atenaza, sino nosotros mismos, con imposiciones familiares, sentimentales o puramente psicológicas. El apego del protagonista con el chico de la moto es casi enfermizo, hasta que logra liberarse de él, gracias a la vía trágica del enfrentamiento con la policía que lo convierte en un nuevo mito juvenil. Pero llegado a este punto, Rusty James ha trascendido la pubertad para convertirse en un adulto que conoce la libertad.

La imagen final del chico sobre la moto contemplando la inmensidad del océano, entre gaviotas al viento, es una bello icono visual de la eterna libertad. Toda una vida por delante para vagar en busca de la felicidad. La violencia y la represión no son el camino.

El viaje del héroe puede ser arduo y difícil, pero siempre resulta gratificante.

Al igual que *Rebeldes* (Coppola, 1983), el film se basa en una narración de Susan E. Hinton, ambientada en los años cincuenta, cuando Norteámerica pasaba por los tiempos de la caza de brujas y la Guerra Fría. Al estrenarse, a inicios de la década de los ochenta, la película supuso una bocanada de aire fresco entre la abundancia de insulsas *teenmovies* prefabricadas para el público adolescente.

La ley de la calle marcó a toda una generación, la mía, con sus imágenes estilizadas en blanco y negro sobre fondos de plata y nubes volando sobre el cielo. En esta pátina de modernidad, su mensaje abrió las puertas de una libertad soñada para muchos de nosotros.

Es la naturaleza de los mitos, la materia con la que se forjan los sueños, cine de aprendizaje para la transformación personal.

Espartaco

Esta película es una parábola de la rebelión, basada en un esclavo de origen tracio que se levantó contra la República romana en torno al 73 a.C. y que Howard Fast convirtió en una novela mientras estaba en la cárcel acusado de pertenecer al Partido Comunista durante la caza de brujas de Estados Unidos en los años cincuenta.

La historia de la rebelión de este valiente esclavo que puso en jaque a la poderosa Roma sirvió para dibujar un sutil alegato antimperialista y procomunista en la Norteamérica de mitad del siglo xx. Stanley Kubrick lo llevó a la pantalla en 1960, gracias a la insistencia de Kirk Douglas, el verdadero artífice y protagonista del film.

Cuando llegó el final del macartismo, y pese a que Edgar Hoover se opuso a la publicación de la novela, se habían vendido varios millones de ejemplares y había sido traducida a más de cincuenta idiomas. Dalton Trumbo, también procesado, fue uno de los guionistas de la película.

La trama se inicia en una cantera de Libia, donde Espartaco es comprado por un mercader que lo envía a su escuela de gladiadores de Capua. Mientras cumple con su formación, se enamora de la bella Varinia, que será comprada por un noble romano que la quiere para su villa.

Cuando Craso ordena para su divertimento y la de sus amigos patricios una lucha a muerte entre varias parejas de gladiadores, Espartaco sentirá la necesidad de rebelarse. Dentro de la celda, en la oscuridad y bajo el silencio previo a la lucha, cruza la mirada con su oponente, un poderoso prisionero africano, que lo vence en el combate, pero le perdona la vida, desobedeciendo el mandato de Craso.

El gladiador africano es asesinado impunemente por el romano y Espartaco estalla, decidiendo luchar por su libertad y la de sus compañeros, huyendo después de reducir Capua a cenizas.

Desde ese momento, Espartaco lidera un viaje de rebelión en el que irá reclutando cada vez a más esclavos con la intención de llegar hasta la costa y embarcar para escapar por mar. En el camino, Espartaco vive una intensa historia de amor con Varinia, la esclava que el noble senador Craso quiere para sí. En poco tiempo, el avance de la revuelta de los esclavos pone en entredicho la fuerza de la República romana, pero será determinante la traición de los piratas cilicios que debían proporcionarles las naves.

Después de haber vencido a varias legiones romanas, Espartaco y sus hombres son acorralados en una batalla a orillas del río Silario, donde son vencidos. En ese instante, el senador romano les propone un trato: los supervivientes no serán crucificados si Espartaco se entrega a las legiones romanas. Todos dicen ser Espartaco, en muestra de fidelidad y agradecimiento al hombre que los llevó a la libertad, pero su sueño de libertad queda truncado por la ambición y la traición inherentes al género humano y al poder de Roma.

El fin de Espartaco es una lección de sacrificio y de fortaleza, pues se mantiene firme hasta el final y no cede a la voluntad de los romanos. Su rebelión ha fracasado, pero no renuncia a sus principios. Después de una última lucha como gladiador, en la que debe salvar su vida para diversión de los romanos, es crucificado junto a los suyos, en la vía Apia.

En un bello y simbólico final, Varinia, a la que han concedido la libertad, va ante la cruz del moribundo para enseñarle a su hijo recién nacido, Baitato, que podrá crecer en libertad, en un guiño hacia el posible éxito de la rebelión.

Kubrick rodó el film con su habitual maestría y capacidad visual, enfatizando las luchas cuerpo a cuerpo y la historia de amor. Kirk Douglas compuso un convincente retrato del héroe hercúleo, rebelde y liberador, no exento de sentimientos. La película ganó cuatro óscars.

Thelma y Louise

La película narra la historia de dos mujeres que huyen de un mundo convencional dominado por los hombres. Una fábula contemporánea sobre la amistad y el apoyo entre dos mujeres que se quieren y se sostienen, que se rebelan ante el machismo imperante en su entorno. La narración refleja un viaje fraternal de mutua protección y amistad, en el que las heroínas viven su tránsito a la felicidad, al orgullo de ser mujer y al hedonismo propio de la alegría de vivir. Thelma es la mujer bella y sensible, aparentemente más vulnerable y quien va a vivir un viaje de transformación de mayor intensidad. Louise, en la piel de Susan Sarandon, es un arquetipo más guerrero y combativo, cuya evolución va a mostrar su lado más vulnerable cuando las cosas se complican al final de la aventura.

Sin duda, en esta historia de dos mujeres a la fuga, lo

Póster de *Thelma y Louise* (R. Scott, 1991).

más interesante es la evolución y la transformación de ambas. Cuando una se derrumba, la otra aparece para impulsar el cambio y, en el momento en que la aventura desgasta a la que ejercía de líder, su compañera emerge para seguir en la senda de la aventura. De este modo, *Thelma y Louise* devienen en las dos caras de una misma moneda, las polaridades encontradas para declararse en rebelión.

Su aventura es la que un gran número de mujeres han esbozado muchas veces, la de aquellas que han pensado en dejar a un marido, que no las cuida ni las quiere, sometidas por un patriarcado tradicional en el que están al servicio de la familia.

Thelma vive subyugada a Darryl, viendo su vida consumida cuando apenas tiene treinta años. La fortaleza de su amiga Louise, camarera del barrio, diez años mayor que ella, la lleva a emprender un viaje de fin de semana, que acabará siendo para toda la vida. Cuando se detienen en un bar de carretera, un hombre trata de violar a la bella Thelma, pero Louise la defiende y finalmente mata al agresor de un tiro. No será el único hombre que sufre la violencia de las armas de las heroínas. Algo similar le ocurre a un camionero sucio y pervertido que las ofende continuamente con obscenidades o bromas machistas, a quien le volarán el camión con su arma.

Desde el primer asesinato, las heroínas se convierten en unas criminales con las que se identifica el espectador, como sucede en otras *road movies* clásicas como *Bonnie & Clyde* o *Malas tierras*.

En las distintas etapas del viaje, las pruebas tienen que ver con hombres que engañan y roban, como el atractivo y mentiroso Brad Pitt, que las deja sin todo el efectivo que Louise había conseguido para su fuga. Por ello, Thelma decidirá dar un golpe y atracar un comercio con videovigilancia.

El cerco de la policía se irá estrechando sobre ellas, mientras huyen hacia el desierto de Arizona. Harvey Keitel encarna al detective que lleva el caso, en el único personaje no machista de la historia. Cuando descubre que Louise fue violada hace años y viendo la situación de Thelma con su marido o la forma como se han desarrollado los incidentes, siente cierta empatía con las heroínas, pues ambas son víctimas de una sociedad machista y represiva. Por eso se rebelan en un viaje sin salida: cuando la policía las acorrala y Louise no ve posible la escapatoria, Thelma la anima a apretar el acelerador y a morir libres, cayendo al gran cañón del Colorado.

Un final que recuerda otro mito fílmico contemporáneo de los tiempos de la contracultura americana, llamado *Dos hombres y un destino*. Allí Butch Cassady y Sundance Kid eran los fugitivos, que antes de ser apresados prefieren morir en libertad. En cambio, en muchas otras películas de rebelión, los héroes o heroínas no tienen la posibilidad de elegir y son masacrados por la ley o la sociedad ante la que se rebelan, tal y como sucede en la comentada *Easy Rider*, *Bonnie & Clyde* o *The Vanishing Point*.

Thelma y Louise ganó el óscar al mejor guion, pese a que tuvo muchos problemas para ser llevada a la pantalla. Los productores no aceptaban un final tan contundente, distante del *happy end* tradicional, ni toda la connotación antimachista del film, que inmediatamente se convirtió en un referente feminista contemporáneo. La película levantó bastante polémica en la puritana sociedad americana, al tiempo que reverdecía las fábulas feministas de finales de los sesenta y principios de los setenta, con la actuación de Jane Fonda (*Klute, Network*) u otras interpretadas por heroínas como *Llueve sobre mi corazón* o *Alicia ya no vive aquí*.

Al final del siglo xx, en la extensa historia del cine, pocas mujeres habían tenido la oportunidad de protagonizar una *road movie* que demostrara la fuerza interna de la mujer cuando enfrenta situaciones de cambio o transformación.

La inteligencia emocional y relacional femenina parece bastante superior a la del hombre, porque cuando una mujer emprende un viaje de transformación no hay nada que pueda detenerla.

El problema es la castración y el miedo inherente, o la falta de seguridad que, en tantas ocasiones, impide que la mujer experimente su llamada a la aventura. Por eso, la fase más importante de su viaje es atreverse a cruzar el umbral, pues cuando ya no hay posibilidad de retorno, la transformación está asegurada.

Hoy *Thelma y Louise* permanece como un mito de la libertad y la rebelión de la mujer.

El viaje de rebelión es en muchas ocasiones la constatación de seguir vivo. Su mensaje reside en la idea de que no podemos morir en vida, cayendo en la exclusión o bajo cualquier forma de dominación.

La libertad personal es un derecho y el sentido combativo de la rebelión es un bien cuando se aplica bajo estas premisas. Rebelarse es no aceptar muchas cosas que nos consumen poco a poco. Tenemos derecho a vivir felices y a rebelarnos ante todo aquello que nos lo impida.

¡Espíritu eterno de la
mente sin cadenas!
¡Libertad! Más brillante eres
en las mazmorras,
pues allí tu morada es
el corazón...
El corazón al que solo el
amor por ti puede atar.
Y cuando tus hijos son
enviados a los grilletes
y al húmedo sótano de la
penumbra sin día,
su país vence con su martirio,
y el nombre de la Libertad
halla alas en todo viento.
¡Chillon! Tu prisión es
un sitio sagrado,
y tu triste suelo un altar,
pues fue hollado,
hasta que sus pasos
dejaron una huella
gastada, como si tu pavimento
fuese un prado,
¡por Bonnivard¡ ¡Que
no se borre ninguna
de esas marcas!
Pues ellas claman al cielo
contra la tiranía.

Eternal Spirit of the
chainless Mind!
Brightest in dungeons,
Liberty, thou art;
For there thy habitation
is the heart—
The heart which love of
thee alone can bind;
And when thy sons to
fetters are consigned,
– To fetters, and
the damp vault's
dayless gloom—
Their country conquers with
their martyrdom, And
Freedom's fame finds
wings on every wind.
Chillon! thy prison is
a holy place,
And thy sad floor and
altar, for 'twas trod,
Until his very steps
have left a trace,
Worn, as if thy cold
pavement were a sod,
By Bonnivard.—May none
those marks efface!
For they appeal from
tyranny to God.

LORD BYRON, *Sonet to Chillon*

7. Viajes iniciáticos y espiritualidad

El rito iniciático es el origen del mito, porque las iniciaciones son tránsitos a nuevas etapas de la vida, que comportan una muerte y una resurrección. Hay que dejar algo en el camino para que lo nuevo aparezca, cambiando de piel como la serpiente, que es el gran símbolo de transformación, renovación y crecimiento. En los viajes iniciáticos confrontamos miedos verdaderos, sintiendo la muerte muy cercana, porque el mundo desconocido toma proporciones colosales. Cuando se trata de ritos, muchas veces se lleva al iniciado a un no espacio de una cueva en la oscuridad, la profundidad de la noche o un claustrofóbico *tepee* o diminuta cabaña, para realizar un ritual en círculo en torno a piedras volcánicas, cuyo calor adormece la mente para venerar a los ancestros, siguiendo una práctica chamánica de las tribus de Mongolia, que en Mesoamérica se denomina temazcal.

La iniciación es un proceso duro que inevitablemente implica un descenso muy marcado para poder renacer en una prolongada elevación. Aquí, el vientre de la ballena o la caverna más profunda son fases fundamentales antes de llegar al cambio, la apoteosis o la revelación. Dada la dificultad y esfuerzo del viaje iniciático, muchos de quienes transitan este camino pueden quedar colgados o convertidos en semidioses, sin querer cruzar el umbral de regreso. La soledad y la dureza del camino comportan no trascender esa prueba final que es el volver.

El arquetipo icónico del no regreso es Kurtz del *Corazón de las tinieblas* de Joseph Conrad, que en lo cinematográfico tiene el rostro de Marlon Brando en *Apocalypse Now* de Coppola, que repasaremos.

En ocasiones el viaje iniciático es impuesto como misión, tal y como sucede en tantos viajes de este tipo, procedentes de la ciencia ficción. Adentrarse en el espacio es absolutamente iniciático, aunque los tripulantes vayan a pisar la Luna, remendar un satélite o buscar nuevas formas de vida.

Recientemente, el cine ha sido muy prolífico en este tipo de películas: *Marte* (R. Scott, 2015), *Ad Astra* (J. Gray, 2019), *Interstellar* (Nollan, 2014) o *Gravity* (Cuarón 2013). Sin embargo, hemos querido remitirnos a un film fundacional que inició la senda de la moderna ciencia ficción con una película en ocasiones incomprendida por sus dosis de abstracción y profunda simbología. Hablamos de *2001* de Stanley Kubrick, una verdadera odisea en el espacio, que recoge el testimonio sembrado por Ulises, con un héroe moderno procedente del tiempo en el que el hombre iba a pisar la Luna por vez primera.

En otras aventuras, el viaje puede ser voluntario y producto de una poderosa llamada a la aventura que invita a partir hacia una iniciación. Estos héroes son capaces de cruzar vastas extensiones, como sucede con la joven australiana que cruzó tres mil kilómetros por el desierto. Un caso real que ha dado pie a un film llamado *El viaje de tu vida* (Curran, 2013), que no trataremos aquí por motivos de extensión, al igual que sucede con el aventurero *Lawrence de Arabia*, que David Lean rodó en un clásico imborrable. En la vida real, son muchos los que sienten la llamada para partir en un viaje iniciático, como cruzar el Atlántico en solitario o incluso atreverse a transitar por el hielo de la Antártida, como el joven noruego Erling Kagge, de cuyo viaje surge el precioso libro *Silencio*, basado en su aprendizaje o revelación.

Por otra parte, en este capítulo se ha querido incluir aquellos viajes que, además de una iniciación, comportan la trascendencia de alcanzar formas de espiritualidad que serán inspiradoras para toda una comunidad, cultura o para la humanidad entera. Este es el viaje de los grandes iniciadores de sistemas religiosos o creencias, como Jesucristo, Mahoma o el Buda. Cada uno de ellos representa un mito espiritual que acabará convirtiéndose en historia sagrada. Nos centraremos en la figura de Siddhartha, como un modelo inicial de este viaje espiritual, dada su naturaleza más humana, próxima y posiblemente laica. Preferimos no adentrarnos en el terreno pantanoso de las sagradas escrituras y compartir la adaptación de la vida del Buda escrita por Herman Hesse, así como plantear algún ejemplo cinematográfico de esta historia universal.

Los viajes espirituales pueden implicar largas travesías, como la que proponemos con la historia de Heinrich Harrer en *Siete años en el Tíbet* o el tránsito del príncipe Siddhartha o concentrarse en un espacio para comprender el viaje como las diferentes etapas de la vida, tal y como hace *Primavera, verano, otoño, invierno… y otra vez primavera*.

En este tipo de viaje, la renuncia y el despojarse de todo lo que llevamos para vaciar el ego se convierten en la prueba fundamental. Asimismo, en el viaje espiritual hay que abrirse a otro tipo de conciencia para advertir las señales que aparecen. Por ello, sus personajes son visionarios o especiales, como ese protagonista llamado Johannes del film *Ordet* (1955) de Carl T. Dreyer, que no trataremos aquí por motivos de espacio, pero que recomendamos a quienes quieran profundizar en estas sendas espirituales.

El héroe del viaje necesita una determinada naturaleza, conectada con la pureza y lo sutil. Como planteábamos en el bloque introductorio siguiendo las ideas de Campbell, puede haber una gran escisión entre los héroes por su naturaleza. Unos son hercúleos y poderosos, otros son espirituales o sutiles, pero solo algunos son capaces de aunar ambas cualidades. Este es un reto que podemos llevar a nuestra vida cotidiana, tal y como trataremos en la parte final del libro.

De momento, relataremos algunos ejemplos que ilustran primero una serie de viajes espirituales, para acabar con dos importantes viajes iniciáticos.

Siddhartha y el despertar interior

La vida del Buda es uno de los viajes de espiritualidad más importantes de la historia de la humanidad, al igual que la de aquellos héroes que se convirtieron en profetas o fundadores de una religión. En esta senda figuran otros grandes nombres, como el de Jesucristo, Mahoma, Moisés o Mahavira, por citar solo algunos.

En los albores del siglo xx, las religiones llegan a su ocaso, especialmente en el mundo capitalista e industrializado, y poco después en la China comunista. Dios parece morir como propone Nietzsche, y el hombre queda huérfano de espiritualidad. En este contexto emerge la figura del Buda como un gran mito de espiritualidad contemporánea. Su arquetipo de héroe espiritual despojado de una iglesia le confiere una imagen de espiritualidad laica o profana que encaja mejor con el hombre moderno. De esta forma, y poco a poco, el budismo se va desplazando desde Asia hacia territorios occidentales y norteamericanos, donde va a conseguir una gran influencia. Su difusión estuvo vinculada a grandes orientalistas como Ananda Coomaraswamy, Alan Watts, D.T. Suzuki, Walpola Rahula o Chögyam Trungpa, entre otros. También, personajes como el Dalai Lama o diversos monjes viajeros han contribuido a su expansión por el mundo.

Buda sentado en *dhyana mudra*, Gal Vihara, Sri Lanka, roca granítica siglo xii).

Entre los primeros maestros históricos de Asia, podríamos destacar a Nagaryuna y Shantideva en la India; Milarepa y Tsongkhapa en el Tíbet; Hui Neng en China, y Kukai y Shinran Shonin en

Japón. Probablemente, fue la breve novela *Siddhartha*, escrita por Herman Hesse en 1950, la que más contribuyó a difundir la vida y obra del Buda en el mundo capitalista industrializado, en el momento que iniciaba su expansión hacia los *mass media* y la primera globalización.

Hesse, siguiendo la tradición hinduista de intelectuales alemanes como Max Müller o Heinrich Zimmer, se adentró en las fuentes de la filosofía oriental para componer un bello relato. Su historia difiere levemente de la historia real del príncipe Siddhartha, que vivió entre los siglos v y iv a.C. en el seno de una familia aristocrática de Sakia. El Buda se adentró en una senda espiritual como asceta para despertar y transmitir las Cuatro Nobles Verdades y el Óctuple Sendero por la llanura del Ganges, donde acabó construyendo una comunidad religiosa, formada por monjes y personas laicas. Sus enseñanzas quedaron escritas por sus discípulos en distintos *sutras*, la mayoría concentrados en el *Canon Pali* y en otros escritos como el *Dhammapada*.

Lo interesante de la historia y la vida de este noble príncipe, nacido en una pequeña localidad del Nepal actual, es su universalidad. El Buda sintió la llamada de la aventura desde lo más profundo de su alma, para transitar un camino de iluminación, que le llevó a descubrir en lo más recóndito de su ser los misterios del universo y de la conciencia humana. Su lección no es más que entrar en sí mismo, meditar y conectar con el Uno trascendente del que formamos parte, Aquel del que procedemos y al que regresaremos.

En la versión de Herman Hesse, Siddhartha es el hijo de un brahmán que creció en una humilde aldea, junto a su amigo Govinda. Durante sus años de formación, todos querían a Siddhartha, pero él no hallaba ni la alegría, ni el placer para sí mismo que los otros sentían. Tal como sucede en la naturaleza del héroe, percibía las imperfecciones en su mundo cotidiano y le parecía que le faltaba algo. Sintió el descontento en su interior y, pese al amor de sus padres y amigos, aspiraba a algo más, ansiaba saber sobre los dioses y el *atman* o ser único e indivisible del que le hablaba su credo hinduista. ¿Dónde podía morar el *atman*? Sentía que podía ser en el yo que todos llevamos dentro, pero ¿dónde se hallaba este yo interior, este ser último o esencial? Esta fue su llamada a la aventura y en busca de sus respuestas, partió hacia un mundo desconocido.

Las sagradas *Upanishads* le acompañaban como amuletos u objetos de estudio, en su viaje espiritual para encontrar el propio yo.

Le seguía, como fiel ayudante, su amigo Govinda. Un día, después de meditar bajo un árbol bayano, Siddhartha antes de cantar el sagrado *Om*, le dijo:

> *Om* es el arco, el alma es la flecha, y Brahma es el blanco al cual has de apuntar, impertérrito.[20]

Siddhartha se quedó meditando eternamente con el alma lanzada hacia Brahma, como si fuera una flecha. Poco después los dos amigos partieron con los *samanas* o ascetas hacia el bosque donde empezó su senda espiritual.

---

20. H. Hesse. *Siddhartha*. Plaza y Janés, Barcelona, 1993, pág. 16

Ayunaron durante muchos días y se despojaron de cuanto tenían. Siddhartha deseaba quedarse vacío, morir para sí mismo y hallar la paz en su corazón, pero antes debía vencer o aniquilar a su yo.

En este punto, apareció su primer mentor, el más anciano de los *samanas,* que le instruyó como un yogui sobre las técnicas para vivir con muy poco aire y contener la respiración, reduciendo al mínimo los latidos del corazón. Superó diversas pruebas que confrontaban a su yo, pasando por el sufrimiento, el hambre, el cansancio o la sed. Estuvo mil horas en el no-yo, pero siempre regresaba al mismo punto y sentía la tortura del ciclo impuesto, sin resolver las grandes preguntas que se había formulado. Govinda, su sombra, también dudaba; ambos sentían que no hallaban aquello tan esencial que estaban buscando.

Les hablaron entonces de una leyenda vinculada a un hombre al que llamaban Gotama, el Sublime o el Buda, que había superado en sí mismo el sufrimiento del mundo, deteniendo la rueda de reencarnaciones. Ahora recorría el país enseñando como un asceta vagabundo. Siddhartha y su amigo fueron a su encuentro en la ciudad de Savathi y lo reconocieron de inmediato como su gran mentor.

Era un hombre sencillo con un rostro apacible que no expresaba ni alegría ni tristeza, animado por una sonrisa interior y envuelto en un aura de profunda serenidad. Le escucharon hablar y referirse a las Cuatro Nobles Verdades y al Óctuple Sendero. Govinda decidió unirse a los *samanas* del Buda, pero Siddhartha sintió que debía seguir su camino en solitario, en busca de lo más profundo de su ser. Había reconocido en Gotama a su mentor, pero el joven creyó que su liberación era producto de una doctrina a la que le faltaba el secreto de lo que el Sublime mismo había vivido.

En el fondo, lo que el joven Siddhartha manifestaba era la senda del héroe, en la que cada uno debe encontrar su camino por sí mismo. El mentor pone en el camino, pero este se ha de transitar el propio. De modo que el joven héroe espiritual siguió en solitario, no para buscar una mejor doctrina, sino para alejarse de todas ellas y de cuántos maestros hubiera, y conseguir sus propias respuestas

Siddhartha abandonó el bosque, donde dejó al Buda y a su amigo Govinda, y se adentró en el vientre de la ballena. Herman Hesse lo narra así:

> Siddhartha reflexionó hondamente, sumergiéndose en dicha sensación como en aguas muy profundas, hasta tocar fondo, hasta el lugar en el que reposan las causas últimas; pues desentrañar las causas últimas era, según él, la verdadera forma de pensar.[21]

En esas profundidades, el hombre en el que se había convertido el joven Siddhartha descubrió el miedo a sí mismo y la huida ante su propio ser. En ese momento, decidió penetrar en su misterio y se sintió despierto por vez primera. Este es el renacimiento característico de superar el umbral y sucumbir a los terrores inconscientes del vientre de la ballena. En esa soledad, en la que Siddhartha se sintió solo como una estrella

---

21. H. Hesse. *Op. cit.*, pág. 57.

en el firmamento, se hizo más fuerte y estuvo más conectado que nunca a su propio ser.

A partir de este punto, arranca la segunda parte de la narración que se concentra en las pruebas que el mundo desconocido plantea al héroe Siddhartha. La primera se basa en la prueba del amor a la rica cortesana Kamala, que se erige a su vez en la diosa madre protectora que armoniza los contrarios. Antes tuvo que cruzar el umbral de la aventura, gracias al barquero que lo llevó hasta la orilla opuesta. El sabio barquero le comenta, como si fuera un héroe que ya ha vuelto: «El río me ha enseñado que todo regresa. Y tú también regresarás, *samana*. Ahora: ¡adiós!».

Poco después, la bella Kamala se le apareció como una ninfa del bosque, al igual que las sirenas tentaron a Ulises, y ya en su corte, Siddhartha conoció la pasión, el amor y también la riqueza, que le proporcionó convertirse en un comerciante.

Desde allí fue hasta la mansión del sabio mercader Kamaswami para ofrecerle sus servicios de meditación, paciencia y ayuno. Como comerciante pudo llevarle dinero a Kamala, hasta que se dio cuenta de que esa vida rica, con placeres y casa propia tampoco le llenaba. Sus sentidos habían aprendido mucho, pero la indolencia se había apoderado de su alma. Como tanta gente adinerada, dejó de reír y sintió que era el momento de partir. Bajo un árbol de mango, se adentró en la caverna más profunda de su ser, sintiendo la muerte en su corazón y el terror en su pecho. Algo murió en él mientras recorría la historia completa de su vida.

Cargado de hastío, miseria y muerte, llegó de nuevo ante el barquero para cruzar su umbral de retorno, pero antes quiso morir bajo el árbol de la iluminación, donde la sílaba *Om* resonó en su interior con toda su intensidad. Pasó horas enteras, y tal vez días, hasta que despertó renovado. En el camino se encontró con su amigo Govinda, que seguía al servicio del Buda Sakyamuni, yendo a ninguna parte, junto a los suyos. En este punto, Siddhartha se dio cuenta de que estaba en la misma situación, porque solo estaba en el camino, con la sensación de que al final, regresaba al origen sintiendo cantar el pájaro de la felicidad en su corazón. Poco a poco, fue descubriendo que lo que había muerto bajo el gran árbol no era otra cosa que su orgulloso yo, para devolverle la confianza y alegría del niño.

Este nuevo Siddhartha es el que finalmente se presentó ante el barquero que esta vez reveló su nombre, Vasudeva. El héroe le contó su aventura al anciano, que escuchaba pacientemente. El río está a la vez en todas partes, en su nacimiento y desembocadura, al igual que el sagrado *Om* contiene todas las voces. Compartiendo esta verdad o iluminación, ambos hombres se quedaron juntos en el río hasta que Siddhartha devino en el nuevo barquero, al morir su predecesor.

El héroe que regresa se convierte en el mentor de aquellos que volverán a transitar la senda de la aventura. Hasta allí llegó Kamala para visitarle y mostrarle el hijo que habían tenido, poco antes de que la bella mujer muriera. Luego Siddhartha ardió en el deseo de proteger a su hijo del sufrimiento de la vida, hasta que comprendió que todos debemos pasar por el tránsito de la vida por nosotros mismos. Trató de cicatrizar su herida del abandono al hijo, pero el sabio Vasudeva le ayudó a vivir en la armonía de la unidad. Su herida floreció, su dolor empezó a irradiar y su yo se fue fundiendo en la Unidad.

Herman Hesse prosigue:

En ese momento Siddhartha dejó de luchar contra el destino, en ese momento dejó de sufrir. Sobre su rostro floreció la serenidad de esa sabiduría a la que no se opone ya ninguna voluntad, de esa sabiduría que conoce la perfección y que se aviene con el río del devenir, con la corriente de la vida, llena de compasión y simpatía, entregada a la corriente e integrada en la Unidad.[22]

Al final del relato, Siddhartha es ya el único barquero y Govinda pasa a verle, siguiendo su búsqueda junto a los monjes. En este punto, el héroe espiritual, que ya ha alcanzado su revelación, está solo para compartirla con los demás. Quienes andan buscando solo ven su objetivo y no hallan nada, porque encontrar significa estar abierto a lo que acontece y ser libre sin perseguir nada. Como decía otro sabio como Picasso, «Yo no busco, encuentro».

Este es el aprendizaje final de esta breve narración, que se puede leer como una parábola en torno a la vida del Buda. La cuestión es que la sabiduría no puede explicarse, sino que es cada uno quien debe llegar a ella por sus medios. La fortuna es que nuestros mentores y héroes del pasado están alumbrando el camino. Estas son las mil caras del héroe que acompañan a la humanidad en su tránsito, desde el inicio de los tiempos.

La versión cinematográfica *Siddhartha* del clásico de Herman Hesse es bastante desconocida por ser una producción

---

22. H. Hesse. *Op. cit.*, pág. 191.

independiente rodada por Conrad Rooks en 1972. Este director norteamericano estuvo vinculado a la Generación Beat, con quienes realizó *Chappaqua* (1969) sobre sus experiencias con la droga.

Lo más relevante de la película *Siddhartha* son las bellas localizaciones en la India, con lugares como Rishikesh y otros de cuya fotografía se encargó el maestro Sven Nykvist, habitual de las películas de Ingmar Bergman o Andréi Tarkovski.

El film cuenta con muchos actores no profesionales y puede verse como un cruce entre el documental y la ficción, pese a que está protagonizado por Shashi Kapoor, una estrella del cine hindi. La visión de la India a principios de los setenta con ecos en la producción y en la temática del tiempo de los *hippies* resulta bastante utópica y bellamente primitiva.

El Ganges aparece radiante a lo largo de la trama, con esos dos encuentros de Siddhartha con el sabio barquero. El tiempo con los *sadhus* o *samaras,* rodado en cuevas y de forma absolutamente espontánea, resulta igualmente fascinante. Más elaboradas son las tomas de la ciudad palacio en la que vive Kamala, con unas escenas sexuales inusuales para el cine rodado en la India, que son posibles por ser americana la producción.

La amistad con Govinda resulta bastante naif, al igual que el tono general del film, pero los diálogos mantienen muchas de las sabias palabras de la novela. Todo esto aporta interés a una película prácticamente desconocida para el gran público, pero que gustará no solo a los seguidores de Herman Hesse, sino a todos los practicantes de yoga, seguidores del budismo o quienes estén interesados en las filosofías orientales o el crecimiento personal. No se descubre nada nuevo de lo expuesto anteriormente, pero es un buen pretexto para releer a *Siddhartha* en clave audiovisual, mediante una adaptación antigua en la que se nota el paso de los años, algo que queda compensado por la majestuosidad de la India filtrada por la luz de Nykvist. El film ganó el León de Plata en el Festival de Venecia.

Desgraciadamente, son muy pocas las películas realizadas sobre la figura histórica del Buda, y solo la argentina *Un buda* de Diego Rafecas (2015) hace una versión, llevando la situación a una moderna gran ciudad, donde vive el joven protagonista que, para entrar en un camino de ascetismo, cambia su forma de vida. En animación, el japonés Kozo Morishita rodó una adaptación del exitoso manga *Buda: el gran viaje*, en 2011.

Las historias de algunos de los más grandes mitos de la humanidad, como la de Alejandro Magno, el Buda o Jesucristo, no han tenido demasiada fortuna en sus adaptaciones a la gran pantalla.

En ese momento dejó Siddhartha de luchar contra el destino, en ese momento dejó de sufrir. Sobre su rostro floreció la serenidad de esa sabiduría a la que no se opone ya ninguna voluntad, de esa sabiduría que conoce la perfección y que se aviene con el río del devenir, con la corriente de la vida, llena de compasión y simpatía, entregada a la corriente e integrada con la Unidad.

HERMAN HESSE

Primavera, verano, otoño, invierno...
y otra vez primavera

Poema visual cinematográfico rodado con diálogos minimalistas en el que el silencio transmite más que la palabra. Este es un film sobre el esplendor de la naturaleza y sus ciclos, que se rodó en una única localización.

Un pequeño templo de madera sobre un diminuto islote alcanza para contar cómo los ciclos de la naturaleza se vinculan a las etapas de la vida, que también tienen su dimensión simbólica en los diversos animales que aparecen. Por ejemplo, el orgullo de la juventud es el gallo, la sabiduría de la vejez es la tortuga y el renacimiento de una nueva vida está representado por la serpiente.

Esta película surcoreana dirigida por Kim Ki Duk está cargada de simbología y de minuciosos detalles. Se mueve entre el taoísmo chino y el budismo clásico para trazar la historia de un discípulo y su maestro.

La primavera es el inicio de la vida, la infancia en la que el alumno aprende la meditación y a recolectar plantas medicinales.

El verano es la expansión y el fervor de la adolescencia, con la llegada del primer amor, mediante una joven que viene a curarse en el pequeño monasterio. La prueba del enamoramiento y el deseo es demasiado intensa para el aprendiz, que acaba abandonando a su maestro y a su dogma para regresar a la ciudad. La acción transcurre pausadamente en la soledad del maestro, hasta que se inicia un nuevo capítulo.

El otoño trae el viento y las hojas doradas en los árboles, que caerán poco a poco. Esta es la edad adulta en la que el discípulo regresa, después de haber cometido un crimen pasional.

El arrepentimiento y la culpa le asedian como demonios a vencer, y el maestro logra evitar su suicidio encomendándole la tarea de tallar el *Sutra del corazón* sobre la madera del templo. Al igual que el yogui Milarepa, que debe obedecer una y otra vez a su maestro que le pide edificar para luego derruir una casa, aquí el discípulo tiene que entregarse a la rendición del castigo y a la devoción a su superior. Sin embargo, la policía, siguiéndole la pista llega hasta el templo y lo detiene.

El maestro vuelve a quedarse en su serena soledad, hasta que finalmente llega el invierno. La vejez y final de la vida, en la que el discípulo vuelve más sabio para entrar de lleno en la práctica budista. El viejo maestro trasciende esta vida dejando paso a su discípulo, que será quien ocupe su puesto. La muerte se desarrolla en un barco en llamas con un fuego redentor, que transmuta el cuerpo y el alma del maestro como en los viejos rituales de distintas tradiciones.

Finalmente, cuando llegue la nueva primavera, el héroe de este ciclo espiritual será el maestro o mentor de un nuevo discípulo.

Los ciclos de la vida son como las estaciones de la primavera. Si dejamos de escucharlas y vivirlas, queriendo vivir en una eterna primavera o juventud, estamos actuando contra natura. El aprendizaje de este viaje espiritual de un joven y su maestro en un templo remoto de un lago en la alta montaña es escuchar las armonías de la naturaleza y vivir en el desapego y la renuncia que postula el budismo. Cuando esto sucede, todo está bien.

La felicidad es un estado de ánimo interior que solo alcanzamos si somos capaces de detenernos, profundizar e internarnos en nuestra conciencia. En ocasiones, el paisaje tranquilo, remoto y sereno es el que templa nuestro carácter y espíritu para poder llegar a esta interiorización.

Otros temas de aprendizaje que aparecen en la película son la ley del karma (toda causa tiene su efecto) o la naturaleza como espacio de pureza ante la corrupción y la tensión propia de una ciudad que no llegamos a ver, pero que sirve para contaminar al joven discípulo cada vez que va a ella.

Es importante conectar con la vibración de la naturaleza y adentrarnos en el Tao. Asimismo, resulta beneficioso vivir en armonía con las etapas de la vida, acordes con cada una de ellas, aceptando dónde estamos y quiénes somos.

Muchos de los grandes viajes iniciáticos de espiritualidad no hacen más que devolvernos al principio, al origen de lo que fuimos, a las ideas y aprendizajes más esenciales que fuimos olvidando.

Siete años en el Tíbet

Esta película está basada en la historia real del aventurero y alpinista austríaco Heinrich Harrer, a quien la Segunda Guerra Mundial le encontró en los Himalayas, tratando de escalar el Nanga Parbat. Antes había ascendido cumbres míticas, como la cara norte del Eigger (Alpes suizos), una hazaña que se narra en el excelente libro *La araña blanca*.

Harrer fue detenido por el ejército británico por ser miembro de las SS nazis. Estuvo confinado en un campo de prisioneros en Dehradun (India del norte), hasta que logró escapar después de tres intentos y más de cuatro años de encierro. Consiguió huir con su compañero Peter Aufschnaiter, y juntos realizaron un viaje imposible e inhumano, cruzando los Himalayas por su propio pie, para adentrarse en el reino prohibido del Tíbet.

Durante casi dos años de travesía, recorrieron más de dos mil kilómetros en los que aprendieron tibetano en aldeas remotas. Los dos aventureros se sostuvieron mutuamente a lo largo de múltiples pruebas que los pusieron al borde de la muerte. Su huida al Tíbet fue un viaje iniciático, que forjó su carácter para siempre y el tiempo que vivieron allí supuso un aprendizaje espiritual que tampoco olvidarían.

Heinrich había dejado a su esposa y a un hijo recién nacido, pero cuando acabó la guerra y supo que su hijo le rechazaba porque ya tenía un nuevo padrastro, decidió quedarse junto al joven Dalai Lama. Su amigo Peter se casó con una tibetana, con quien vivía en plena felicidad. Al poco tiempo de llegar a la Lhasa, Harrer no solo conoció al joven Dalai Lama, sino que se convirtió en su mentor y principal contacto con el mundo exterior.

Aquellos siete años en el Tíbet fueron una experiencia reveladora y profundamente espiritual que les permitió integrar las enseñanzas del budismo tibetano de primera mano. En aquel tiempo, el Tíbet se conservaba intacto y puro con todo el saber almacenado durante años, ajeno a la amenaza china, que no tardaría en asediar su cultura y su antigua sabiduría.

Precisamente, la parte final del film de Annaud ahonda en la masacre perpetrada por los chinos en 1950, cuando el Ejército Popular de Liberación ocupó el Tíbet y venció en la batalla de Chamdo. El comunismo de Mao se obsesionó con aniquilar toda forma de religión y tradición espiritual, por lo que la cultura tibetana se vio seriamente amenazada. Como es sabido, el

Dalai Lama tuvo que emigrar a la India en 1959, donde vive exiliado desde entonces.

Después de aquel viaje, Heinrich Harrer nunca volvió a ser el mismo y, aunque a su regreso a Europa no se dedicara íntegramente a compartir lo aprendido en el Tíbet, como hizo Alexandra David Néel, su vida quedó eternamente vinculada a aquellos años.

Su forma de transmitir lo aprendido fue publicando el libro *Siete años en el Tíbet* en 1953, un año después de su regreso a Europa. La obra se tradujo a cuarenta y ocho idiomas y se convirtió en un gran éxito, que lanzó a Harrer a la fama. Desde entonces se dedicó a seguir escalando y a realizar labores humanitarias. Siempre defendió la soberanía del Tíbet, mantuvo relación con el Dalai Lama y llevó en su corazón todo lo que allí aprendió.

Jean Jacques Annaud se basó en esta historia para realizar su película en 1997, con Brad Pitt como protagonista. El film, de producción norteamericana y con una gran estrella encabezando el reparto, alcanzó un gran éxito de taquilla. Afortunadamente, en este caso hubo equilibrio entre el aspecto comercial y la calidad del film, al tiempo que la historia se ceñía bastante a la historia real. Obviamente, la película se centra en todo el periplo para escapar del campo de prisioneros, así como en el tiempo que el aventurero permanece en el Tíbet. Los últimos detalles de la vida de Harrer quedan relegados, debido a la intensidad de su viaje espiritual e iniciático. Pocas veces el cine de Hollywood ha sabido reflejar mejor las costumbres tibetanas, más allá de entrar en reivindicaciones políticas.

Annaud, que venía de rodar films como *En busca del fuego* o *El oso*, es de la escuela documental naturalista. Su mirada se centra en el detalle de las costumbres, los gestos, las ceremonias y el cuidado realismo de todo cuanto muestra, así que esta no es una *action movie*, aunque tenga un guapo protagonista. Tampoco es un film autoral de profundidad filosófica, pero es una buena oportunidad de conocer el viaje iniciático y espiritual de Heinrich Harrer. Unos meses después del estreno de esta película, Martin Scorsese presentó *Kundun* sobre la vida de Tenzin Gyatso, el decimocuarto Dalai Lama.

La aventura de Heinrich Harrer es un claro ejemplo del héroe hercúleo y casi superdotado que, al final del viaje, después de pasar por la caverna más profunda, renace como un héroe espiritual dispuesto a recibir las nuevas enseñanzas que cambiarán su naturaleza. De regreso, cuando cruza el umbral de retorno hacia Europa, ha podido integrar los dos mundos: el del aventurero occidental y el del sabio espiritual oriental. ¡Pocas vidas han tenido tanta intensidad como la suya!

Apocalypse Now

Este viaje iniciático vinculado a lo primitivo como mundo desconocido originalmente se asienta en el relato de Joseph Conrad *El corazón de las tinieblas*, que transcurre en el Congo durante el periodo colonial. La novela es una crítica a la moderna civilización en su imposición de normas y degradación del mundo primitivo. El espíritu de este escritor británico y viajero como pocos está presente a lo largo de toda la narración, y sirvió de inspiración para que un siglo después Francis Ford Coppola hiciera una gran película en pleno apogeo de films sobre la guerra de Vietnam. De hecho, *Apocalypse Now* cerró una manera de hacer cine grandilocuente, propia de los años setenta y con tintes autorales y altamente críticos con la sociedad americana, que se debatía entre el desastre de la guerra de Vietnam y los escándalos políticos como el caso Watergate.

Distintas películas de aquel periodo se encargaron de señalar las deficiencias del *american dream,* como *Taxi Driver* (Scorsese, 1975), *Midnight Cowboy* (Schlesinger, 1969), *Volver a casa* (Ashby, 1978) o *El cazador* (Cimino, 1978). En este contexto, *Apocalypse Now* fue un film desafiantemente bello en su propuesta de sumergir al espectador en un viaje por el río Mekong para llevarle al corazón de las tinieblas, donde mora Kurtz, el héroe que no ha vuelto, enloquecido por el horror, y que convive con los indígenas como un semidiós.

Marlon Brando compone un personaje lleno de matices y serena oscuridad, como un héroe que ha llegado al final del camino para descubrir el horror que anida en la naturaleza humana. Esta es la causa de toda guerra provocada por el hombre y parece un mal sin solución, que le ha llevado a la locura y a no poder regresar al mundo cotidiano. Por ello, un nuevo héroe, el capitán Willard, es encargado de pilotar una embarcación para remontar el río Mekong en busca de Kurtz.

Como en todo viaje iniciático, lo importante no es el destino, sino todo lo que acontece durante la travesía. Tras embarcar en la desembocadura del río, entre la violencia militarista de sus superiores sobre la población civil vietnamita bombardeada al son de *La cabalgata de las valquirias* de Wagner, Willard y sus hombres llegan al puente de Do Lung, que ejerce de tenebroso umbral, más allá del cual solo está Kurtz. El territorio desconocido se vuelve hostil, peligroso y plagado de trampas. Las flechas los acechan por sorpresa y poco a poco la tripulación va menguando. Entre las pruebas a superar, está la demencia que es fruto del terror, la tensión y las drogas, que evaden tanto como enloquecen. En un punto del trayecto, Willard practica taichí sobre la embarcación en una selva esmeralda que al anochecer parece una cueva muy profunda. En los márgenes del gran río aparecen calaveras y esqueletos humanos, que les dan la bienvenida a un territorio no conocido y donde lo ancestral marca sus reglas.

Poco antes de llegar a la boca del lobo, al final del viaje donde mora Kurtz, Willard y los suyos tienen un encuentro con unos franceses que parecen anclados en el tiempo, desde la primera guerra franco-vietnamita cuando se descompuso la gran Indochina colonial. El teniente tiene un encuentro sexual con una bella mujer, que cumple el rol de madre protectora e integradora de las polaridades y terrores inconscientes, antes de ir a enfrentarse con Kurtz, que ejerce de padre o enemigo arquetípico al que Willard debe matar.

Su encuentro es místico, trascendente y difícil de explicar con palabras.

La luz de Vitorio Stotaro compone una atmósfera sagrada, en la que la cabeza rapada de Brando se presenta como la de un gran monje budista. Vemos elementos característicos del viaje iniciático: el rito del agua purificadora sobre la cabeza, el encierro en la profunda oscuridad y la voz de un alma tan serena como atormentada que parece surgir de las entrañas de la tierra. El film sigue, asimismo, las premisas de *La rama dorada* de Frazer, un texto fundacional de la antropología, donde, a partir de un estudio comparativo entre mitología y religión, su autor llega a la conclusión de que todas las antiguas religiones se basaban en cultos de fertilidad en los que se sacrificaba periódicamente a un dios, que al morir revivía como deidad solar. Por eso Kurtz, el hombre occidental divinizado por los primitivos, es sacrificado como el gran carnero, seccionándole la cabeza, para que otro nuevo rey ocupe su lugar. Sin embargo, Willard no está para reemplazarle, y regresa de ese inquietante lugar con la impresión de haber comprendido los más oscuros entresijos del ser humano.

Aunque Kurtz ejerce de mentor, a lo largo de su viaje iniciático el joven Willard ha llegado a comprender la naturaleza humana y ha vivido una profunda transformación personal. Cuando vuelve al mundo cotidiano, está en la crisis de los dos mundos, con la mente enloquecida y anclada en todo lo que ha vivido a lo largo del viaje. No sabemos si logrará salir de ese estadio o se quedará prisionero para siempre, porque la guerra sigue retumbando en su cabeza mientras yace tendido en una cama de Saigón...

Apocalypse Now tiene el acierto de ser un film bélico que no es sobre la guerra, sino que trasciende la violencia y los acontecimientos históricos para esbozar un sensorial y colorista viaje iniciático que transporta al espectador a las profundidades de la naturaleza humana. En ningún caso, se trata de un viaje luminoso como el del Buda, ya que es la otra cara de la moneda: para que haya luz, es necesaria la oscuridad del corazón de las tinieblas.

El film fue bastante incomprendido en su momento, pese a ganar el Festival de Cannes en 1979 y contar con grandes nombres entre su equipo técnico y artístico. La música de Doors, Bob Dylan o los Rolling Stones acompañan las imágenes.

Con el paso del tiempo, se ha convertido en una obra de culto y de referencia como modelo de producción atrevida, difícil y de contenidos inusualmente profundos para la industria de Hollywood. Un cine entendido como una experiencia sensorial, que no depende de la estructura narrativa, sino que se basa en el viaje del héroe en su dimensión más abstracta o simbólica. Algo que, en el último ejemplo que exponemos aquí, llega a su máxima expresión.

2001

Un viaje iniciático en el espacio, volcado en el futuro y la ciencia ficción. Estamos ante un ejemplo esencial de lo que proponemos en este capítulo, además de ser un film iniciático para toda una generación, rodado por Stanley Kubrick en plena carrera espacial y al final de la Guerra Fría, en el esplendor del tiempo de los *hippies*. Fue estrenado en abril de 1968, un año antes de que el hombre pisara la Luna por primera vez.

El umbral de la tierra es trascendido por un espacio infinito en el que el hombre se adentra para conocerlo en compañía de aliados o enemigos tecnológicos como el computador central Hal, que pilota y gobierna la nave en la que va un reducido número de humanos.

La llamada a la aventura se produce a partir de un extraño

monolito que emite señales desde la Luna y que parece haber sido creado por una civilización extraterrestre más avanzada para impulsar al ser humano en su desarrollo. Así lo plantea el brillante prólogo, en el que los primates pasan de vivir de modo salvaje y animal, a usar la inteligencia o el pensamiento a partir de su contacto con el monolito. Este talismán o amuleto hace que los primates empiecen a relacionarse, a construir armas para vencer a sus oponentes, a cazar y a alcanzar el futuro que está por venir, tal como Kubrick nos explica en esa ilustre elipsis que nos lleva del hueso lanzado al aire en la Prehistoria a la nave espacial de la era moderna.

El genio de Kubrick se unió al de Arthur C. Clarke para adaptar su novela *El centinela* de 1948 y convertirla en este viaje iniciático y existencial con tintes de aventura psicodélica o lisérgica y con un desenlace que se muestra como un espectáculo visual abstracto para los sentidos.

2001 no es una película fácil de explicar, es una experiencia sensorial, abstracta e interna. Un film sobre las preguntas más inquietantes del ser humano. ¿Quiénes somos? ¿A dónde vamos? ¿De dónde venimos? No es que la película las resuelva, pero de un modo sugerido, sutil y simbólico nos da pistas de ese gran viaje que ha sido la historia de la humanidad.

Curiosamente, lo que refleja *2001* al final del viaje es el concepto cíclico y unitario de las filosofías orientales. Cuando llegamos al ocaso, al último estadio de la ascensión, superadas todas las pruebas, más allá de los agujeros negros y los caminos de la galaxia, regresamos a nuestro origen, al feto, al bebé que fuimos.

Muerte y resurrección, principio y final, todo se toca cuando llegamos a descubrir los velos de un viaje iniciático más visual que narrativo. No es fácil hablar de esta película, pero sí comprender que está enraizada en la naturaleza del mito, en la voluntad de trascender la cotidianeidad, para llevarnos a territorios desconocidos, donde descubrir los secretos ocultos que es necesario desvelar. Se trata de una obra abierta, pensante, sin moraleja, ni caminos trillados a nivel de temas o contenidos. Kubrick despliega la película como una partida de ajedrez sin un final, en la que el espectador debe pensar, reflexionar y dejarse llevar. Así son los viajes iniciáticos: confusos, extraños y misteriosos. Ajenos a los mecanismos racionales de la mente, que trata de comprender lo que no puede explicarse.

En la actualidad, el film sigue siendo un enigmático reto cinematográfico no apto para pantallas pequeñas, ni tiempos breves o dispersos.

Algo parecido a lo que nos pasa con su homóloga rusa, *Solaris*, rodada por Tarkovski en 1971, siguiendo la moda espacial que enfrentaba a las dos superpotencias del siglo xx. Es fantástico comprobar que la ambición de dos naciones llevó a producir unas películas tan autorales y existenciales. Sin parecerse en nada, son dos maravillas que permiten al lector y espectador adentrarse de forma sensorial en el viaje iniciático, donde no se piensa ni se razona.

Tan solo hay que dejarse llevar por las imágenes, los sonidos y la música hipnótica o transgresora de los valses de Strauss que Kubrick incorpora, rompiendo los cánones de la ciencia ficción tradicional.

La misión de la tripulación de *2001* es llegar a Júpiter, pero el computador Hal, con su inteligencia artificial, los traiciona a todos y queda el héroe David Bowman como único superviviente. Cuando se dispone a investigar el monolito situado cerca de una de las lunas de Júpiter, sale propulsado por un nuevo y definitivo umbral que, a la velocidad de la luz, lo lleva a un regreso en el que confluyen el mundo futuro de la nave espacial y un interiorismo con muebles de estilo Luis XVI.

Un viaje en el tiempo hacia un futuro que desemboca en el pasado, lo mismo que su rostro envejecido cambia a su apariencia infantil para señalar al monolito.

El final de su viaje iniciático consiste en volver a ser feto, dentro de una esfera o útero, que se disuelve flotando en el espacio sideral. Un final desconcertante, abierto y ambiguo, que sirve para que legiones de internautas sigan buscando la respuesta.

En nuestro caso, no nos importa si los creadores del monolito acaban capturando al héroe para otorgarle poderes y devolverlo como superhombre, ni hallar respuesta alguna. *2001* sirve como ejemplo esencial de un viaje iniciático espacial como tantos, que luego han aparecido en la cinematografía moderna.

El espacio, las estrellas y el universo son el eterno futuro de la humanidad y el territorio de múltiples viajes iniciáticos por llegar. Viajamos para saber y descubrir, guiados por la ciencia, pero al final tan solo sabemos que el viaje nos transforma.

8. Viajes de transformación

El héroe es un generador de cambio tanto interno como externo, en sí mismo y en la sociedad. Por ello, los viajes de transformación son esenciales cuando pensamos en este arquetipo fundamental. El sentido del héroe es cambiar el orden establecido, desafiando un mundo desconocido para regresar con una fuente de sabiduría, técnica o revelación que transforme la sociedad.

Los Beatles lo hicieron con su música en los años sesenta, al mismo tiempo que el genio de Bob Dylan reinventaba el concepto de bardo o poeta y desafiaba el purismo de la música folk al enchufar la guitarra (hasta entonces acústica) a la corriente eléctrica del rock. Esta misma transformación cultural o estética es la que generan genios del arte como Picasso o Van Gogh, aportando una nueva visión o una técnica diferente. El primero convirtió la pintura figurativa en la geometría cubista y el artista holandés transformó el color imitativo en una intensa y distorsionada saturación expresiva.

En una parte de este capítulo hablaremos de héroes cuya trayectoria musical cambió el curso de la cultura de mitad del siglo XX y también de dos ejemplos audiovisuales, en los que la transformación se expresa de forma individual e interna, como una forma de supervivencia. La superación de un cáncer en el caso de la serie *Breaking Bad* y el tedio vital en *American Beauty*.

Hay momentos en los que uno debe cambiar su vida para sobrevivir, ya sea por una enfermedad física o por tocar fondo psicológicamente.

En ocasiones, la semilla de esta transformación aparece como una obligación o una decisión impuesta. La enfermedad se presenta muchas veces como un callejón sin salida ante el que sucumbir o transformarse para abrir caminos que antes no veíamos.

En otros casos, el germen de la transformación puede ser simplemente la conexión del héroe con una llamada a la aventura que le invita a despertar y desear el cambio. Esta segunda opción se expresa perfectamente en *American Beauty* o en *Revolutionary Road*, dos films hermanados y dirigidos por Sam Mendes.

Hay periodos en la vida que invitan a la transformación, y el primero es la adolescencia. El siguiente viene con la crisis de la mediana edad, que aparece sobre los cuarenta años, cuando uno ha vivido de la forma establecida, con un matrimonio y un buen trabajo, pero siente que necesita algo más. La vida supera el primer tramo y pedimos mayor motivación para vivir el tiempo que nos queda.

El camino no es sencillo, porque hay que dejar ir, arriesgar y adentrarse en una senda desconocida de la que no sabemos cómo saldremos. La seguridad se pierde y entramos en una zona de riesgo de la que probablemente emergeremos transformados. Este salir de la zona de confort es el mismo requisito de transformación para todos los que, desde distintos ámbitos como la música, la ciencia, la medicina o el arte, experimentan para abrir nuevos caminos o descubrimientos.

No todos los viajes de transformación triunfan, como se puede ver en la ciencia, el cine y la literatura, donde se ha desarrollado el arquetipo del *mad doctor* o investigadores locos, que se ciegan en sus experimentos y ambiciones para acabar perdidos e incomprendidos. Como ocurre en la historia del doctor Frankenstein en su búsqueda de la vida artificial o del doctor Jeckyll, preso de su *alter ego* el señor Hyde.

En otros casos, los viajes de transformación no son comprendidos en su estadio final, cuando los artistas han alcanzado un estilo rupturista que la sociedad no sabe interpretar hasta muchos años después. Es el caso de las pinturas negras de Goya, que anticiparon la modernidad del expresionismo, o la revolución del color de Van Gogh, que tardó años en asimilarse. En el campo del cine, esto mismo le sucedió al padre de la gramática cinematográfica, Charles D. Griffith, que murió en el olvido, o al genio de Orson Welles, que después de su magistral *Ciudadano Kane* (1940) vivió incomprendido y rechazado por la industria de Hollywood.

En muchas ocasiones, como la sociedad no está preparada para el cambio, no quiere la transformación y trata de detenerla. Por eso, los héroes o heroínas deben verse como guías y faros que marcan el camino, desbrozando y apartando las sombras que nos impiden ver lo nuevo que está por llegar. El protagonista de un viaje de transformación requiere mucha curiosidad, determinación y valentía para arriesgarlo todo, que es el precio de buscar algo nuevo, revolucionario, transformador y moderno.

El hombre y la sociedad quieren estabilidad y confort, pero la vida es cambio. La realidad está en continuo movimiento, y el héroe es quien sabe percibirlo. Nada es para siempre, y el viaje de transformación es la esencia del progreso y la evolución. El mundo ha evolucionado gracias a todos los héroes y heroínas que han transitado el sendero. También nosotros, en nuestras vidas, debemos comprender que siempre habrá tiempo para el cambio, pues no hay que olvidar que el espíritu del héroe es inquieto y aventurero.

Los Beatles, transformadores del pop

John, Paul, George y Ringo fueron unos jóvenes que cambiaron el mundo. Como hijos de la sociedad opulenta, vivieron tiempos de expansión, aunque las cosas en su Liverpool natal no eran fáciles. Nacieron durante la Segunda Guerra Mundial, en el seno de familias procedentes de la *working class* británica. En el caso de Lennon, el hogar fue algo extraño, pues su padre mercante apenas aparecía y su madre Julia acabó con otro hombre, circunstancia por la cual se educó con su tía Mimi. Él fue quien fundó la primera banda llamada The Quarry Men, con tres amigos del barrio de Mendips, donde vivía. Seguían la moda musical *mersey beat*, que integraba las diversas influencias, que podía recibir una ciudad portuaria como Liverpool, a partir de la sincronización rítmica del bajo, batería y guitarra.

Cuando en 1955 estalló la locura del *rock'n roll* americano, los rebeldes adolescentes escuchaban canciones de Elvis Presley o Fats Domino, mientras la madre de Lennon le enseñaba a tocar el banjo. Ella fue quien le compró su primera guitarra y poco después, en 1957, Lennon conoció a Paul McCartney, que se unió a su grupo.

En esa época, vestían a lo *teddy boy*, inpirándose en los dandis de la época eduardiana y siguiendo la moda de Savile Row. Chaquetas oscuras con cuello de terciopelo, pantalones de cintura alta, calcetines vistos y zapatos de suela ancha, como establecía la película *Semilla de maldad* (*Blackboard Jungle*, R. Brooks), de 1956. En algunas de las proyecciones al sur de Londres, las salas de cine acabaron arrasadas por los disturbios protagonizados por los *teddy boys*, que arrancaban las butacas y bailaban en los pasillos. Era el inicio de lo que serían los Angry Young Men británicos y la esencia de la rebeldía de Lennon y alguno de los miembros de los Beatles.

Tampoco Paul McCartney tuvo un referente en la figura del padre, siendo su madre quien llevaba la casa y sostenía a la familia económicamente. Sin embargo, su carácter siempre fue más afable y conciliador, en un contraste armónico con la personalidad de Lennon. Se conocieron, cuando ambos tenían apenas quince años, y un año después, George Harrison se unió a la banda como guitarrista principal. De ascendencia irlandesa y amigo de Paul desde los doce años, era el único sin la infancia marcada por el divorcio o la muerte de algún padre, pero abandonó la escuela en 1959, cuando ya formaba parte de la banda. Como el resto del grupo, era fan del *rock'n roll* de Chuck Berry, Little Richard, Buddy Holly o Eddie Cochran, y era el más pequeño de los Beatles, pues apenas tenía catorce años, lo que al inicio provocó alguna reprobación por parte de Lennon.

Cuando varios de los miembros iniciales de los Quarry Men dejaron el grupo, entraron el bajista Stuart Sutcliffe y el batería Pete Best. Esta formación es la que cruzaría el umbral de su mundo cotidiano para adentrarse en las profundidades de la noche oscura de Hamburgo, una ciudad portuaria como Liverpool, pero más extrema en cuanto a prostitución, delincuencia y vicio. La ciudad, donde actuaron los Beatles regularmente entre el verano de 1960 y 1962 había sido reducida a escombros durante la guerra e imperaba el libre albedrío, pero a ellos los deportaron y arrestaron, entre otras causas por ser Harrison menor de edad o prender fuego a un condón en un club. El bajista Sutcliffe decidió abandonar el grupo y poco después moriría de una hemorragia cerebral.

Lennon quedó destrozado cuando, casi al mismo tiempo, murió súbitamente Julia, su madre, en un accidente de tráfico.

En esa época, los Beatles se radicalizaron y adoptaron una indumentaria mucho más dura, con chaquetas de cuero negro y gorras de marino, como la imagen de rebelde que luego popularizó Marlon Brando en películas como *Salvaje* (L. Benedek, 1953). Vivieron en condiciones miserables, durmiendo en almacenes sin calefacción, detrás de una pantalla de cine, pero eso los curtió como músicos y llegaron a realizar una primera grabación, que sirvió para que Brian Epstein, su mentor, los conociera. Él fue quien sustituyó al batería Best, por Ringo Starr, que llevaba tiempo con buenos resultados en su banda anterior. La infancia de Ringo estuvo marcada por la pleuresía, una enfermedad que lo tuvo ingresado en el hospital durante dos años.

Así pues, casi todos los integrantes de los Beatles fueron un ejemplo de superación y supervivencia en sus primeros años y de la rebeldía propia de la adolescencia, en el contexto de unos tiempos difíciles y revueltos. La música supuso su llamada a la aventura, y el primer umbral fue Hamburgo. Al regresar a su Liverpool natal, empezaron a desatar la beatlemanía con sus primeros conciertos en The Cavern, un pequeño local donde se cimentó su fama.

Epstein, un dandi inglés contemporáneo, supo modelar al grupo con mano diestra para llevarlos a la fama. Su primera transformación fue abandonar el aspecto rebelde agresivo y vestir con elegantes trajes chaqueta y la característica melena yeyé. Calzados con botines negros y provistos de bellas sonrisas, los cuatro de Liverpool estaban listos para arrebatar los corazones de todas las jovencitas de su tiempo, y también el de sus madres. A partir de temas inocentes y pegadizos como «Love Me Do» o «I want to hold your hand» se hicieron con los primeros puestos de las listas y pronto su fama cruzó el Atlántico.

El primer viaje a Estados Unidos fue el 7 de febrero de 1964, que puede considerarse su segunda llamada a la aventura, el camino de la fama que pasaba por el umbral de cruzar el Atlántico y presentarse en el show de Ed Sullivan, ante una audiencia de setenta y tres millones de telespectadores.

Participaron en el programa en cuatro ocasiones entre 1964 y 1965. La popularidad los devoró hasta el punto de que sus conciertos multitudinarios se convirtieron en una infernal olla a presión en la que la música quedó enterrada por los gritos de las fans. La prueba a la que les sometía ese mundo desconocido era la de la ambición.

Eran ricos y famosos y habían alcanzado el éxito de forma meteórica, pero estaban perdiendo su esencia como músicos. En ese punto, trazaron un viaje de transformación de forma involutiva. No desde la expansión y el crecimiento, sino regresando a la intimidad de la persona que era cada uno de los componentes de la banda. La tensión definitiva entre la banda y el entorno *mass media* de esos años pop estalló cuando en una rueda de prensa los periodistas sacaron de contexto una frase de John Lennon, en la que decía que ellos eran más importantes que Jesucristo. Aquello bastó para que los sectores más tradicionales de la sociedad americana montaran piras funerarias con discos de los Beatles.

Los músicos se dieron cuenta de que la fama se les iba de las manos y que las giras multitudinarias no tenían sentido, porque no era lo que querían. La fama y el dinero no eran suficientes, ya que básicamente su llamada, su don y su aliento vital residían en la música, el talento y la creatividad. Esta convicción y clarividencia fue lo que los llevó a tomar la decisión que verdaderamente marcaría la apoteosis después de vivir la caverna más profunda.

En agosto de 1966, después de un concierto en San Francisco, los Beatles anunciaron que no volverían a actuar en directo porque habían decidido encerrarse a componer en el estudio o en sus grandes mansiones de la campiña británica. Cuando alcanzaron el tesoro más preciado de la fama y la riqueza, los cuatro de Liverpool tuvieron la revelación de que lo importante era seguir desarrollando su carrera como músicos y utilizar su rol de personajes mediáticos para concienciar a los jóvenes en los temas verdaderamente importantes de su tiempo. Allí, nació el perfil pacifista de John Lennon, el orientalista de George Harrison o el infantilista de Ringo, mientras Paul McCartney conciliaba los egos y las posturas diferenciadas como un héroe integrador.

Los Beatles se «sumergieron» para componer sus discos más personales en estudios como el mítico Abbey Road y así surgieron álbumes como *Revolver* o el magistral *Sargent Pepper,* que cambió la historia de la música. Concebido como una pieza integral, sin que los temas pudieran extraerse fácilmente en formato *single*, los Beatles crearon un todo orgánico y sinfónico, con técnicas revolucionarias de grabación multipistas que permitieron la incorporación de la Filarmónica de Londres en temas tan deslumbrantes como «A day in the life». Las letras seguían siendo majestuosamente creativas, al tiempo que adoptaban connotaciones surrealistas propias de los estados lisérgicos con los que experimentaban. En paralelo, su aspecto y su indumentaria se transformaron en la iconografía *hippie* típica, con pantalones de campana, camisas floreadas y largas barbas y melenas. Eran los tiempos de «Haight Ashbury», «California Dreaming» y la contracultura floreciente a uno y otro lado del Atlántico, desde California hasta Londres y Ámsterdam.

A day in the life
I read the news today, oh, boy
4.000 holes in Blackburn, Lancashire,
and though the holes were rather small,
they had to count them all.
Now they know how many holes it takes to fill the Albert Hall.
I'd love to turn you on.[23]

23. «Un día en la vida, oh, chico, hoy he leído las noticias, cuatro mil agujeros en Blackburn, Lancashire, y a pesar de que los agujeros eran bastante pequeños, los han tenido que contar, ahora ya saben cuántos agujeros se necesitan para llenar el Albert Hall. Me gustaría encenderte y elevarte.

El fragmento final de la canción que acaba con un *crescendo* bestial de la Filarmónica al completo y esa frase que dice querer «encenderte, elevarte» en referencia al lema «*turn on, tune in and drop out*» («conecta, sintoniza y déjate ir») de Timothy Leary, el gurú del movimiento psicodélico americano.

Desde su posición, los Beatles se convirtieron en integradores y transmisores de cuanto estaba aconteciendo en la contracultura juvenil de los años sesenta, popularizando algo que había sucedido a pequeña escala con sus hermanos mayores los *beatniks*. Como cantaban The Doors, querían el mundo y lo querían ya. Ese fue el viaje de transformación y rebelión, que toda una generación estuvo a punto de cumplir gracias a los nuevos héroes musicales como Bob Dylan, The Doors, Janis Joplin, los Stones o los propios Beatles.

Poco después de la publicación de *Sargent Pepper*, murió Brian Epstein durante el fin de semana en que conocieron a Maharishi Mahesh en Londres. Fue una señal más de que el camino estaba hecho, el guía o mentor desaparecía después de alumbrar el camino. Desde ese momento, los cuatro de Liverpool comprendieron que estaban en la senda de desarrollar su máxima creatividad desde el interior de su esencia personal.

En febrero de 1968 viajaron a la India para vivir un retiro de meditación en el *ashram* de Maharishi en Rishikesh. La meditación trascendental les apartó del mundo, con una técnica que les ayudó a componer los temas de su disco más personal y enigmático: *The White Album*. Asimismo, los mejores temas de álbumes posteriores como *Abbey Road* salieron de aquel retiro.

Los Beatles habían dejado de ser un grupo de música talentoso y exitoso y se habían convertido en un modelo de transformación. Esa fue la tercera parte de su viaje: integraron lo aprendido y lo transmitieron a una generación que creyó en un sueño que, como el de los Beatles, acabó a inicios de los años setenta. Sin embargo, su sendero está trazado y todas las generaciones venideras podrán tomar su legado.

El viaje de transformación de los Beatles los había llevado desde la expansión más mediática y popular hacia la interiorización, primero desde el estudio y, finalmente, al fondo de sí mismos. Un itinerario similar al del Buda, desde la realidad exterior o *maya* a la esencia de la persona. Fue un viaje de transformación completo, con elementos iniciáticos, espirituales y transgresores de doble naturaleza, en el que cambiando ellos transformaron la sociedad y la música.

Pocos itinerarios del siglo xx han sido tan fascinantes y trascendentes, ya que los Beatles, como Ulises y Aquiles, fueron irrepetibles.

Yellow Submarine

En esta película de animación, dirigida por George Dunning, los cuatro de Liverpool reinterpretan el viaje de *Alicia al país de las maravillas*. Aquí, el lugar es Pepperland y el problema es que las fábricas y la contaminación han transformado este paraíso natural en un páramo. El territorio está ocupado por los Blue Meanies, que son la analogía de la policía y las fuerzas del orden, de modo que la aventura de los cuatro Beatles consiste en viajar en su submarino amarillo a este lugar para transformar la tierra muerta en un lugar donde las flores y las ilusiones vuelvan a florecer.

Es un argumento muy naif e infantil contado como un cuento tradicional con las formas de Walt Disney, incorporando la desbordante imaginación característica de la psicodelia de aquellos años. Como viaje no tiene muchos obstáculos, ni pruebas a superar, pero es muy interesante ver las referencias al enfrentamiento vivido en la sociedad occidental entre quienes se habían curtido durante las guerras y sus hijos. Unos, tradicionalistas y conservadores, y los otros, ilusionados y transformadores. La generación que quiso cambiar el mundo y creyó en el submarino amarillo de los Beatles.

La magia de los cuentos queda plasmada en este bonito cómic animado que es *Yellow Submarine* como constatación estética de la transformación del pop, que se asocia con las artes y las formas de expresión sencillas y populares, en detrimento de la intelectualidad de tiempos pasados, inmersos en existencialismos y en un expresionismo abstracto. *Yellow Submarine* es una bocanada de aire fresco, ilusión colorista de niños, divirtiéndose en una aventura de héroe, similar a la de *El mago de Oz*. El País de las Maravillas, Oz, Pepperland, el Liliput de *Los viajes de Gulliver*, son un mismo territorio que viene a hablarnos de las carencias de nuestro mundo real.

En la película, los Beatles se representan, según su imagen icónica, como la Sargent Pepper Lonely Hearts Club Band, lo que les permite tener encuentros a lo largo de su viaje con personajes de sus canciones, como el solitario Nowhereman o la psicodélica Lucy in the Sky with Diamonds. Asimismo, se introducen iconos culturales del siglo xx, como el Capitán América, King Kong, Frankenstein o Marilyn Monroe.

La trama argumental de *Yellow Submarine*, hilvanada por

Lee Minoff, a partir de la letra de la canción homónina compuesta por Lennon y McCartney, es muy simple. Pepperland un paraíso multicolor situado en las profundidades del mar verde es atacado por los Blue Meanies, que lo transforman en tierra baldía. Un lugar sin vida ni color en el que sus habitantes permanecen en un continuo letargo.

Fred, el capitán del submarino amarillo parte para ayudar, pues solo la música podrá acabar con los Blue Meanies. Al llegar a Liverpool, los Beatles sienten la llamada a la aventura y embarcan en el submarino amarillo para vivir un azaroso viaje hasta Pepperland. Allí se enfrentan a los Blue Meanies, a quienes logran derrotar. Finalmente, el asustadizo y solitario Nowhereman negocia la paz y logra que los Blue Meanies acepten convivir en Pepperland en armonía y felicidad. Como sucede con Camelot en el momento en el que Parsifal encuentra el Grial o en el regreso de Perséfone del Hades, al concluir la aventura o viaje de transformación, la tierra vuelve a reverdecer en una explosión de renacimiento primaveral o de una nueva época.

Ese es el mundo que los Beatles soñaron en la mejor de sus utopías, y con ellos, probablemente, toda una generación, pero la ilusión *hippie* y contracultural de crear un mundo mejor quedó enterrada al final de la década. Nuestro mundo cambió en un Pepperland neutro, más gris que multicolor.

El film acaba con los cuatro Beatles en su imagen real cantando la canción «All together now» con subtítulos en múltiples idiomas, que indican la voluntad de integrar a todas las culturas en un mismo mundo. Esa es la bonita transformación que proponían los Beatles. Ciertamente, hoy el mundo es global, pero al margen de las redes sociales y digitales que nos unen, vivimos en las diferencias o contrastes. El Pepperland que ellos visualizaron sigue siendo un paraíso imaginario al que tal vez, un día con mucha esperanza, lleguemos.

En cualquier caso, esta película es una invitación a ver la realidad transformada desde los ojos caleidoscópicos de Lucy in the Sky with Diamonds y darse un baño de ilusión infantil y transformadora.

En la parte final de este libro, hablaremos brevemente del ácido lisérgico, el peyote y otras sustancias que abren las puertas de la percepción y nos llevan a posibles experiencias de transformación, aunque, pese a la simpatía con el espíritu de los sesenta, no somos partidarios de tomar esta vía rápida y a veces peligrosa para alcanzar la transformación.

Como decía Raimon Panikkar, la droga no es el camino; sin embargo, puede servir en ocasiones y casos concretos como desatascador que nos libere de las ataduras de la mente racional. Hay películas como esta o la iniciática *2001* de Kubrick que suponen una invitación a abrir las puertas de la percepción más allá de lo cognitivo.

En cualquier caso, el film de los Beatles es un canto a la solidaridad, la ecología, la imaginación y la música, unos valores que podrían transformar nuestra sociedad en un mundo mejor.

Algunas de sus canciones emblemáticas que se han citado repetidamente son una clara invitación a volar a un cielo de diamantes, llegar al puente junto a la fuente o tomar taxis de papel que esperan para llevarnos. Imágenes del umbral que incitan a la llamada a la aventura, para partir hacia un viaje de transformación.

Lucy in the sky with diamonds.
Follow her down to a bridge by a fountain
where rocking horse people eat marshmallow pies.
Everyone smiles as you drift past the flowers
that grow so incredibly high.
Newspaper taxis appear on the shore,
waiting to take you away.
Climb in the back with your head in the clouds
and you're gone.[24]

«Sargent Pepper's», THE BEATLES

Breaking Bad

Serie de culto y gran éxito de audiencia que rompió moldes en la historia de la televisión por sus contenidos extremos vinculados al tráfico de drogas. Fue producida por la Sony Pictures Television y emitida por la AMC en horarios de máxima audiencia, entre enero de 2008 y septiembre de 2013.

El protagonista y héroe de la historia es Walter White, un profesor de química con cáncer terminal que, sorprendentemente, para poder costear los altos costes del tratamiento oncológico decide fabricar metanfetamina con la ayuda de un antiguo alumno suyo llamado Jesse.

---

24. «Lucy en el cielo con diamantes, síguela hacia el puente junto a la fuente donde la gente come pastelitos montados sobre caballitos de feria. Todo el mundo sonríe mientras tú te dejas llevar, pasadas las flores que crecen increíblemente altas. Taxis de papel aguardan en la orilla, esperando para llevarte lejos. Móntate atrás con tu cabeza en las nubes y te has ido.»

A partir de este punto de partida tan original y rupturista, la serie narra un viaje de transformación para poder sobrevivir. Walter tiene que reinventarse y transformar la amenaza y obstáculo que supone un cáncer en una oportunidad para volver a vivir. Su umbral está entre la vida y la muerte, entre el conformismo de no hacer nada y dejarse llevar por la enfermedad o plantarle cara con optimismo y valentía. Esta segunda opción es la que va a llevarle al triunfo o a la apoteosis de erradicar la enfermedad, casi de forma definitiva y, como a todo buen héroe, la peripecia para alcanzarlo, el camino recorrido, cambia su persona y esencia interior. De ser una persona tradicional conservadora y reservada, Walter va emerger como alguien original, extravagante y expansivo, reforzando sus lazos familiares y sus amistades. Paralelamente, descubre en él un lado oscuro en el límite con lo criminal que le revela una naturaleza predispuesta al vicio, la ambición y el riesgo. Esto va a ser algo con lo va a tener que convivir, como un reverso tenebroso o demoníaco a un viaje transformador, que los creadores de la serie saben llevar al terreno de la tragicomedia.

Walter White con tubo de ensayo
(V. Borodinova, Pixabay).

Toda la serie comprende cinco temporadas, aunque las más significativas para entender el viaje de transformación de Walter son las dos primeras, en las que se conoce que el protagonista llega a superar el peligro mortal en el que estaba al comienzo.

Las pruebas más duras por las que debe pasar en el mundo desconocido del narcotráfico son el engaño y la doble vida que tiene que llevar para ocultar toda su actividad a su familia. Walter ha de lidiar con un cuñado que forma parte de la Drug Enforcement Administration (DEA) y lo persigue, con el recelo de su mujer que sospecha cosas de él, con la relación con el hampa y con una tipología de personajes que no domina, así como con su colaborador Jesse, que no deja de ser un eterno adolescente irresponsable, víctima de la adicción y el cuelgue propio de las drogas.

El viaje de Walter White empieza cuando le diagnostican un cáncer de pulmón inoperable en un momento en que pasa por una importante crisis económica. Para salir adelante, sigue la propuesta y llamada a la aventura de su antiguo alumno Jesse Pinkman, que le propone fabricar metanfetamina y venderla a un muy buen precio. Walter difícilmente puede negarse ya que, además de tener que pagar el tratamiento de su cáncer, tiene un hijo incapacitado y está esperando un hijo para dentro de unos meses.

El mundo de la droga y sus personajes es para él completamente desconocido, y debe vivir la aventura de transformación tratando de salvar su vida y la de su propia familia.

La mayor amenaza es su estabilidad emocional y mental, dado que el descenso a los infiernos de la droga y la corrupción va a poner a prueba su personalidad, más inestable y malsana

de lo que había creído. El lado oscuro tienta, pierde y humani-
za a este héroe de aspecto cotidiano y nada bello, cuyo mayor
atractivo es su excéntrica determinación.

En la primera parte de su viaje, tiene problemas con distintos vendedores y distribuidores locales, y debe adoptar la
personalidad de Heisenberg para no ser reconocido por los suyos. Más adelante, llegan detenciones e incluso asesinatos de
personas implicadas en su negocio con las drogas por las luchas
entre los clanes y sus tensiones. En paralelo, Jesse y su novia
Jane caen en la adicción a la heroína y Walter se queda solo
produciendo la mercancía que necesita vender.

Jane acabará muriendo sin que Walter haga nada por evitarlo
y, poco después, su mujer Skyler descubre su engaño y a qué
actividad se está dedicando, y le pide el divorcio inmediato, en
lo que puede considerarse el descenso de Walter a la caverna
más profunda.

A medida que avanza la producción de droga y el negocio, la
presión es más fuerte, los capos más peligrosos y los crímenes
más habituales. El acoso de la policía y su cerco se potencian,
especialmente sobre Jesse Pinkman.

Al final de la serie, Walter ha superado su cáncer y salvado
su relación familiar, pero se ha convertido en un asesino man-
chado de sangre y en el responsable de introducir droga en muchos lugares. Se retira con una importante suma de dinero y la
vida completamente cambiada, pero no se le puede considerar
un héroe en el sentido puro del término.

Su lado oscuro es evidente, y hasta cierto punto malsano,
pero Vince Gilligan, el creador de la serie, acierta en aportar un
tono marcadamente satírico, que hace que empaticemos con el

personaje. Su aventura de superación es igualmente incuestionable. En la historia de la televisión la serie constituye un hito por sus cuotas de audiencia y atrevimiento.

Creativamente, es una serie que trasciende lo cotidiano y establecido, aunque su argumento es un curioso ejemplo de un viaje de transformación por la supervivencia de una persona y su familia. La moral queda al margen y, por algún extraño motivo, todos sentimos cariño por un villano que lucha por salvar su vida.

American Beauty

Una brillante película que obtuvo diversos óscars, entre ellos al mejor guion, escrito por Alan Ball y dirigido por Sam Mendes, sobre la descomposición del sueño americano. Empezando por su título, *American Beauty*, que hace referencia a un tipo de rosa perfecta en su belleza superficial pero carente de esencia u olor que se fabrica en Estados Unidos, la película quiere incidir en lo superfluo de una vida que se sostiene desde lo material.

El film se centra en dos ejes narrativos protagonizados por Lester, un padre de familia en la crisis de los cuarenta, y Jane, su hija en plena pubertad, tratando de cumplir su rito de paso de niña a mujer. Entre ellos está Carolyn, la *superwoman* y madre de familia, que encarna el arquetipo de la *yuppie* ambiciosa, adicta al trabajo y fascinada por quienes tienen un volumen de ventas excepcional. Su mundo es la cara opuesta al del de Lester y representa la visión extremada y crítica del sueño americano.

Su marido es quien va a despertar de esta falsa felicidad para tratar de volver a conectar con su esencia personal, en un viaje de transformación que puede entenderse como un retorno a sus años de juventud, dado que el punto de partida para su llamada de la aventura es la fascinación y enamoramiento por Angela, una de las amigas de su hija adolescente, que encarna el ideal de rubia californiana *cheerleader*.

El otro personaje principal de la historia es Ricky Fizz, un joven adolescente *outsider* marginal de extraño aspecto y pocos dones sociales. Al llegar al instituto, queda bastante marginado, aunque Jane pronto se fija en él, ya que Ricky va a ejercer de mentor, tanto para la historia de Lester como para la de su hija. El chico ha vivido su caverna más profunda al ser hijo de un militar que reprime su homosexualidad mostrándose cruelmente homófobo.

Después de que Lester sienta la llamada a la aventura con la sangre hirviéndole de deseo sexual por la bella adolescente, acude a una fiesta de empresarios de la inmobiliaria, donde trabaja Carolyn y conoce a Ricky en una trastienda, que ejerce de umbral. El porro de marihuana que consumen juntos es una suerte de amuleto o sustancia que ayuda a liberar la mente atenazada de Lester para escuchar los consejos del mentor, que le pone en el camino. Al poco tiempo deja su trabajo de camarero cuando un superior trata de controlarlo y le dice a su mujer que ya está harto de tener una vida aburrida.

Aquí empieza el nuevo Lester que sale a hacer *footing* y hace pesas para ponerse en forma, que consume marihuana y que busca alcanzar un tipo de vida más sencilla, pero conectada con su propia felicidad. En este camino, es importante mejorar la relación con su hija Jane, que vive incomprendida por unos padres que discuten en las cenas o mantienen hipócritas silencios. Mientras Lester vira hacia la no ambición de trabajar en un *drive in* burguer, sin demasiadas pretensiones para poder disfrutar de más tiempo libre para sí, Carolyn le es infiel con Buddy, el rey de los pisos, un tiburón y excepcional vendedor. Paralelamente, Jane va alejándose de su amiga Angela y de todas las que le imponen la belleza superficial, como un patrón a alcanzar para ser feliz. De la mano de Rick, irá comprendiendo que hay cosas que te pueden llenar la vida. Su maduración o escena de apoteosis es un mágico momento en el que el joven le muestra sus grabaciones del día en que descubrió que la belleza está oculta en las pequeñas cosas de la vida a las que no prestamos atención.

El vuelo de una bolsa mecida por el viento puede ser un instante hermoso y feliz para una persona que lo contemple. No es necesario ser millonario, ni tener grandes ambiciones, sino saber ver la belleza en los detalles, en las relaciones que tenemos, en todo aquello que damos por sentado y a lo que no le damos valor. Esta es la tesis y la clave final de esta película, en la que una adolescente cumple su viaje de transformación, guiada por su mentor y futuro novio, con quien se escapará para vivir una vida en plenitud y libertad. Por el camino, dejarán la frustración del padre militar homosexual, que decidirá quitarse la vida de un tiro; la derrota de Carolyn, que probablemente acaba viéndose en ridículo en la máscara de su personaje impostado, y del pobre Lester, que también cumple su viaje de transformación, aunque acaba perdiendo la vida. Siguiendo ese componente trágico de muchos desenlaces de los héroes, Lester muere de un tiro en la cocina, causado por la ira e impotencia del militar en el momento en el que mediante la voz en *off* estaba expresando que nunca en la vida había estado mejor.

La plenitud es algo interior que en ocasiones no tiene mejor manifestación que esa sonrisa que nos muestra y el brillo en los ojos. Ante este final, habrá espectadores que podrán considerar que se trata de un viaje no cumplido o fracasado, pero al igual que sucede en *Thelma y Louise* o en tantos viajes de rebelión o transformadores, los héroes acaban muriendo cuando alcanzan la felicidad. En la vida real, lo hemos visto en el caso de James Dean o Marilyn Monroe, que murieron jóvenes, pero también hay héroes que mueren cuando ya entran en la decadencia, como Elvis Presley o Jim Morrison.

Pese a su trágico final, *American Beauty* es un film cómico y luminoso, con escenas brillantes que ilustran perfectamente el camino de un cambio de carácter y conciencia. La vida depende de cómo uno se toma las cosas y del estado en el que está. Si tu mujer viene a pedirte una hamburguesa donde trabajas y la pillas por sorpresa con su amante, puedes sentirte el hombre más violento y desgraciado o, como Lester, despacharlos con una sonrisa. Esa es una de las múltiples escenas de esta película, que plantea dos bellos viajes de transformación en el seno de una familia convencional, que podría ser la de cualquiera de nosotros. En este caso, es un viaje sin salir del territorio físico: el umbral y su mundo desconocido tienen que ver con un cambio de vida, actitud y forma de comportamiento.

También en *Revolutionary Road* se propone un viaje similar, incidiendo en la crisis del matrimonio convencional y a partir de una heroína femenina que quiere trascender el umbral de su anodina cotidianeidad, frente a un marido acomodaticio, que no se atreve a cambiar nada y dilapida su vida en una trágica conformidad. La película es la cara B de *American Beauty,* aunque tamizada con un halo mucho más pesimista y existencial, que procede de su fuente literaria original.

La gran lección de *American Beauty* es que lo material no hace la felicidad y que para conectar con la esencia personal iniciando un viaje de transformación es preciso renunciar a muchas cosas. Dejar ir y soltar es uno de los grandes retos en la transformación personal; solo dando espacio pueden venir nuevos horizontes.

Para Lester, su viaje era cambiar o morir en vida. Curiosamente, acaba muriendo cuando se siente en la plenitud, después de conectar con lo más radiante de su personalidad. Su hija Jane es quien, después de transitar el sendero de transformación, puede avanzar por el río de la vida.

Parte III

INTEGRACIÓN

9. Wakenpath.
Cómo integrar el viaje
del héroe en tu vida

En esta parte, trataremos de mostrar cómo integrar y llevar a la práctica lo visto en los capítulos anteriores. La mitología clásica o contemporánea, narrativa o audiovisual, sirve como inspiración para el viaje vital en el que está cada uno. A partir de aquí, invito al lector a sentir qué senda del héroe le resuena más y con qué arquetipos o tipo de héroe se identifica…

Para integrar el viaje del héroe en nuestras vidas, es preciso despertar la llamada a la aventura. Si no la hemos tenido o si apareció en algún momento de la vida y le cerramos la puerta, ha llegado la hora de escucharla. Los que estén bien en su aquí y ahora, con su rutina presente, pueden tomar estas páginas como una guía práctica del viaje del héroe. Tal vez, en algún momento de su vida, sientan la necesidad de emprender la aventura.

En este bloque final vamos a combinar herramientas de distintas disciplinas, como las filosofías orientales, la narrativa universal, la psicología humanística, el yoga y el *coaching* generativo, para integrar el viaje del héroe en la cotidianeidad.

Wakenpath es el nombre de la fusión que aplico en mis seminarios intensivos, programas y conferencias motivacionales. Todo lo que a continuación se expone es un breve resumen de un programa que oscila entre cuatro y ocho semanas, aunque el lector puede marcar los tiempos que más le convengan. Se recomienda mantener un mínimo semanal para poder integrar el viaje del héroe en el día a día y obtener resultados.

Una de las primeras condiciones para ponerse en marcha y comenzar el camino es potenciar la determinación, la voluntad de cuidarse y de darse un tiempo de calidad. A partir de aquí, el empoderamiento representa el primer paso hacia el cambio.

Esta es una de las condiciones básicas del viaje del héroe: transformar, mutar, cambiar de piel y llegar a una nueva visión, escenario, proyecto o plan vital.

Asimismo, es importante enfatizar la empatía y la capacidad de percibir y escuchar a los demás, sin olvidar la propia escucha. Al empatizar, podremos percibir el campo que nos rodea desde una posición de observador, que puede tomar o no distancia, pero que, por lo menos, es capaz de conectar y de darse cuenta de lo que sucede a su alrededor.

Determinación y escucha son los primeros pasos y los que propician que se despierten la curiosidad y las ganas de aprender. La imaginación y la creatividad son igualmente decisivas, y todo lo que las estimule debe ser acogido.

Una vez llegados a este punto, el primer arquetipo del héroe o heroína que suele aparecer es el guerrero, personificado en el luchador que no se conforma con lo que le rodea o ve en su interior, por eso es el protagonista de todos los viajes vinculados con la rebelión, la liberación o la lucha por las causas justas. Su presencia es necesaria de forma puntual en todos los viajes de transformación en su primer estadio. El arquetipo del guerrero nos resulta muy útil cuando sentimos la llamada a la aventura como estímulo para arrancar y decir basta, conectando con nuestra determinación. Más adelante, mutará hacia el artista, como un gran curioso que experimenta para crear, o será el héroe sabio y espiritual. En algunos casos, estas variantes del héroe pueden ser las que suplanten al guerrero para iniciar el camino del despertar, pero todos ellos han de contagiarse de su fuerza para salir adelante. Llevamos con nosotros muchas de las caras del héroe, lo importante es contemplar qué personaje va despertando con más fuerza en nuestro interior, observando lo que nace en el aquí y el ahora. Desde el presente, avanzamos hacia un futuro inmediato, en el que hallaremos recursos y aprendizajes para poder enfrentarnos a las sombras del pasado, pues no es posible anclarnos en lo que pasó o en lo que está por llegar.

El camino del despertar es ahora, aunque podamos recurrir a episodios del pasado o del futuro para conectar con dones, mentores, sombras o recursos. En el presente, cohabitan en nosotros dos ciclos del héroe: el genérico de nuestra vida y el particular de esta etapa o situación determinada. Por ejemplo, yo puedo decir que en mi vida estoy cerrando un ciclo, que empezó cuando tenía treinta años y murieron los abuelos que me criaron.

En esta parte de mi viaje del héroe vital, mi llamada a la aventura se vinculó al arquetipo del héroe cuidador y sostenedor, que mantuvo a mi abuela y se encargó de todos los recursos, economía, salud y entorno, para protegerla hasta el fin de sus días. Cuando ella murió, ese ciclo no había finalizado, porque unos años más tarde se presentó la misma situación con mis padres. Hasta que recientemente enterré a mi padre, no he podido cumplir este ciclo que me ha llevado a un mundo desconocido, sometiéndome tanto a pruebas físicas como emocionales, para llegar a una serie de aprendizajes no solo vinculados al duelo, sino a cómo quiero vivir mi vida y mi vejez.

En el conjunto de mi vida, siento que este periplo de casi dos décadas ha recorrido las etapas que tienen que ver con el encuentro con la madre como diosa protectora y con el padre como enemigo arquetípico, que me han preparado para ese vacío fértil de la entrada a la caverna en soledad y una extraña paz.

En mi caso, como en tantos otros, si se cierra un ciclo, es muy probable que se abra otro o que rebrote alguno latente, que estaba dormido y regresa para tomar mayor relevancia. La vida son puertas que se abren y se cierran, proyectos enterrados que regresan, esferas sentimentales o laborales que se alteran. Todas pueden llegar a converger, creando crisis o plenitudes.

En este momento, y después de cerrar mi ciclo como profesor, llevo unos años desarrollando mi faceta de escritor y alquimista, que integra diferentes fuentes para transmitir el viaje del héroe y su propósito, mediante cursos intensivos, programas y conferencias. Un camino que empezó con una primera llamada a la aventura hace muchos años y que ahora, finalmente, escucho.

Es bueno tener en cuenta nuestro discurrir vital, observar el momento presente y atender las nuevas llamadas o aquellas que tenemos pendientes. Si uno se ve estancado o distante del lugar al que quiere llegar, no hay que sentir desánimo. El viaje es largo y hay que andarlo paso a paso. Lo importante es estar en el camino, *on the road*, sintiendo la energía del héroe o heroína que habita en nosotros.

> Todo el mundo piensa en cambiar el mundo,
> pero nadie piensa en cambiarse a sí mismo.
>
> Lev Tolstói

Teoría y práctica en cuatro etapas

Primera etapa

Espacio cotidiano

La cotidianeidad presenta diversas variantes dentro de las modernas sociedades industrializadas y, en general, todas están integradas en sistemas democráticos y parlamentarios regidos por formas del capitalismo avanzado propio del siglo xxi. Económicamente, somos la evolución de la sociedad opulenta, propuesta por J.K. Galbraith a finales de los años cincuenta.

La base es que tendemos a consumir más de lo que necesitamos, viviendo en una opulencia innecesaria, que va agotando los recursos planetarios. Como consumistas empedernidos, se nos genera la necesidad de ganar todo el dinero posible para poder comprar más y más. Bajo este modelo, pensamos que la felicidad se compra. Cuando lo tenemos todo, seguimos queriendo más y si el vecino cambia el coche o su móvil por uno de última generación, hacemos lo mismo. El ansia consumista en la sociedad opulenta no se sacia nunca. La idea de que el dinero nos hace felices desemboca en muchos casos en una sensación de falsa felicidad.

Socialmente, tendemos a agruparnos en metrópolis o centros urbanos como una gran muchedumbre solitaria, tal y como nos definió David Riesman en uno de los libros más influyentes del siglo xx, *La muchedumbre solitaria* (1950). Vivimos solos en los grandes enjambres, que son las ciudades, y somos muchos, pero nos comunicamos poco. Los valores comunitarios se desarrollan en el ámbito rural, al que muchos jóvenes están regresando.

La vida en la ciudad, tan bien descrita en films como *El apartamento* (Wilder, 1960) *Manhattan* (Allen, 1979) o *Magnolia* (Anderson, 1999), es individualista, solitaria y estresante, por eso la neurosis y las enfermedades de la mente son el mal más común.

El viaje del héroe puede contribuir a sanarlas, prendiendo la ilusión de la llamada de la aventura o estimulando la imaginación desde los mitos clásicos y contemporáneos. Todas aquellas prácticas que nos devuelven a antiguas costumbres como conversar, leer, crear y comunicarnos son muy buenos antídotos a los males de la modernidad.

Poco a poco, vamos descubriendo que tener dinero no lo es todo y que ostentar una posición o un cargo tampoco es lo más esencial. Estos eran los hábitos de la cultura *yuppie* de finales del siglo xx; ahora, el nuevo milenio está comportando cambios importantes.

El viaje del héroe viene a alertarnos del poder del reverso tenebroso y de la ambición. La aventura es, fundamentalmente, la conquista del tesoro que mora en nuestro corazón.

El mundo está incrementando la diferencia entre los muy ricos y una clase media cada vez más endeudada. Muchos países viven en la miseria y las familias y los individuos viven sometidos a una alta exigencia y presión, por lo tanto, es fundamental reconectar con nuestra felicidad interior y con la agradable sensación de bienestar.

A continuación, además de las etapas del viaje del héroe, propongo una guía de navegación para sobreponernos a todas las deficiencias que pueda presentar nuestro mundo cotidiano, pero antes veremos las diversas variantes que suele ofrecernos el mundo establecido.

La primera, más común y estable, es la vida en el *mainstream* o sistema establecido y su base es el *american way of life* de mitad del siglo xx, cuando Estados Unidos era líder mundial. Siguiendo sus normas y tradiciones, nos convertimos en hombres unidimensionales, un término acuñado por Herbert Marcuse, como crítica al sistema totalitario de la sociedad industrial avanzada.

El hombre unidimensional vive una vida programada, motivado por falsas necesidades, robotizado por el trabajo y la ambición de ganar dinero. Se mueve desde la esfera cognitiva racional, sin tener demasiado en cuenta las emociones, la espiritualidad o la imaginación, por eso es fácilmente manipulable y previsible. Estudia, consigue un trabajo, se casa, tiene hijos, se compra un chalet pareado, un coche y dedica los mejores años de su vida a la empresa, hasta que se jubila. No tiene por qué ser un mal plan, pero algunas personas necesitan algo más.

Una alternativa y segunda opción dentro de nuestra cotidianeidad es convertirse en un *outsider* o un personaje que vive al margen del sistema establecido. En este territorio, domina la rebeldía y la postura anti, ya que ir a la contra es lo que da sentido a la vida y a todas las acciones que desarrollamos. Es lo que hicieron colectivos como el *punk* o tantos otros disidentes y nihilistas. Aunque el atractivo es encomiable, bajo la fascinación de ser distinto y marginal, uno puede acabar habitando en el páramo, como decía el poeta T.S. Eliot. *La tierra baldía* o *Wasteland*, descrita en uno de sus mejores libros de poemas, ese espacio donde no crecen las flores, no hay luz y reina el no ser.

En su disidencia, los *outsiders* acaban alejándose excesivamente del mundo real para habitar paraísos artificiales, construidos por las drogas y los andamios de la evasión. Si en el *mainstream* los demonios y sombras son la previsibilidad y el aburrimiento, aquí lo son la adicción, la dependencia o la imposibilidad de volverse a integrar.

La tercera opción es otra variante escapista, que consiste en habitar un falso mundo feliz, donde el personaje emergente es un *dreamer, happyflower* o soñador. El sueño *hippie* tamizado del postureo *new age* para construir un *wonderland* o un país de las maravillas con forma de jaula de oro hedonista, igualmente desconectada de la realidad. Esta opción ha surgido de la tediosa opulencia, que se evade de lo real con una obsesión compulsiva por las terapias, la vida sana y todo lo orgánico o ecológico.

Cualquiera de las tres opciones, *mainstream, wasteland o wonderland*, en una medida equilibrada pueden ser un buen plan de vida, pero en estado *crash* o polarizado son formas de neurosis que conducen a la ausencia de bienestar.

Quienes se dan cuenta son los que sienten la llamada a la aventura o la inquietud de hacer algo con sus vidas, para cambiar y transformar ese estado de insatisfacción; no son mejores o peores que los demás, simplemente están en el camino. Para ellos, el viaje del héroe o *wakenpath* puede aportar una ruta de navegación o un mapa de la conciencia para transitar.

Bienvenidos todos los que estéis en el camino, porque me temo que somos muchos y la senda nos lleva a lo desconocido con la ilusión de encontrar nuevas vías o visiones, desde las que poder vivir más integrados o conectados con la persona que de verdad somos.

A continuación se propone la primera dinámica para comprender el mapa de nuestro espacio cotidiano.

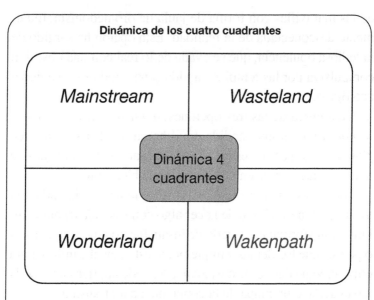

Dinámica de los cuatro cuadrantes

Mainstream	Wasteland
Wonderland	Wakenpath

Dinámica 4 cuadrantes

- Dibuja con tiza o cinta blanca una retícula sobre el suelo.
- Cierra los ojos y escucha la meditación guiada (audio del QR) para conectar con tu espacio cotidiano.
- Avanza y ubícate en el espacio que sientas que te corresponda. Si estás entre dos, pon un pie en cada uno.
- Permanece al menos 5 minutos en la posición. Observa, experimenta, siente.

- Al finalizar, puedes escribir un pequeño texto con tus conclusiones.

Tiempo total: 60 minutos.

Radiografía del ego

El siguiente paso sería vernos a nosotros mismos, contemplarnos como si entráramos en un espacio de observación distanciada, para reconocer cuál es nuestro personaje principal. Ponernos delante del espejo y decir «este soy yo». La intención es ver la personalidad que nos domina y controla, más allá de la superficie de las múltiples máscaras. No debemos ser críticos, ni destructivos. Simplemente, observar la radiografía del ego. Podemos tomar notas y escribir un diario, además de potenciar la introspección no crítica con meditación y momentos de silencio. Lo importante es llegar a conocer al personaje principal que mostramos al mundo. Fijar y radiografiar el armazón, para desde ahí iniciar un viaje de transformación y profundización mediante el viaje del héroe.

Al final del camino, si todo va bien, podremos discernir entre nuestro ser verdadero y el ego. Con este último, nos identificamos de forma consciente. En cambio, el *True Self* permanece latente, casi siempre durmiente, esperando que lo despertemos en algún momento de la vida. La llamada a la aventura procede del ser real o de nuestra naturaleza más profunda, abriendo una brecha en el ego. A nuestro personaje principal no hay que verlo como un enemigo ni algo que aniquilar. Tan solo es cuestión de identificarlo y tratar de mantener una buena relación con él. Basta con hacer una radiografía de él, aunque existe la dificultad de identificarlo entre las múltiples máscaras y personajes que interpreta o danzan a su alrededor.

Mi ego diría que tiene mucho de Superman…, de personaje que va dando consejos a todo el mundo, como salvador de las causas perdidas y sostenedor de cuantos tiene a su alrededor. A mi ego le gusta mantener la comunidad, ser el cuidador permanente, tal vez porque no le cuidaron suficiente cuando era niño. A su alrededor hay máscaras variadas como el *hooligan* que se va al fútbol y grita a los rivales, que convive con el profesor de yoga centrado y equilibrado. ¿Contradicción? Ciertamente, pero así pueden ser nuestras máscaras, completamente diferenciadas. El ego es el actor que decide ponerse más una que otra. Es bueno ir dibujando todas esas personalidades que nos rodean, para quedarse con una. En la práctica de este ejercicio de autoidentificación, podemos irnos atrás en nuestras vidas para contemplar patrones repetidos o la obsesión por un tipo de respuesta. Siempre con la intención de traerlo al presente y fijar la radiografía del ego actual.

A lo largo de la senda del viaje del héroe, podemos aprender que alguna de las máscaras y arquetipos que nos rodean han podido usurpar nuestra identidad primaria esencial. En ese caso, como dice Joseph Campbell, «hay que colgar la máscara en el armario de la que procede. Tienes que saber a qué estás jugando en cada momento. Debes poder separar el personaje consciente de tu ego y aquel que quieres mostrar a todo el mundo, tu persona».

Meditación del espejo

- Sitúate ante un espejo durante 30 minutos sin nada que pueda distraerte.
- Primero observa tus rasgos exteriores, tu imagen.
- Poco a poco ve penetrando en la profundidad de tu mirada, perdiéndote en su interior.
- Trata de observar cómo te muestras al mundo y plantéate las siguientes preguntas.
  - ¿Cuál es tu personaje principal?
  - ¿Cómo te relacionas con él?
  - ¿Cómo gobierna las riendas de tu persona?
  - ¿Ese personaje principal eres realmente tú?
- No hables, ni te distraigas con nada, hasta pasados 30 minutos.
- Si aparece un gesto o una mueca, lo repites.
- Al acabar, toma notas de lo que haya surgido en esta meditación ante el espejo.
- Escoge una frase que defina y resuma tu ego o la forma como te muestras al mundo.
- Finalmente, vuelve a ponerte ante el espejo y verbaliza la frase en voz alta, añadiendo «y así me va…» (en mi caso sería: «Voy de Superman por la vida, y así me va»).
- Date unos instantes para integrar cómo te sientes después de la práctica

Tiempo total: 45 minutos.

Refinando la mente

La mente es un diamante si lo sabemos iluminar desde el corazón. El problema es que la tenemos aislada y es como un director de orquesta que va a lo suyo. Cuando la mente gobierna sin atender a las emociones, los instintos o las corazonadas de nuestro cuerpo, es como si fuéramos con un piloto automático que nos lleva por senderos erróneos. La mente es muy sabia y maravillosa, pero hay que afinarla. ¿Cómo hacerlo?

Con una escucha activa, con la atención plena del mindfulness, con la meditación que practican todas las religiones del mundo o cantando mantras, góspel o lo que uno quiera. Cantar es muy terapéutico.

La mente busca evadirse de lo real, metiendo un pensamiento detrás del otro para no sentir demasiado y seguir avanzando. Es necesario hacer pausas y calmar las olas cerebrales para salir de la mente de mono que salta de rama en rama, sin atender a nada. Hay que bajar las revoluciones sin que ello implique poner la mente en blanco. Buscamos pasear la mente para relajarla y también enseñarle a poner la atención plena en una sola actividad como lavar platos, algo que tan encarecidamente recomienda el maestro de *vipassana* Thich Nhat Hanh. La mente es un misterio y a la vez una de las fuentes principales de enfermedades en el mundo. Refinarla es una práctica diaria necesaria para poder tenerla como aliada.

Solo si entendemos a nuestra mente, podremos resolver los distintos problemas que nos plantea la vida. Platón decía que «el cuerpo humano es el carruaje; el yo, el hombre que lo conduce; el pensamiento, las riendas, y los sentimientos, los caballos».

La mente tiene una doble naturaleza: la parte consciente, que permanece en la superficie, y una inconsciente, que yace oculta. Los *Yoga Sutras* de Patanjali lo expresan de otro modo: existe una mente estática, con impresiones latentes llamadas *samskaras*, y una mente activa, con pensamientos y percepciones, que son los denominados *pratyaya*.

Los *samskaras* son los surcos que quedan grabados en el inconsciente de la mente. Estas impresiones registradas en nuestras profundidades se acaban convirtiendo en patrones condicionantes que nos hacen actuar de una forma automática reactiva. Es bueno limpiar esos patrones con la práctica diaria de la meditación y el yoga.

Refinar la mente nos ayuda a evitar la conducta reactiva. Conocer la mente es darse cuenta. Profundizando en esta voluntad de querer limpiar, pausar y conocer la mente, vamos afinando nuestra percepción y aproximándonos a la persona que de verdad somos.

No hay que olvidar las palabras del Buda: «Somos lo que pensamos, habiéndonos convertido en lo que pensamos anteriormente». Este es el primer *sutra* del *Dhammapada*.

El pensamiento crea al pensador; por tanto, somos lo que pensamos. Igualmente, el pensamiento condiciona nuestro estado de ánimo y nuestra visión de las cosas. La mente pensante es tan poderosa que con ella creamos nuestra realidad. Shakespeare decía que no hay nada bueno o malo, es el pensamiento el que hace que algo nos parezca bueno o malo.

En esta fase, debemos poner atención a los condicionantes de nuestra mente. Esto implica tener en cuenta nuestro código de creencias, valorando cuáles nos limitan y cuáles nos ayudan, identificando las que nos son impuestas y las propias, algo sumamente difícil porque venimos programados de serie con férreos sistemas educativos y tradiciones familiares. A partir de este instante, hay que abandonar las creencias que ya no tienen que ver con nosotros.

Paralelamente, debemos adquirir la práctica de estar en el

presente, impidiendo que la memoria del pasado nos condicione. Hay que aprender a estar con lo que acontece.

Una de las grandes enseñanzas del maestro Krishnamurti y de toda la filosofía oriental reside en comprender que la vida está siempre en movimiento, pero la mente trata de mantenerse estática, inmóvil, en la seguridad de lo establecido. De este modo acabamos sosteniendo posturas tan firmes que nos hacen rígidos.

La mente debe ser flexible para poder relacionarse con la realidad cambiante. Todo está en movimiento y todo fluye como establece el Tao. Es imposible enfrentarnos a una vida cambiante con una mente rígida.

Meditación del humo que se eleva

- Esta práctica forma parte del *heartfulness*.
- Sirve para limpiar los *samskaras* o impresiones latentes de la jornada.
- Practícala antes de acostarte todos los días.
- Escucha este audio del QR.

Tiempo total: 10-20 minutos.

Dinámica de la palmada

Práctica para darse cuenta y aprender a estar en el presente.

- Cierra los ojos.
- Cada vez que venga un pensamiento que te lleva al pasado, da una palmada.
- Cuando te venga un pensamiento que te transporte al futuro, chasquea los dedos.
- Si estás en el presente, permanece en silencio y sin mover las manos.
- El ejercicio debe hacerse de forma espontánea y rápida.

Resulta ideal para descubrir las trampas de la mente que dificultan estar en el presente.

Tiempo total: 5-10 minutos.

Sabiduría somática

El cuerpo es sabio y el corazón no miente. Contactar con el cuerpo es una de las formas de conocerse a uno mismo.

Para ello, la mirada debe ser limpia y neutra, sin prejuicios. No se trata de ver si uno está bien físicamente de acuerdo con los caprichosos parámetros estéticos impuestos, sino de conectar con él de forma abierta. El cuerpo alberga información relativa a dones y virtudes, a traumas, sombras y miedos. Cantidad de detalles que permanecen almacenados, esperando que podamos rescatarlos.

Antes de iniciar cualquier aventura o viaje del héroe, es conveniente poner el cuerpo en forma, cuidando la alimentación, haciendo ejercicio y aumentando la flexibilidad, ya que en el viaje que iniciamos podemos sufrir mucho emocionalmente y tendremos que enfrontarnos a duras pruebas. Para emprender el camino es importante alinear cuerpo y mente. El alma también debería ser considerada, pero si todavía no es posible, esto es algo que trabajaremos en la tercera etapa de este viaje práctico por el viaje del héroe.

Existen diversas formas de contactar con nuestro cuerpo. La primera es sencilla. Tan solo tenemos que desnudarnos. Sin pudor, nos observamos ante un espejo y llevamos la mirada a todas aquellas zonas que normalmente no miramos. Somos mucho más que nuestro bonito rostro. Este cuerpo es el nuestro. No es preciso comparar. Poco a poco, vamos observando las piernas, las caderas, la forma de nuestro pecho, cómo tenemos los hombros, cómo apoyamos los pies en el suelo, si curvamos la espalda o la mantenemos erguida… Tenemos el cuerpo que nos ha tocado, por mucho que podamos esculpirlo y manipularlo con horas de gimnasio o cirugía. Mirando el cuerpo, uno puede decirse: «Este soy yo». No pasa nada, aceptemos nuestra fisionomía, con más o menos pelo, con barriga, pechos o mentón prominentes. Vivimos obsesionados por el culto al cuerpo según mandan las modas, y pocas veces vamos al cuerpo, para aprender de él.

A continuación describo una serie de pautas, a modo de aprendizajes, para aprender a aprender del cuerpo y sus gestos.

Fijémonos en la morfología de los hombros y la estructura del pecho. Si vemos que tenemos los hombros caídos hacia delante, con la parte alta de la espalda parcialmente curvada y el corazón encogido, somos una de esas personas a las que les han hecho daño o han tenido algún desengaño emocional importante. Esto nos hace ir blindados emocionalmente y cerrados corporalmente, por si hubiera nuevos percances.

La postura corporal tiende a corresponderse con un patrón emocional que hayamos vivido. El patrón somático de protegerse y cerrar el corazón curvando los hombros hacia delante es un clásico. Atiende a desengaños emocionales o a exceso de carga y responsabilidad. La consecuencia de este modelo inconsciente de postura corporal pasa por no ser capaz de empatizar con los estímulos amorosos del exterior. No importa su naturaleza, siempre nos cerraremos en banda. Para sanar, hemos de separar los hombros, abrir el pecho y erguir el cuello de forma consciente.

Otra importante pista corporal nos la dan los pies y la manera como los posamos sobre la tierra. ¿Somos de los que apoyamos bien toda la planta o vamos un poco de puntillas? Los primeros son personas que tienden a materializar y que están dotadas de buenas dosis de sentido común y pragmatismo. Las segundas son más etéreas y volátiles. Son imaginativas e inspiradas y desarrollan fácilmente nuevos proyectos, aunque corren el riesgo de volar demasiado y perderse. Aspectos de este tipo son los que sirven a la ciencia del ayurveda a distinguir entre los *doshas kapha* (dominante tierra), *vatta* (dominante aire), y *pita*, que son muy enérgicos e hiperactivos (dominante fuego).

Cada cual puede tener diversas ideas y creencias sobre el cuerpo, pero cada vez parece más incuestionable su relación entre la psique y las emociones humanas.

Los dolores en determinadas zonas del cuerpo también son una buena fuente de información. Por ejemplo, si tenemos ciertas molestias en los riñones, podemos evaluar nuestra relación con el miedo. Si las dolencias son en el hígado, la emoción correspondiente sería la rabia.

Los chakras o centros energéticos, que se trabajan tanto en el yoga como en el *reiki* japonés, constituyen otra forma de comprender nuestro cuerpo. Estos discos imaginarios que circundan nuestro cuerpo dan información como ruedas de la vida que almacenan y comunican. Disponemos de siete chakras, que van desde la raíz de la columna a la coronilla. Cada uno de ellos se vincula a estados emocionales, aptitudes, sombras o arquetipos. Quienes están más fuertes en los chakras inferiores se conectan más con el yo, el sentido de identidad y el pragmatismo. Los que están cómodos en los ejercicios de los chakras superiores son personas más espirituales, conectadas con lo sutil y el campo que las rodea. No hay espacio aquí para entrar en detalle, pero recomendamos la lectura de los distintos libros sobre el tema de Anodea Judith o acudir a sesiones especializadas. Dentro del programa Wakenpath se recurre, entre otras fuentes, al autoconocimiento desde el test de los chakras.

Serie de ejercicios de yoga para alinear y testear los chakras

- Autoaprendizaje corporal.
- Relación cuerpo, mente y emociones.

1. El Cuervo

De pie, con los brazos estirados delante, paralelos al suelo y la columna recta.
Palmas hacia abajo y pies paralelos.
Enraízate desde las piernas al suelo.
Inhala arriba y, exhalando, baja hasta sentarte en el cuervo.
Inhala y vuelve a subir. Exhala y baja.
Repite unas diez veces, cuidando las rodillas y tratando de mantener la espalda lo más recta posible.

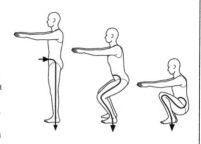

2. Gato vaca

En cuatro apoyos. Sobre las rodillas y las manos. Codos rectos. Manos y rodillas separadas el ancho de cadera. Al inhalar, curvas la espalda, hundiéndola un poco, al tiempo que elevas ligeramente la cabeza. Al exhalar, curvas la espalda hacia el cielo, como el gato encrespado, y dejas caer, suavemente, cuello y cabeza.
Alterna el movimiento durante 3-5 minutos.

3. Marcha cruzada

Tumbado sobre la espalda. Las manos pegadas al cuerpo y las palmas boca abajo. Aprieta las piernas entre sí, alarga el cuerpo. Al inhalar elevas la pierna izquierda a noventa grados. Exhalando bajas. Inhala y eleva la derecha. Exhala y baja. Continúa alternando ambas piernas, en marcha cruzada, durante 5 minutos. Apóyate en la respiración y quita tensión del rostro. Trabaja a un ritmo constante, desde la fuerza abdominal.

Para acabar, eleva ambas piernas a noventa grados, retén unos segundos y exhala suavemente, bajándolas al suelo.

4. El arco
Tumbado boca abajo. Trae los talones
hacia las nalgas. Con cuidado, las
manos van a los empeines. Tirando de
ellos, haciendo tracción, al inhalar dejas
que la fuerza de los empeines eleve
tu pecho hasta la postura del arco.
Mantén dos respiraciones completas
en la postura y baja exhalando. Repite
tres veces el ejercicio.

5. La cobra
Una de las postura reinas del yoga que
hay que preparar a conciencia y realizar
muy despacio y progresivamente.
Todavía boca abajo, lleva las palmas
de las manos al suelo, al nivel de los
hombros. Pega los codos doblados al
lado del cuerpo. Clava el coxis a la tierra.

Inhala y, tirando de las manos y los brazos, alarga los codos y eleva tu cuerpo desde
el vientre para entrar en la postura de cobra. Al exhalar, bajas vértebra a vértebra.

6. Postura de bebé
Lleva la frente al suelo y pliégate sobre las rodillas.
Brazos paralelos al cuerpo y palmas hacia el cielo.
Lleva la respiración a la parte baja de la espalda
y siente cómo con cada exhalación te vences un
poco más. Medita en el entrecejo durante once
minutos.

7. El erradicador del ego
De pie. Separa las piernas un poco más del ancho
de cadera. Eleva los brazos rectos a sesenta
grados, con los codos rectos. Abre el pecho.
Lleva las yemas, excepto pulgares, a la raíz de los
dedos. Palmas bien abiertas y extendidas. Mirada
al entrecejo. Si la conoces, aplica la respiración
de fuego (bombeo abdominal). En caso contrario,
bombea desde el vientre cantando el mantra
Har-Har-Har. Permanece en la postura 5 minutos.
Al acabar inhala profundamente, eleva los brazos
por encima de tu cabeza y exhala poco a poco,
bajando por los costados.

Tiempo total: 90 minutos.

Meditación de la gota que desciende

- Meditación guiada procedente de la PNL.
- Centramiento somático.
- Conexión de gesto e intención vital.
- Escuchar este audio del QR.

Tiempo total: 15-20 minutos.

Segunda etapa

Mentores y aliados

Este es uno de los puntos esenciales para iniciar el viaje del héroe.

Solo nosotros podemos transitar nuestro propio camino, pero ello no implica buscar la inspiración y la guía de personas que nos sustenten. Pedir ayuda y trascender el orgullo es todo un aprendizaje que nos debemos imponer. Cualquiera puede requerir guías y aliados cuando pasa momentos difíciles. En el momento en el que irrumpen los miedos, dudas y ansiedades, necesitamos el consejo de los mentores. Estos personajes, ya descritos en la parte inicial del libro, no deben solucionarnos los problemas, ni resolvernos la voluntad de cambio o ser quienes tomen las decisiones. Su rol es el de acompañar y aconsejar, dando las claves fundamentales y mostrando el itinerario de ruta. Son personas con experiencia que ya han transitado el camino.

Por su parte, los aliados o ayudantes son personas que nos acompañarán en una parte del viaje. Suelen ser más fáciles de encontrar, dado que pueden estar en nuestro círculo de amistades. Son gente próxima, en quienes podemos confiar, a los que podemos contar todo aquello que nos ocurre. Normalmente, buscamos aliados que compartan afinidades con nosotros, pero en ocasiones un antiguo enemigo puede convertirse en ayudante. La vida cambia y no hay que descartar nada. La base es comprender que podemos llamar a nuestros aliados y ayudantes cuando los necesitemos. Si nosotros actuamos en correspondencia y pedimos desde el corazón, ellos siempre acudirán.

En cuanto a los mentores, hay que decir que es fácil reconocerlos porque son maestros del viaje que vamos a emprender. Son los modelos en los que nos miramos. Ellos nos dan consejos, actitudes y herramientas. A veces no son personas que conocemos íntimamente o muy cercanas. Incluso no tienen porque estar vivas. Puede ser gente de nuestro pasado o infancia que nos trasmitió cosas importantes que traer al presente.

Una de mis mentoras se llamaba Margarita. Fue una persona siempre alegre, que le sonreía y hablaba a las plantas cada mañana cuando yo era niño. Compartíamos una casa en la playa. Una Mary Poppins anónima, profesora de canto y enamorada de la vida, a cuyo marido tuvo que abandonar porque la pegaba. En el momento en el que yo peor estaba llevando la muerte de mi familia, se me apareció por la mente para recordarme que no hay que perder la sonrisa. La vida es un estado de ánimo. Al mal tiempo buena cara, me iba repitiendo una y otra vez, mientras traía su imagen como modelo que me transmitía fortaleza. Esto son los mentores, nada más. No hay que buscar un Gandalf con larga barba y consejos mágicos. Con los mentores no hay reglas de búsqueda. Solo tener la convicción de atender la llamada a la aventura, y dirigir la energía en ese sentido. De este modo, tarde o temprano, los mentores aparecerán.

Si estamos conectados con nuestro centro somático y cognitivo, todo es cuestión de permitir sentir la ayuda de estas personas que pueden estar o no presentes. Si lo están, tendremos el privilegio de crecer y andar una parte del camino del héroe en su compañía. Su deber es retirarse poco después de que crucemos el umbral para que podamos vivir nuestro propio viaje de aprendizaje y crecimiento.

> **Meditación del mentor**
>
> - Regresión guiada procedente de la psicología Gestalt.
> - Conexión con las personas importantes de nuestra vida que han ejercido de guías.
> - Contacto con dones, virtudes e ilusiones.
> - Escucha este audio del QR.
>
>
>
> Tiempo total: 30 minutos.

Llamada a la aventura

Sin la llamada a la aventura, no hay viaje del héroe. Es la motivación y la fuerza motriz que nos impulsa a avanzar. La llamada es el primer agente de cambio en nuestra vida, la alerta de que algo no funciona o podría ser de otro modo. Del nivel de identificación que tengamos con ella va a depender nuestro viaje del héroe. Hay que sentirla desde las entrañas, bien conectada y arraigada.

Si atendemos a la llamada de otros, tarde o temprano acabaremos abandonando. Vivir el plan previsto por otros conlleva el riesgo de la infelicidad. Como el hijo o la hija que cumplen los designios de una familia tradicional y cuando llegan a la mitad de su vida, sienten que se han traicionado a sí mismos. Igualmente, Joseph Campbell viene a recordarnos que, cuando el camino es fácil, es que no estamos siguiendo nuestra senda vital, sino la de otra persona. No se trata de seguir la estela de alguien por muy grande que sea su empresa vital, sino de realizarnos nosotros como individuos. No es cuestión de perseguir los sueños de otro, sino de vivir nuestro viaje del héroe, sin importar su grandeza o insignificancia.

Antes de ponerse a andar, es conveniente valorar la naturaleza de la llamada a la aventura y ver de dónde procede. Debemos asegurarnos de que es nuestra, personal e intransferible. Otros aspectos a tener en cuenta es que sea realizable, acotada y lo más concreta o precisa posible. Una llamada como llevar amor a la humanidad está muy bien, pero debe concretarse en algo más definido. Leer cuentos a los ancianos para que puedan resplandecer sería algo más concreto, aunque todavía se podría definir más.

En cualquier caso, lo importante es sentir la aventura y no forzar. Este proceso puede durar mucho tiempo, pero eso no importa. Dediquemos el tiempo que sea necesario, porque de la llamada a la aventura y su fortaleza va a depender todo lo que venga después. La llamada nos debe resonar en el cuerpo, la mente y el alma, si pensamos en el escenario ideal. Si solo está en la cabeza, es ego. La mente, si está bien refinada, nos alejará del pragmatismo racional, para que la llamada sea algo sustancial. Hemos de sentir la llamada en el corazón. La podemos validar meditando o con ejercicios de expresión somática. También es de gran ayuda verbalizar la llamada y comprobar su resonancia. ¿Nos la creemos? Porque si no lo hacemos, ¿cómo va a creernos el mundo o cómo vamos a tener la fuerza necesaria para avanzar en el camino de pruebas?

Si estamos bloqueados y no sentimos ninguna llamada de la aventura, no hay que obsesionarse. Si tiene que llegar, lo hará. No es aconsejable recuperar una vieja llamada, ni cogerse a lo primero que nos venga porque estamos aburridos y deseamos cambiar. El viaje del héroe es una empresa importante, algo que tomarse en serio.

Los sueños podrían ser territorio de exploración de la llamada, al igual que los espacios meditativos. La pausa y la conexión con una frecuencia más alineada con nosotros es lo que va a potenciar la verdad de la llamada.

Salir de nuestro mundo conocido haciendo un viaje puede ser otra forma de tomar distancia y conectar con la llamada, porque en muchas ocasiones el mundo cotidiano nos aliena.

Sentir la llamada es un aprendizaje en sí mismo. Podemos dedicarle toda una vida.

Unos la sentimos y otros no. Aunque este libro es para quienes la han vivido, la están pasando o la ven cercana, aquellos que están bien como están pueden contemplar que igual un día se les abra una puerta mostrando el umbral de la aventura. Algunos estarán ya de regreso, compartiendo, descansando o ayudando a otras personas a vivir su viaje del héroe: Las personas que reprimen su llamada, carecen de valor o sienten que no pueden son los que más ayuda y atención deben recibir por parte de todos nosotros. En este sentido, particularmente, estoy muy sensibilizado con los jóvenes, porque tienen toda una vida por delante y un mundo bastante hostil que además los mira con desconfianza. Ellos son el futuro de este planeta, los nuevos héroes que al no rendirse y perseguir su llamada a la aventura pueden sumar, uno a uno, para cambiar toda una sociedad anclada en viejos valores y formas ya caducas.

La vida está para vivirla. Atender a la llamada a la aventura es vivir nuestro sueño. Aceptarla es responsabilizarse. Si es verdadera, podemos abandonarla a mitad de camino, porque volverá a presentarse una y otra vez, como un asunto pendiente. ¿Cuántos nos hemos pasado la vida despistados, hasta que al final atendimos la llamada y nos adentramos en la senda para ser más felices? No importa hasta dónde hallamos llegado, sino estar en el camino.

Dinámica de la llamada a la aventura

- Ejercicio somático procedente de la PNL.
- Verbalización, gesto y emoción de la llamada.
- Escucha la meditación guiada de este QR.

Tiempo total: 30-45 minutos.

> ### *Storytelling*. El cuento de tu mejor viaje
>
> Ejercicio narrativo.
>
> - Escribe un texto de cuatro-seis páginas describiendo tu mejor viaje.
> - Visualiza y describe a qué lugar fuiste, tus sentimientos y sensaciones durante el viaje y cuánto tiempo estuviste viajando. ¿Cómo te sentías? ¿Qué obstáculos superaste? ¿Cómo eras durante aquel viaje?
> - Apunta todo lo que te venga a la mente sin prestar demasiada atención a la forma o calidad de la prosa. Lo importante es profundizar en los detalles personales y encontrar las esencias de aquello que te hizo sentir feliz en aquel viaje.
>
> Tiempo total: 90 minutos.

Cruzando el umbral

Este es el punto en que abandonamos el espacio cotidiano para sumergirnos en un mundo desconocido. Implica un gran paso después del cual normalmente no hay retorno posible, no hay marcha atrás. La duda, el miedo o la voluntad de cerrar la puerta y regresar donde estábamos aparecen con gran intensidad. Pero si llegamos a cruzar el umbral, sentiremos la liberación de una decisión ya tomada. Aquí pasamos a la acción, subiendo a un avión que nos saca del hogar y de todo aquello que fue nuestro mundo para llevarnos a un destino que todavía no conocemos.

En nuestras vidas, un umbral representa dejar a una pareja con la que llevamos años, abandonar un trabajo, mudarnos de ciudad… El umbral implica tomar una importante y trascendente decisión. Damos un paso que cambia todo lo que era nuestro mundo. Ya nada podrá volver a ser igual. Una vez que lo hemos dado, al igual que en el mito de Orfeo y Eurídice, más vale no mirar atrás. Es mejor avanzar desde un presente esperanzador, anclados a nuestra llamada a la aventura.

Ante un umbral, hay quien se siente bloqueado y no puede dar un paso por resistencias y miedos... Otros caminan decididos hasta que sienten la proximidad del umbral, pero no se atreven a cruzarlo porque el apego no les permite soltar lo que dejan tras de sí... Algunos cruzan el umbral y siguen como kamikazes su llamada a la aventura. Existen tantas variantes como personas, aunque la práctica de la dinámica que se plantea al final de este punto ha dado diversos patrones que se repiten. En cualquier caso, cruzar el umbral es un rito de paso al que hay que otorgar la importancia que merece. Estamos ante una primera muerte y resurrección, así que no hay que tomarlo a la ligera. Desde este instante empezamos a despojarnos del ego y vamos a sentirnos más vulnerables.

El umbral entraña peligro, no sabemos lo que vendrá después y nuestra sombra crece. Para seguir adelante, hay que tener fe y confianza en nosotros mismos. Mejor desterrar los «y si» que vendrán y seguir con determinación.

En términos coloquiales, cruzar el umbral es tirarse a la piscina. No vale el cálculo de riesgo. Si entramos en valoraciones y cálculo de posibilidades, podemos acabar bloqueados.

La recompensa por cruzar el umbral es tan alta como alcanzar nuestra más sincera y dichosa felicidad, aunque el fracaso es otro compañero de viaje. El riesgo es inevitable, al igual que lo es en mitos como el de Osiris, donde un guardián espera para aniquilar todo nuestro potencial y descuartizarnos a pedazos. Hay que avanzar por nuestra propia cuenta, asumiendo los peligros, entrando en la dimensión desconocida del viaje que emprendemos.

Si llegamos a este lugar fronterizo, sintiendo toda la intensidad de nuestra llamada a la aventura, no habrá enemigo ni fuerza que pueda detenernos.

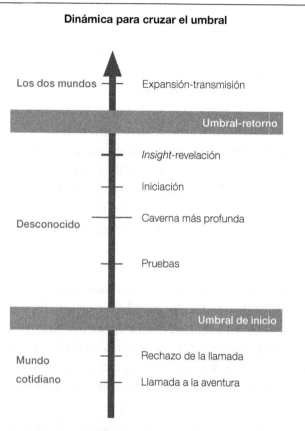

Dinámica para cruzar el umbral

Los dos mundos — Expansión-transmisión

Umbral-retorno

Insight-revelación

Iniciación

Desconocido — Caverna más profunda

Pruebas

Umbral de inicio

Mundo — Rechazo de la llamada

cotidiano — Llamada a la aventura

- Dibuja con tiza o cinta blanca esta línea de tiempo sobre el suelo.
- Cierra los ojos unos instantes. Toma conciencia internamente. Ábrelos nuevamente y observa la línea de tiempo que has dibujado en el suelo.
- Avanza y ubícate en el espacio que sientas que te corresponde.
- Permanece al menos 5 minutos en la posición. Observa, experimenta, siente.
- Al finalizar escribe tus conclusiones.

Tiempo total: 60 minutos.

Tercera etapa

Pruebas y polaridades

Pasado el umbral, nos cuestionamos, aparecen las dudas y los obstáculos que tenemos que sortear.

Aquí pueden presentarse la doce pruebas de Hércules, y de lo que se trata es de no enfrentarse a ellas mediante la fuerza. Es momento de aplicar lo aprendido en las primeras etapas. Hay que estar en el fluir, ser flexible y permanecer abierto y dispuesto a avanzar, aunque sea muy lentamente.

De una parte, la sombra estará ahí, testeando todas nuestras debilidades, inventando pruebas que te confrontan con la parte de ti que no quieres ver.

Recuerdo cuando en uno de mis primeros viajes del héroe tuve que dejar de ser estudiante para convertirme en profesor a una edad muy temprana. Por un lado, me encantaba seguir estudiando cosas para luego explicarlas, pero, por otra, me daba pánico hablar en público. Mi sombra proyectaba la inseguridad de un niño que sufría pidiendo una bolsa de patatas a un camarero.

En aquel rito de paso para convertirme en profesor tuve que enfrentarme a grupos de cuarenta personas, y más tarde llegaron a superar la centena. De no haber sido gradual, seguramente no lo habría logrado. Al final pude superar mi miedo a hablar en público, aunque hoy todavía puedo sufrir ante nuevas audiencias durante el primer minuto.

A cada cual la vida le pone sus pruebas, vinculadas a la naturaleza de su llamada a la aventura. En muchas ocasiones, las pruebas responden a situaciones que hemos verbalizado que no haríamos nunca. Ya lo dice el refrán, por la boca muere el pez.

Cuidado con decir jamás cruzaré un desierto o haré rapel por un acantilado, porque la vida te lo puede poner delante. Freud diría que verbalizamos deseos reprimidos inconscientes.

En el contexto del viaje del héroe, las pruebas se basan en la integración de contrarios o polaridades, una práctica muy habitual dentro de la terapia Gestalt, que parte, entre otras fuentes, de la filosofía oriental. Tanto el Vedanta como el Tao hablan de integrar o armonizar los contrarios. Joseph Campbell, como buen mitólogo y orientalista, bebió de ahí. El *Tao Te King* nos dice en su segundo *sutra*:

> *Todo el mundo toma lo bello y así conoce lo feo.*
>
> *Todo el mundo toma el bien por el bien, y por eso conoce qué es el mal.*
>
> *Porque el ser y el no ser se engendran mutuamente.*
>
> *Lo fácil y lo difícil se complementan.*
>
> *Lo largo y lo corto se forman el uno del otro.*
>
> *Lo alto y lo bajo se aproximan.*
>
> *El sonido y el tono armonizan entre sí.*
>
> *El antes y el después se suceden recíprocamente.*
>
> *Por eso el sabio adopta la actitud de no obrar y practica una enseñanza sin palabras.*
>
> *Todas las cosas aparecen sin su intervención.*
>
> *Nada usurpa ni nada rehúsa.*
>
> *Ni espera recompensa con sus obras, ni se atribuye la obra acabada,* y por eso su obra permanece con él.[25]

25. Lao Tse. *Tao Te King*. Vedrá, Barcelona, 2002, pág. 2.

Integrar contrarios significa identificar por dónde nos movemos. Observar lo que no queremos ver y sentir. Por ejemplo, muchos evitamos la tristeza, manteniendo siempre una sonrisa y el buen rollo. Pero ¿es real o impostada?

Si nos engañamos a nosotros mismos ocultando la tristeza, pueden aparecer otras emociones como consecuencia de la represión de esta emoción básica que se asocia con la alegría. Ambas son complementarias, y debemos poder transitarlas para integrarlas. De eso van, a nivel psicológico, las pruebas a las que nos somete el viaje del héroe en esta fase.

En ocasiones, el reto para alguien que siempre ha tenido parejas, buscando la compañía permanente, es estar solo. Si queremos aprender a ser una persona integral, debemos trabajarnos nuestros puntos ciegos. Así es el camino de crecimiento y transformación personal. Por mucho que queramos progresar, ascender y alcanzar buenos propósitos, debemos previamente meternos en el lodo y descender a las profundidades de la caverna más profunda. Las pruebas son el paso previo para validar si estamos preparados a enfrentarnos con la gran herida, pero todavía no hemos llegado.

Cuando estamos en el camino de pruebas, hay que ser valiente, y si un obstáculo es muy grande, se puede dar un paso atrás para reforzarse conectando con los dones propios y nuestros mentores. Al recuperar la confianza y la fortaleza, seguimos avanzando. Hay que tener en cuenta que no siempre se trata de vencer o aniquilar el problema, sino de saber esquivar o transformar su energía. Una buena práctica de aprendizaje sería tomar un curso de judo o aikido, artes marciales basadas en este concepto.

Otro consejo para afrontar las pruebas es mantenerse en el fluir, evitando la rigidez tanto física como mental. Hay que abrirse, soltar todo tipo de proyecciones e ideales y estar con lo que acontece.

Así mismo, aunque los viajes del héroe se repitan, no es bueno querer anticiparse a las pruebas. Hacerlo es vivir en el miedo. Debemos pensar en el arquetipo del samurái que sabe desde el principio que su camino es el morir. De esta forma pierde el miedo a la muerte, integrando ésta como parte de su vida. En viaje del héroe también moriremos, para renacer como una flor de loto sobre el lodo de nuestros miedos y ansiedades.

Silla vacía de polaridad

Técnica de psicoterapia Gestalt:

- Identifica una emoción o situación que trates de evitar.
- Siéntate en una silla o cojín y ponte delante de esa emoción (por ejemplo, tristeza).
- Conecta con su polaridad (alegría) para protegerte.
- Siéntate en la silla vacía y conecta con la tristeza.
- Establece un diálogo con ambas emociones hasta que se integren. Para ello puedes intercambiar la posición cuantas veces sea necesario.

Tiempo total: 30-45 minutos.

> **Abraza a un enemigo**
>
> Cierra los ojos y visualiza a un enemigo o una situación que te resulte difícil. Observa bien sus características y aquello que odias. Permítete sentir, somatízalo en tu cuerpo y respira profundamente. Repite mentalmente el mantra «Mi enemigo está aquí para ayudarme a crecer, mostrándome partes de mí que no quiero ver». Abre los ojos y, verbalmente, perdona a tu enemigo.
>
> Tiempo total: 15 minutos.

En la caverna más profunda

Este es el momento de tocar fondo, sin concesiones. Para crecer hay que morir, como sucede en los mitos o películas cuando llegan a la gran crisis. Aquí es donde estamos más lejos de conseguir nuestro objetivo, en el punto más bajo del viaje, inmersos en la noche más oscura. Dentro de la caverna solo hallamos lo que llevamos con nosotros. Transitadas las pruebas, entramos despojados de máscaras, personajes, ego y todas las creencias que nos acompañaban. Vamos desnudos, libres de toda arrogancia, coraza o armadura. Este es el instante de bajar la cabeza, llorar todo lo necesario y permitirse la rendición.

Los procesos de duelo por una pérdida son buenos ejemplos de lo que representa esta etapa. Hay que dejarse sentir, transitar el duelo y venirse abajo, si es preciso. Solo así la persona que confronta la pérdida de un ser querido podrá aliviar las penas y liberarse del dolor.

En esta etapa de la caverna más profunda es preciso contactar con nuestras emociones ocultas: con lo que somos y no sabíamos, con lo que llevábamos dentro sin ser conscientes de ello. La cueva nos sumerge en el otro extremo de la radiografía del ego. Si empezamos el viaje viendo a nuestro personaje principal, ahora vemos al niño interior con su agenda pendiente. Las cosas que le dañaron, los traumas acumulados y los deseos reprimidos. La buena noticia es que la sombra emerge como aliada que nos ayuda a entender qué hay detrás de todos esos obstáculos, miedos y heridas. En su parte posterior anidan los dones y potencialidades que teníamos ocultos o reprimidos.

Hay que estar un tiempo en la caverna más profunda para dejarse sentir lo que uno lleva consigo. Este es un instante de sentida introspección, en el que pueden aflorar sentimientos de todo tipo. No los reprimamos, soltemos todo lo que venga, caminando hacia un vacío que va a ser fértil si hacemos los deberes previos. No hay que escabullirse o tomar ningún atajo. Debemos dar espacio al dolor, aunque este sea muy intenso. Si nos cerramos, no dejando que pase, se quedará en nosotros, almacenado para regresar en cualquier otro momento de la vida.

El camino a la sanación y transformación personal pasa por transitar el dolor en lo más sagrado de nuestro ser.

La herida más profunda es algo muy personal, y no es fácil detallar ejemplos.

En mi caso, puedo decir que a lo largo de mi viaje vital la herida más profunda se remonta a un niño que tuvo que estar solo mucho tiempo y valerse por sí mismo. Ese niño decidió hacerse autosuficiente, no dejándose ayudar demasiado, ni confiando en los demás excesivamente porque pensaba que iban a dejarlo solo en cualquier instante. Inconscientemente, creó un patrón para llamar la atención, siendo profesor, entretenido conversador o todo aquello que le diera una posición llamativa.

Con el tiempo, empecé a comprender que podía relajarme. Ya no tenían por qué abandonarme, ni dejarme solo. No era necesario estar constantemente llamando la atención de los demás. Ese pudo ser mi *insight* o revelación, a la que llegué después de pasar por la caverna más profunda y sentir mi herida. La cuestión es que hay días en los que esa herida sigue sangrando porque el camino de la vida es largo.

El darse cuenta, el saber las cosas es solo el principio de transformación y sanación; como no somos máquinas, sino seres vulnerables, podemos convivir con la herida toda la vida. De modo que paciencia si la herida no sana inmediatamente o no cicatriza para siempre. Somos vulnerables en alguna de nuestras partes, no somos superhombres, ni superhéroes.

Igualmente, cuando uno vive un viaje del héroe empresarial, creativo o de otra índole, pasa por una fase en la que cree que su modelo de negocio va a fracasar, rompe las páginas escritas o aquel cuadro que estaba a punto de completar. Este es el momento de hacer *tabula rasa*, de cambiarlo todo y darle la vuelta a la situación. Cualquier acción puede servir para progresar si lo hacemos desde nuestras entrañas. Todo error nos enseña algo y cada pequeño fracaso puede ser la clave del éxito.

En cuanto al viaje del héroe en la vida, Joseph Campbell, en su libro *Pathways to bliss*, considera que existen cuatro tipos de crisis que podemos vivir.

La primera consiste en pasar de un estadio de la vida a otro sin darnos cuenta, como el niño que ya es adulto y no se entera, de modo que acaba peleado con el mundo, o como la persona que envejece y sigue corriendo maratones como si fuera un joven deportista de élite...

Otro tipo de crisis puede ser consecuencia de la relajación de las demandas, la actividad y los requerimientos de la vida. Algo muy típico de la jubilación o cuando los hijos abandonan el hogar. Ley de vida, pero algo difícil de transitar.

En otros casos, puedes haberte pasado la vida llevando el mejor restaurante de la ciudad y ver que, de pronto, tienes que cerrar por culpa de un extraño virus. ¿Dónde va toda esa energía, todo ese libido que generábamos? No es fácil reajustarse.

La siguiente tipología de crisis es la pérdida de confianza en nuestros ideales básicos. Tus padres te han educado bajo unas creencias que ni ellos mismos siguen o un día descubres que son erróneos. Esta situación es típica de mitos de rebelión juvenil, como describe muy bien la clásica *Rebelde sin causa* (N. Ray, 1955), una película con James Dean enfrentándose a sus padres ante la pérdida de ideales. La evolución propia del ser humano en la vida conlleva que muchas creencias se desmoronen. Cambiar constituye una gran crisis que, a veces, ahonda en una herida personal.

Por último, otro tipo de crisis, según Campbell, es tener que hacer algo inmoral, más allá de nuestra dignidad. Algo que nos avergüenza, pero que estamos obligados a hacer. En ocasiones, los héroes se ven forzados a sacrificar a inocentes para salvar otras vidas, y a veces nosotros debemos hacer cosas que jamás hubiéramos imaginado. En esos momentos, la culpa y la conciencia merodean como jueces que nos castigan e instalan en una crisis.

La cueva más profunda es el reino de la oscuridad. El averno de la conciencia, donde el personaje que éramos va a morir para renacer como una nueva persona. En este punto, todavía no sabemos quiénes somos. Tan solo somos conscientes de lo que hemos dejado en el camino. Aunque lo creamos todo perdido, eso nos va a servir para crecer y obtener recursos increíbles en nuestro viaje del héroe.

El zen nos recuerda que la vida está en el interior de la muerte, y la muerte en el interior de la vida.

Día a ciegas

- Dinámica individual que si se practica en grupo debe ser seguida por todos.
- Puede haber una persona de acompañamiento para controlar la situación.
- En tu hogar o en un lugar conocido y seguro, empieza el día poniéndote una venda en los ojos.
- Pasa el día completo con la venda. Desarrolla toda tu actividad normal a ciegas.
- Experimenta las sensaciones de la oscuridad.
- Contacta con tu vulnerabilidad y tus miedos.

Tiempo total: 24 horas.

Filmoterapia y Meditación de la herida

- Visionar clip del inicio del film *Europa* (Lars von Trier, 1991) clicando en este enlace: https://youtu.be/bXlm3fS0VNs.
- Escucha la meditación guiada de este QR.
- Contacta con tu enemigo arquetípico.
- Desciende a la oscuridad de tu conciencia.

Tiempo total: 45 minutos.

Vacío fértil

El vacío es el lugar desde el que podemos volver a construir. El silencio de la mente, el no plan, la no visión. El origen. Este es el punto primigenio al que debemos regresar para volver a edificar nuestra entidad, la persona que somos. Aquella que sin saber por qué se quedó en el camino. Desde este instante, como planteaba Victor Frankl en su logoterapia, encontramos los motivos para vivir. En muchas ocasiones, solo desde el vacío posterior a haber tocado fondo somos capaces de encontrar las respuestas y motivaciones que no hallábamos. A partir de este punto empezamos a encontrar motivos para seguir adelante, reconectando con la llamada de la aventura que nos incitó a emprender el viaje. En esta fase, contactamos con la determinación de vivir y hallar el bienestar en nuestra vida. En los proyectos u obras creativas, la *tabula rasa* no significa la rendición, sino la oportunidad de crear desde un estadio más libre. Lo importante, una vez aquí, es ser capaz de soltar todo lo que venga. Resistencias, miedos, emociones, creencias… Todo debe ser abandonado como si no hubiera mente, entidad o ego. Ahí, en el vacío, aparece la intuición, el conocimiento somático, las sutiles señales del alma que tan solo percibimos si nos hemos desprendido de todo. El silencio y la mente en blanco son la antesala de lo que en el hinduismo se denomina *prajna*, el *insight* o revelación interna espiritual. Para llegar a ella, hay que pasar antes por *dana*, la cualidad de dar desinteresadamente. Soltar, vaciar, dejar ir son las condiciones fundamentales de esta etapa, que debe vivirse en completa intimidad. Como el Buda, nos desapegamos de todo, en una actitud que bordea el nihilismo, para conectar con el vacío.

Las mejores prácticas en esta etapa pueden proceder del

budismo zen japonés, una doctrina filosófica que busca la depuración para permanecer en un presente consciente. Que busca el valor de lo simple, del vacío y de todo aquello que no es, para comprender la importancia de lo que es, sin posicionarse de un lado u otro. En Occidente estamos en lo que es, ocupa y representa, sin darnos cuenta del valor del no-ser.

Morihei Ueshiba, fundador del aikido en su *El arte de la paz*, nos dice:

> Desecha los pensamientos limitadores y regresa a la verdadera vaciedad. Álzate en medio del gran vacío. Ese es el secreto del camino de un guerrero.[26]

Los pensamientos nos limitan, minan nuestra moral y frenan muchas de las mejores acciones e intenciones. Este es el momento de soltar, vaciar los contenidos de la mente y decirle que ya basta. ¿Cuántas veces hemos tenido corazonadas o intuiciones que hemos castrado o reprimido porque la mente nos ha llamado al orden? Queremos el caos, la nueva siembra, la página en blanco que viene después del vacío fértil. Si hemos tocado fondo en la caverna fértil, es para tener la oportunidad de partir de cero. No se trata de volver atrás, al laberíntico bucle de los pensamientos limitantes.

En esta soledad y vacío fértil llegamos al espejo del alma, nos comunicamos con ella y la alimentamos con silencios, meditación y el contacto con la naturaleza. Debemos encontrar

---

26. M. Ueshiba. *El arte de la paz*. Ed. Kairós, Barcelona, 5ª ed. 2019, pág. 102.

espacios de sacralidad. Es preciso entrar en la esfera de lo sagrado, sutil y simbólico para comprender los mensajes que nos llegan. En breve, nosotros seremos también capaces de transmitir desde este otro lugar. La puerta de la intuición y la nueva visión se están despertando… El sufrimiento, el miedo y el dolor han servido para abrir el corazón, liberado del orgullo del ego, y ponerlo en contacto con la dulzura de la vulnerabilidad.

La meditación más profunda se da en el vacío y la ligereza derivada del ayuno. Por tanto, vamos a preparar el cuerpo para poder entrar en este vacío fértil.

Ayuno

Durante la semana antes de hacer el día de ayuno has de tomar pocos alimentos. Desayuna *porridge*, come *kitchari* o arroz y una pieza de fruta por la tarde.

Haz un día de ayuno completo, tomando solo líquidos y haciendo meditación.

Tiempo total: 24 horas.

Receta para el *porridge*

Ingredientes para una persona por día:
2-3 tazas de leche vegetal o entera (100 ml)
2-3 tazas de agua (100 ml)
4 cucharadas de copos de avena (60 g)
Media rama de canela troceada
Jengibre pelado y troceado
1 cucharada de uvas pasas o higos secos y otra de almendra cruda (no salada)
2 clavos
Miel o sirope de agave

Preparación:

Verter en un cazo las cantidades indicadas de agua y leche. Añadir el resto de los ingredientes y cocer a fuego lento, removiendo con una espátula de madera hasta llevar al hervor. Finalmente, apagar el fuego y dejar reposar unos cinco minutos. Antes de servir se puede condimentar con la miel o el sirope de agave.

Receta para el *kitchari*

Ingredientes para una persona por día:

10-12 tazas de agua

1 taza de soja verde

1 taza de arroz basmati

1 cebolla pequeña

1 pedazo de jengibre

2 dientes de ajo

1 hoja de laurel

1 cucharadita de semillas de comino

½ cucharadita de semillas de coriandro

½ cucharadita de semillas de hinojo

4 bolitas de pimienta negra

1 cucharadita de cúrcuma en polvo

½ cucharada de asafétida

Sal negra de roca

1 cucharada de *ghee* (mantequilla clarificada) o de aceite de oliva

Preparación:

Saltear en una olla la cebolla con el *ghee* o aceite a fuego lento. Añadir el ajo, el jengibre y el laurel. Al poco tiempo, agregar las semillas de comino, coriandro e hinojo y cocer a fuego medio-alto unos 4 minutos. Agregar el agua hirviendo con la soja verde y el asafétida. Pasados unos minutos, cuando la soja empieza a estar lista, porque sus granos se van abriendo, añadir el arroz basmati, previamente lavado tantas veces como sea necesario hasta que el agua salga transparente, y cocer otros 10 minutos. Apagar el fuego y añadir la cúrcuma y la sal negra, y lo dejamos reposar unos minutos antes de servir.

Si se quiere, se puede sazonar con un poco de comino en polvo o cilantro troceado.

El *kitchari* es muy bueno para una dieta depurativa. No hay que tomarlo en grandes cantidades, sino en pequeñas dosis de cuatro o cinco porciones.

Meditación zen o *vipassana*

Jornada completa de meditación en silencio.
Ojos entreabiertos, en postura fácil, atendiendo a la respiración.

Tiempo total: 12 horas.

Guía de meditación zen

Siéntate en postura fácil, sobre un cojín grueso (a poder ser, un *zafu* japonés). Si esta postura no te resulta cómoda, puedes meditar sentado en una silla. En cualquiera de las dos opciones, lo importante es alargar la columna, empujando el suelo con las rodillas si estás sentado sobre el cojín o con los pies si estás en la silla, y estirar el cuello, como si tiraran de tu cabeza con un hilo desde el cielo. Das espacio a las costillas y a las vértebras. Colócate de cara a la pared y centra la mirada en un punto fijo con los ojos entreabiertos.

Permanece estático, llevando el foco a la respiración. Entra en atención plena al presente y con los cinco sentidos. Observa las sensaciones corporales hasta dejartenos llevar por un estado de relajación en todas las partes del cuerpo, sin perder la entereza y la presencia en la postura.

Abrir el corazón

El camino del corazón nos eleva para renacer desde la caverna más profunda. Desde el vacío pudimos ver lo que fuimos, pudimos discernir entre las capas de caracteres que subyacen en el fondo de nuestra persona. En el momento de mayor crisis, cuando parece que vamos a morir, brota una llama que procede del corazón. Su luz es lo primero que nos dio la vida, y lo último que perderemos. Por muy difícil que sea un situación, siempre tendremos disponible esa llama del corazón que no miente y nos ilumina. Tan solo hemos de cuidarla para que pueda brillar. Para ello, hay que apartar los condicionantes, las limitaciones impuestas y sentir que merecemos amarnos a nosotros mismos.

El corazón es puro y nos abre a la experiencia de una vida plena. Relajemos el corazón una vez que todo el dolor haya transitado por él, para después abrirnos sin concesión a todo lo que venga. Dejemos que las cosas nos sucedan. Nos pasamos la vida aprendiendo a cerrarnos y a defendernos, cuando el bienestar es abrirse a la vida.

En primera instancia, debemos amarnos a nosotros mismos, no de un modo egoísta, pero sí sincero y cariñoso. Desde ahí, sintiéndonos bien, podemos trasladar ese amor a los demás. El budismo habla continuamente de la compasión y el amor al prójimo, como lo hace el cristianismo. Es bueno tenerlo siempre en cuenta, pero antes hay que quererse a uno mismo. Debemos ver la llama de nuestro corazón, hablarle, mirarla, darle las gracias y, desde ahí, vivir abiertos a la vida, compartiendo, dando y recibiendo. Solo desde un corazón abierto podemos entender fenómenos sutiles, como lo sagrado y trascendente que anida en nuestro interior. Lenguajes como la música, la pintura, la poesía o el cine pueden ser prácticas para lograrlo.

Viajando al interior de nosotros, desde el vacío fértil, alcanzamos la vía del corazón, y ahí comprendemos una de las lecciones más importantes del hinduismo: la verdadera conciencia es el gozo. *Sat* (verdad) *Chit* (conciencia) *Ananda* (felicidad o gozo). Nacimos felices, en el gozo de formar parte del universo, y sin darnos cuenta, nos fuimos distanciando hasta perdernos. Campbell dice que todos somos héroes al nacer, así que el viaje que proponemos tiene mucho de introspección para reconectar con la esencia de lo que verdaderamente somos. Buscamos fuera lo que llevamos dentro.

El corazón no miente, es sabio y tiene muchas de las respuestas que buscamos. Desde ahí, empezamos a crecer, nos elevamos, salimos del barro y nos preparamos para transformarnos. Los mitos consisten básicamente en eso, en una transformación de la conciencia. En términos cotidianos, diríamos que cambiamos nuestro punto de vista de una forma radical. Abriendo el corazón, iniciamos la transformación, reconciliándonos con nosotros mismos y los demás. Pronto aparecen la gratitud, la empatía y las ganas de compartir. Esta es la imagen de la primavera que viene después del vacío del invierno. Asimismo, cuando uno siente que puede abrir el corazón, deja de luchar. El guerrero que llevamos dentro se disuelve. No más guerras contra uno mismo, ni contra aquellos que vemos como enemigos. Todos somos iguales, todos estamos transitando un mismo camino. Desde el corazón, al malvado lo veremos con compasión, y al generoso le daremos las gracias por ser así. El corazón sabe ver la bondad en el malvado y vislumbrar su herida. En ocasiones toca defenderse, pero cuando abrimos el corazón, comprendemos que luchar es estéril.

La sabiduría de lo sutil está en nuestro corazón, fruto de la rendición, la gratitud y el amor por uno mismo y los demás.

La velocidad, la hiperactividad y el exceso de mente nos desconectan del corazón. Las heridas lo bloquean. Afortunadamente, el viaje del héroe nos enseña cómo regresar a él desmontando al ego y destruyendo su coraza.

Nuestro corazón puede llevar distintas heridas, como la falta de confianza en uno mismo (pensamos que no tenemos suficientes recursos), la falta de autoestima (no nos sentimos dignos de ser amados), etc. No importa, no debemos temer nada, porque sentir la herida, el dolor o la vulnerabilidad es la puerta al corazón. Lo que buscamos es encontrar su camino. Una vez que llegamos al corazón y lo abrimos, solo nos queda ascender para conocer nuestro misterio, el tesoro más bien guardado. Ese lugar que los hinduistas llaman nirvana y que en palabras de Campbell no es más que un espacio donde nos sostenemos desde nuestro centro, actuando desde él, un territorio donde no somos arrastrados ni por los miedos, ni por el ego, ni por los condicionantes sociales.

Serie de yoga para el corazón

Ejercicios breves que inciden en el cuarto chackra.
Abren la zona del corazón y los pulmones.
Estiramiento del centro del corazón para la sanación:

Siéntate en postura fácil y extiende los brazos a un ángulo de 60 grados, paralelos al suelo, como si fueras a abrazar a alguien. Extiende y tensa todos los dedos. Toma unas respiraciones largas y profundas. **2 minutos**.

Inhala y haz puños apretados con los dedos. Lentamente trae los puños al centro del pecho, venciendo una resistencia, tensionando todo el cuerpo. Los brazos tiemblan de la fuerza y cuando los puños llegan al centro del pecho, exhala fuertemente. Repite este proceso **tres veces**.

Extiende los brazos a un ángulo de 60 grados y estira todos los dedos; con el pecho bien abierto, respira largo y profundo. **2 minutos**.

Lentamente, lleva las manos frente al pecho a una distancia de 10 cm con las palmas enfrentadas y los dedos apuntando hacia arriba. Centra la mirada en el espacio entre las palmas. Siente la energía en tus manos. Respira largo y medita. **3 minutos**.

Finalmente junta las palmas en el centro del pecho y medita en el punto del entrecejo. **2 minutos**.

Inclínate hacia delante desde la cintura, y lleva la frente y las palmas al suelo. Si no llegas, quédate en el punto que sea cómodo para ti. Permanece en la postura **2 minutos**.

Regresa a la postura fácil y medita **cinco minutos**.

Relájate completamente con la espalda recta, las palmas hacia el cielo y los brazos extendidos. **10 minutos**.

Tiempo total: 30 minutos aproximadamente.

Meditación para un corazón tranquilo

Sentado en postura fácil.

Ojos cerrados o abiertos una décima parte.

La mano izquierda sobre el corazón. La mano derecha elevada, con la palma hacia delante como haciendo un juramento. Codo pegado al cuerpo. La mano está en *gyan mudra* (el pulgar y la yema del dedo índice se tocan). El resto de los dedos apuntan hacia arriba.

Inhala lento y despacio por la nariz. Suspende la respiración por dentro y eleva el pecho. Retenla el mayor tiempo posible sin forzar. Finalmente, exhala de forma suave y progresiva. Cuando la respiración haya salido totalmente, sostenla fuera el mayor tiempo posible. Por tanto, realizamos una respiración en cuatro fases: inhalación, retención con aire, exhalación y retención sin aire.

Tiempo: 10 minutos.

Cuando acabes de meditar, lee las siguientes preguntas y luego sigue meditando 10 minutos más.

¿Me permito amarme?

¿Me permito rendirme?

¿Acaso no me siento digno de ser amado?

¿Soy de los que vuelcan todo su amor sobre los demás?

¿Soy de los que construyen un personaje para que le quieran?

¿Qué es lo que yo quiero?

¿Me doy las gracias lo suficiente?

¿Quiero a mi corazón, a mi persona, a mi ser?

Storytelling. **Carta a tu corazón**

- Inmediatamente después de la meditación, escribe una carta a tu corazón.
- Háblale desde la proximidad en primera persona.
- Exprésale todo lo que siempre has querido decirle, pídele perdón, confiésale tus secretos, los asuntos pendientes, dale las gracias. Reconcíliate con él y dile que ya no vas a dejar de comunicarte con él.

Tiempo total: 45 minutos.

Cuarta etapa

Aprendizaje y propósito

Este es el momento de recoger lo sembrado, de hallar la respuesta a la llamada de la aventura. Finalmente, después de recorrer el viaje del héroe, llegamos hasta aquí en soledad, por nuestro propio pie, habiendo superado las pruebas de la vida o las que nos haya puesto el ciclo iniciado. Al final del largo sendero, encontramos el tesoro de la aventura como gran símbolo de aprendizaje. La revelación o visión que aquí recibimos es lo que nos llevamos del viaje. Aquello que debemos materializar en nuestra vida, con lo que regresamos.

Es importante insistir en que el viaje puede ser físico, pero básicamente, a lo largo de estas páginas, nos hemos referido a una aventura de transformación personal. Puede ser de diferente índole. Algunos viajes serán profundos y de impacto vital, otros serán laborales, empresariales, de proyectos o relacionados con vías creativas…

El viaje del héroe plantea múltiples caminos o llamadas a la aventura. Cada una de ellas es válida, y cada persona, dependiendo del momento en el que esté, puede adoptar uno u otro. No es necesario que todos estemos emprendiendo el mismo gran camino iniciático de transformación. Algunos vivirán viajes de aprendizaje básico, otros de rebelión y otros vivirán algún tipo de viaje que no se ha descrito en este libro.

Hay sendas del héroe para quienes son poetas o escritores, otras para los líderes de empresa y gobernantes, pero, como plantea Joseph Campbell, es bueno que todos vivamos en algún momento el viaje del héroe en relación con el ciclo esencial de nuestra vida. Solo así podremos mantenernos en nuestro centro, sin caer en la neurosis que nos asedia o la desidia del piloto automático.

En el momento de iniciar esta cuarta etapa, lo importante es crear la circunstancia para poder atender al aprendizaje que nos llega desde nuestro interior o a la nueva visión que lo acompaña. Este instante, salvando las distancias, se asemeja, como apuntábamos anteriormente, al nirvana o *satori* de los maestros espirituales. Al igual que ellos, llegamos despojados, renacidos y plenamente conectados con nuestra esencia o centro. Nuestro ser esencial o *True Self* es un ser lúcido que en este instante puede conectar con algo trascendente, una fuente universal que en el hinduismo denominan *atman*. Lo universal, la parte de nosotros que no puede morir, el alma que trasciende a otras vidas. La llama del fuego universal inmortal, que trasciende el tiempo y el espacio. El *atman*, como el *tao*, no tiene principio ni fin.

Un instante de comunión con esta fuente puede darnos un océano de autoconocimiento, pero no hay que exigirse llegar a tanto. Si alguna vez se produce este tipo de comunión tan mística, es importante saberla escuchar, integrar y darle todo el espacio que merece. Los *satoris* o flashes de revelación son rayos de espontaneidad, muchas veces imperceptibles por su brevedad. Por ello es bueno entrenar la intuición, dejando que entre en nuestra vida cotidiana como una valiosa herramienta de autoconocimiento. Esta práctica debe acompañarnos en nuestro día a día, por la mañana, en la ducha, de noche antes de acostarnos, o en ese instante de silencio que acompaña a una meditación.

D.T. Suzuki, uno de los grandes transmisores del zen, nos recuerda:

> Esto es lo que los grandes maestros de la era T'ang nos dicen: cree en ti mismo; no dependas de los demás, no dependas de las palabras, libros, escrituras y todo aquello que no proviene de ti. Lo que aprendas de lecturas, visionados o escuchas no es tuyo.[27]

---

27. D.T. Suzuki. *The field of zen*. Harper & Row, Nueva York, 1970, pág. 79.

Así es la sabiduría del zen, austera minimalista y exigente. Aprendemos por nosotros mismos, sin credo, sin recetas y sin fórmulas, más allá de la meditación como técnica para comunicar con nuestro interior y percibir estos instantes de sabiduría.

Para quienes no tenemos tanta práctica o facilidad para meditar profundamente y hallar lecciones cada día, el viaje del héroe acompaña para llegar a este destino.

La recompensa se obtiene alcanzando este momento, mediante el contacto o visión de cuál es nuestro propósito vital o la respuesta a la llamada de la aventura que emprendimos. Este sería el clímax que no tiene por qué ser grandilocuente como en las películas, sino más bien algo íntimo, sosegado e inaprensible.

Alcanzar el *dharma* o propósito vital puede ser una búsqueda de toda una vida, aunque algunos privilegiados nacen con este aprendizaje. A estos se les reconoce porque viven una vida feliz, alineados con sus dones, virtudes y trabajo. No hay mayor tesoro para el bienestar personal que saber qué es aquello que más queremos en la vida y para lo que estamos más capacitados.

En mi caso, sigo buscando mi *dharma* después de años. Gracias a pequeños viajes del héroe recorridos, he podido aprender que debo dejar de luchar. Por tanto, he sabido lo que no debía hacer. Desde ahí intuyo que debo seguir mi don de comunicar y acompañar desde el corazón, pero el camino todavía es algo vago, difuso y disperso. Como niño solitario que en la vida ha transitado etapas que normalmente llegan más tarde, he desarrollado la virtud de la supervivencia. Eso es algo que puedo aportar y compartir, no desde la lucha, sino desde la serenidad, con charlas, conferencias motivacionales o cursos intensivos.

Cuando tenía diez años me dieron la llave y un duro, y me dejaron solo en casa como si fuera una persona adulta independiente. A los veinte años, empecé a ejercer de profesor cuando apenas había abandonado la universidad. A los treinta, me tocó ser el cabeza de familia y cuidar de mi abuela después de enterrar a un abuelo que fue un padre para mí. El resto de mi familia, madre, tío, padre, se peleaban entre ellos y se despreocupaban. En el fin de la cuarta década de mi vida, me ha tocado enterrar a unos padres que acabaron sus vidas quemando todo lo que tenían. Paralelamente, me separaba y ejercía de padre.

No es que sea un gran héroe, pero ha sido una vida intensa, con múltiples aprendizajes que ahora trato de integrar para poder compartir con otras personas. Siento que es algo que me llena y disfruto cuando la gente recupera la ilusión de vivir, aunque les vea llorar en algún instante. Igualmente, me emociona pensar que puedo ayudar a los jóvenes a sembrar un futuro lleno de esperanza desde un presente consciente, no crítico ni cargado de prejuicios.

Todo lo que vivimos sirve; no echemos las culpas al maldito karma. Hay que dar las gracias a la vida que nos ha tocado vivir y tratar de ser felices haciendo aquello que más nos llena y realiza en todos los sentidos.

La *Bhagavad-gita* es muy clara en este aspecto:

Mejor es cumplir el *dharma* propio, aunque sea en forma imperfecta, que cumplir a la perfección el *dharma* ajeno.

Mejor es morir en el cumplimiento del *dharma* propio que arrastrar el peligro de intentar cumplir el *dharma* ajeno.

Tercer discurso, *sutra* 35

Con nuestro *dharma* identificado, llega el momento de mirar atrás y observar lo aprendido. Se hace difícil, pero debemos integrar los dos mundos. La persona que fuimos y la que somos en este momento.

En la vida, al igual que en las grandes historias y mitos, tenemos un objetivo interno y otro externo. El propósito interno se relaciona con el ser. El externo con el hacer.

Como propone Eckhart Tolle en su libro *A New Earth* o Erich Fromm en *Ser y tener*, no importa lo externo, sino lo interno. Llevemos la mirada al ser, no al hacer o tener.

El viaje del héroe nos enseña a viajar a nuestro interior, por eso es una herramienta maravillosa. El camino no es fácil, pero todos los héroes han recorrido el sendero. Al igual que en las películas, para alcanzar un objetivo siempre hay que superar algún obstáculo, y a su vez toda ardua aventura tiene su recompensa.

Es el momento de volver a nuestro mundo cotidiano, y para ello cruzamos un nuevo umbral y nos plantamos ante la última prueba de integrar los dos mundos.

De nada habrá servido nuestro viaje si no regresamos, lo materializamos e incorporamos a nuestra vida.

Meditación del tesoro en la cueva

Meditación guiada procedente de psicología Gestalt para conectar con tu propósito vital.
Escuchar este audio del QR.

Tiempo total: 20 minutos.

Dinámica de tu propósito o *dharma*

Ejercicio somático procedente de la PNL.
Verbalización, gesto y emoción del propósito y aprendizaje.
Anclaje somático.
30 min.
Repetir todos los días durante una cuarentena.

1. Centramiento: Busca un espacio íntimo y tranquilo que puedas estar en soledad deseada. Siéntate unos instantes a meditar en silencio. Cierra los ojos. Escucha el fluir de tu respiración y deja que poco a poco tu cuerpo se relaje con cada exhalación. Conecta con las sensaciones corporales, ¿Dónde sientes frío o calor? ¿En qué lugar la respiración se hace más presente? ¿Existe alguna zona de dolor o incomodidad? Si es así, lleva ahí tu respiración. ¿Qué zona de tu cuerpo es más placentera o con cual te sientes más conectado? Lleva las manos a ese lugar.

Como decía Ghandi: «Nuestros pensamientos generan palabras, las palabras generan acciones. Las acciones generan hábitos, los hábitos forjan el carácter y el carácter engendra el destino».

Medita unos instantes en esta frase de Ghandi, inspirada en los *Upanishads*.

2. Dinámica: Ponte de pie, todavía con los ojos cerrados (como hiciste en la meditación somática de la llamada de la aventura). Suelta tu cuerpo, flexiona un poco las piernas para reducir la tensión. Respira y, lentamente, ve conectando con tu propósito vital, tu dharma, la llamada vital que sientes en este momento. Trata de concretarla en algo tangible y posible. Haz de ella una intención positiva que va a guiar tu camino a partir de este momento.

Fase 1 – Verbaliza tu intención. Mi mayor deseo es... Mi propósito vital es....

Repítelo como un mantra y deja que vaya calando en tu cuerpo.

Fase 2 – Somatiza, permitiendo que esta intención tenga una expresión corporal.

Busca un gesto y fíjalo como un aprendizaje que puedes repetir continuamente como un anclaje.

Fase 3 - Conecta con tu círculo de recursos. Visualiza, piensa o verbaliza cuáles son tus mayores aptitudes, tu gran don o talento. Observa también las personas que te rodean como ayudantes, tu mentor o mentora que te acompaña.

Fase 4 – Pasa a la acción. Avanza muy despacio, en estado meditativo, presente y enfocado, repitiendo una y otra vez el gesto somático que expresa tu mayor deseo. Verbalízalo, susurrando para ti. Si surge un miedo, una duda, un obstáculo, te detienes, lo observas internamente y conectas con tus recursos para seguir avanzando.

Finalmente, detente donde creas que es suficiente. En este punto, sin dejar de repetir tu gesto somático que acompaña al propósito, abre los ojos.

Fase 5 – Integración. Contempla el futuro que tienes ante ti, como si hubieras alcanzado la cima de una montaña y pudieras ver un nuevo horizonte claro y diáfano. Detrás de ti, está lo pasado, todo lo que has hecho para llegar hasta aquí. Algo será viejo y otra parte seguirá contigo en este camino del despertar, en la senda del viaje del héroe que nos acompaña en la vida. Visualiza futuros positivos, observa tu aprendizaje, establece un compromiso con tu propósito y anota tus reflexiones en una libreta, en la que durante 40 días repetirás esta dinámica. Recuerda la intención, es tu voluntad, tu voluntad son tus actos y tus actos crean tu destino.

Los dos mundos

La última prueba consiste en cruzar el umbral de retorno, luchando contra la tentación de no regresar o contra la incomprensión al llegar.

Después de una aventura o un intenso camino de transformación, no es fácil volver. Ya no somos el mismo de antes, pero hay que retornar al hogar. Allí encontramos a la persona que fuimos, la abrazamos y le decimos algo así como: «No pasa nada, aprendí esto y vamos a seguir juntos, aplicando estos cambios».

Una vez que cruzamos el umbral de retorno, la gente que forma parte de nuestro entorno cotidiano puede notar los cambios y no comprender nuestra nueva visión, nuestra actitud o las decisiones que vamos a tomar. Desgraciadamente, el patrón del héroe que regresa es no ser comprendido, así que hay que tener paciencia, dar tiempo y aceptar que el mundo no gira a nuestro compás. También es posible que haya personas, relaciones íntimas o trabajos que se queden en el camino. En este punto, quedan todavía decisiones cruciales para integrar los dos mundos, lo que fuimos y quiénes somos después del viaje del héroe.

Las herramientas obtenidas a lo largo del camino, la llamada y el propósito revelado deben ser la guía para integrar y materializar los cambios. Lo que no podemos hacer es volver al punto de partida, como si no hubiera pasado nada y como si el viaje tan solo hubiese sido una locura o una bocanada de aire fresco. Debemos ser valientes y defender nuestro bienestar y el camino recorrido.

Por otra parte, no hay que olvidar que al regresar de la aventura es fundamental compartir lo aprendido. La visión, la nueva persona que somos, el descubrimiento creativo o científico obtenido debe ser comunicado, no silenciado. No es nuestro, es para todos.

En términos mitológicos, cuanto mayor impacto social y cultural tenga nuestro tesoro o descubrimiento, mayor será nuestra condición de héroes.

En la vida real, las cosas son más sencillas. El viaje sirve para transformarnos en una persona con una visión más integral de nosotros mismos y del mundo que nos rodea. Por el camino hemos adquirido cierto dominio sobre la esfera cognitiva, emocional y somática.

En los dos mundos, contactamos sin miedo ni tensiones con nuestra naturaleza consciente e inconsciente y vamos integrando las imágenes y experiencias vividas en lo desconocido. Para el viaje interior y no físico, este regreso al mundo de la rutina también implica un aterrizaje. Hay que bajar y no quedarnos prendados de nuestro hallazgo, revelación o gesta. Si los dioses bendicen nuestro regreso, todo irá bien. Si nos pasa como a Ulises, tendremos que seguir trabajando en nosotros mismos, pensando desde la humildad que un día seremos comprendidos, y si no, no importa. Ahora somos nosotros, no un personaje movido externamente por unos mecanismos automáticos que desconocíamos.

La grandeza del viaje del héroe es su capacidad de transformación para llevarnos al centro de la persona que somos verdaderamente. Esta es la aventura de nuestra vida.

Si el viaje trata de empresas menores, como proyectos de desarrollo o creaciones, la falta de reconocimiento o entendimiento puede ser frustrante, pero no hay que ceder en el empeño de innovar y proponer cosas nuevas.

El viaje del héroe siempre aporta nuevas visiones, porque el mundo necesita héroes y personas conectadas con su esencia para paliar la neurosis dominante. Las enfermedades de la mente son uno de los retos más grandes del próximo milenio. La Tierra es un planeta maravilloso y la vida puede ser bella, merecemos vivirla intensamente.

Storytelling. Tu viaje del héroe

Ejercicio narrativo:

- Escribe un texto de unas diez páginas.
- En formato de cuento, narra lo que ha sido tu viaje del héroe desde una visión retrospectiva, ahora que has llegado al final.
- Detalla con cuidado todo el itinerario, atendiendo a cada uno de los puntos y cómo lo viviste, cuáles fueron los retos, los obstáculos, los recursos, etc.
- Desarrolla en la narración el cambio o evolución del personaje principal que eres tú.
- Escribe desde la libertad, sin pensar mucho en el estilo, para centrarte en las emociones, aprendizajes, visiones y en todo lo que llevas contigo después transitar tu viaje del héroe.

Tiempo total: 120 minutos.

Persona, comunidad y planeta

Al llegar al final del viaje del héroe, deberíamos ser distintos, ya que la senda y el viaje transforman, interna y externamente. Probablemente, de todo lo aprendido nos quedarán las herramientas obtenidas en cada una de las etapas transitadas.

Si lo hemos hecho bien, tal vez estemos más cerca de ser una persona integral y multidimensional en el sentido completo de la palabra.

J.C. Smuts, en su libro *Holism and Evolution,* publicado en 1926, fue el primero en plantear el holismo como visión integrada de la materia, las células, el organismo, la personalidad y el universo entero. Su punto de vista sigue siendo eminentemente moderno e incide en la importancia de ir más allá de la mente.

> La mente es el elemento más importante constituyente. Pero el cuerpo es también muy importante, al proporcionar el íntimo sabor de la humanidad a la personalidad. La corriente que degrada el cuerpo como indigno del alma o del espíritu es antinatural y debe su origen a mórbidos sentimientos religiosos.
>
> La ciencia ha venido a rescatar el cuerpo y, por tanto, presta un gran servicio al bienestar humano. La personalidad ideal solo emerge cuando la mente irradia al cuerpo y el cuerpo nutre la mente, y las dos son una en su transfiguración mutua.[28]

Somos seres mutantes que integran sus partes constantemente: cuerpo, mente, alma. Pensamientos, intuiciones, emociones, revelaciones… Podemos poner el nombre que queramos, pero debemos trascender la imagen del hombre unidimensional, del protagonista único yególatra, del arquetipo estable que vive en nosotros, para dar paso a una persona integral. Alguien que

---

28. J.C. Smuts. *Holism and Evolution*. Macmilllan & Co, Londres, 1927. pág. 270.

se adapta a lo que acontece en una realidad cambiante. Un ser humano que se ha abierto a su comunidad y planeta después de traspasar sus limitaciones personales y las distintas capas que no le dejaban ver en su interior.

Materia, vida, persona y planeta configuran una mezcla inseparable en un campo que está íntimamente interrelacionado, por eso es bueno haber conquistado nuestro interior, pero no debemos quedarnos en nuestra entidad personal, sino abrirnos al campo que nos rodea para nutrirnos y compartir nuestra mejor versión.

Más allá del viaje de transformación personal que hayamos realizado o del momento en el que estemos, es básico atender a la comunidad que nos rodea y a la Tierra que nos sustenta, ya que no se trata de que gane uno, sino de ganar todos.

El ser humano debe empezar a desterrar la sombra de la ambición y abrirse a la luz de la solidaridad. Necesitamos buenos sentimientos, amor y compasión, por eso es tan importante el retorno del héroe mitológico como figura arquetípica y real que se sacrifica por los demás.

En tiempos en los que afortunadamente no hay guerras, pero sí pandemias, violencia, corrupción y catástrofes naturales, necesitamos transitar el viaje del héroe para conectar con lo mejor de nosotros y ofrecerlo al mundo.

Cada uno puede ser un sanador, un artista, un comunicador, un sabio…, pero mejor no ser guerreros, pues de los guerreros solo debemos tomar la valentía, la determinación y el coraje. Hoy el planeta necesita cariño y que lo cuiden. Esta es la tarea de los nuevos héroes. Cada cual debe indagar en su naturaleza, conectar con su llamada y contribuir con su visión a la comunidad y al planeta. Lo más importante es ser nosotros mismos.

Campbell decía que «debemos aprender a reconocer y vivir el arquetipo propio del estadio vital en que nos hallemos. Empeñarse en vivir el arquetipo de una etapa superada es una de las causas fundamentales de las perturbaciones neuróticas».[29]

Si nos convertimos en personas que piensan en el planeta y el bienestar general, podremos contribuir a mejorar la enfermedad y la neurosis de muchos años de industrialización, fábricas, contaminación y grandes metrópolis.

Thedore Roszak, el gran teórico de la contracultura norteamericana, escribió a mitad de los años setenta un ensayo titulado *Persona Planeta*, en el que exponía lo siguiente:

> No debe ser la extensión de las ciudades, de las fábricas, del aparato tecnológico ni el producto económico lo que más nos preocupe, sino la medida de nuestras vidas, la dimensión de nuestra capacidad de autoconocimiento. Lo que verdaderamente debemos explorar es la aventura de autodescubrimiento. Cuanto más desarrollemos esto en nosotros, más ligeramente reposaremos sobre la Tierra.[30]

Al reescribir estas palabras, siento la gratitud y la deuda con un mentor a quien tuve la suerte de conocer. Atrás quedan las vidas dedicadas a alumbrarnos el camino, y los que seguimos tenemos la responsabilidad de no dejar que la llama se apague.

29. J. Campbell. *En busca de la felicidad*. Ed. Kairós, Barcelona, 2014, pág. 195.
30. T. Roszak. *Person Planet*. Granada Publishing, Londres, 1981, pág. 325.

Creo que estas palabras dejan claro el sentido del viaje del héroe y por qué llevarlo a nuestra vida.

No importa la meta, sino entrar en el sendero y vivir la aventura de nuestras vidas. La competencia crea individuos, pero el autodescubrimiento crea personas, y ese es el camino del despertar. Ahora es tiempo de ser personas, de abandonar la guerra, de cuidar el planeta y vivir en paz.

Morihei Ueshiba, en un texto anteriormente citado, decía:

> El arte de la paz es la medicina para un mundo enfermo. Si queremos curar al mundo de la enfermedad de la violencia, el descontento y la discordia, entonces este es el camino de la armonía. Existe en el mundo mal y discordia, porque la gente ha olvidado que todas cosas emanaron de una única fuente. Regresemos a esa fuente y abandonemos todos los pensamientos egoístas, los deseos mezquinos y la cólera. Quienes no están poseídos por nada lo poseen todo.[31]

Aquí finalizan las etapas para integrar el viaje del héroe en la vida cotidiana. Nadie dice que sea fácil o instantáneo.

La sabiduría ancestral y perenne de la que bebe Campbell y también este libro puede ser descompuesta y simplificada, pero es imposible trasmitirla como una simple receta o darla en diez claves del bienestar.

El lector es libre de tomar partes, añadir componentes y crear su propia fórmula, tomando de este néctar, que son los

---

31. M. Ueshiba. *Op. cit.*, pág. 58.

antiguos mitos, las viejas leyendas y las modernas películas. Entre ellos, se erigen todos esos amados héroes y heroínas, que son el digno reflejo de los seres humanos que nos han precedido, con sus inquietudes y virtudes, guiados por esa voluntad de cambiar y transformar, descubriendo nuevos horizontes. El mundo necesita héroes y heroínas cotidianos, ya es hora de despertar y tomar las riendas de nuestras vidas para construir un mundo mejor.

Storytelling. Diario Personal

Acostúmbrate a llevar un diario personal.

- Escribe cada día antes de acostarte todo lo que has hecho, acercándote a tu propósito, compartiendo, difundiendo, integrando...
- Anota todo lo que te venga de forma íntima como un autohomenaje a todo lo que haces y cómo construyes tu nuevo camino.
- Si quieres, también puedes llevar el diario contigo y tomar notas sueltas durante toda la jornada.
- Esta puede ser una práctica para toda tu vida.

Audiovisual. *Wakenpath clip*

Graba un vídeo de entre 3 y 20 minutos, donde expongas tu viaje del héroe. Puedes incluir partes de tus distintos ejercicios de *storytelling* o redactar un nuevo guion. Tú eres el protagonista de tu viaje del héroe.

Estos son los pasos por los que debes pasar y que debe contener tu audiovisual:

- Mundo cotidiano, llamada a la aventura, lo que más quieres en la vida. El objetivo del viaje.
- Ayudantes, mentores, aliados. Recursos y miedos.
- Paso a la acción y cruce del primer umbral.
- Peripecia del segundo acto narrativo. Escalada de obstáculos, pruebas a superar, crisis o caverna más profunda.
- Ascensión, revelación, aprendizaje y clímax. Resolución de tu historia.
- Cruce del segundo umbral de regreso y epílogo compartiendo tu nueva perspectiva, punto de vista, proyecto vital o la persona renovada y transformada que ahora eres.
- Sé simple, conciso, preciso durante el rodaje, sin excesivos virtuosismos, y con pocos planos o imágenes. Menos es más. La síntesis es un gran valor.
- No seas excesivamente literario ni des la información mediante la palabra.
- Busca expresarte en imágenes y apóyate en los recursos creativos del sonido, no solo en una música pegadiza.

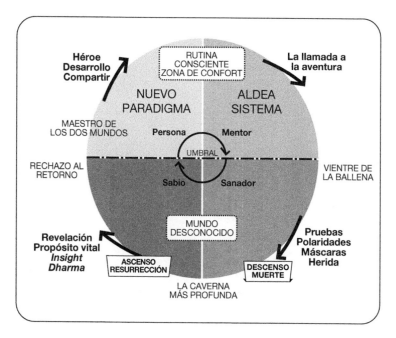

Síntesis esquematizada del viaje del héroe, segmentado en los cuatro cuadrantes y arquetipos, con indicaciones de los puntos fundamentales por los que se debe transitar para alcanzar la transformación personal. Wakenpath®.

10. Epílogo

Cada vida es un viaje y cada uno de nosotros es un héroe o una heroína, pero no estamos solos en esta senda que transita nuestras vidas. El tiempo pasa en su eterno devenir y las personas desaparecen para que otras puedan nacer.

El ser humano viene y va, siguiendo los ciclos, viviendo en la permanencia, pero lo único que perdura es el camino, esa senda común que todos transitamos, esas fases comunes por las que todos pasamos y que nos igualan. Este sendero es el de la universalidad, el espacio común por el que los seres de la antigüedad han transitado, el que nosotros recorremos y el que nuestros descendientes volverán a pisar. Se compone de etapas que se repiten eternamente, como los ciclos de nacimiento, juventud, edad adulta y vejez, en correspondencia con la primavera, el verano, el otoño y el invierno de las estaciones.

Como hemos visto, el viaje del héroe es infinito y casi inabarcable. Si estudiamos las vidas de los grandes hombres y mujeres que contribuyeron a su comunidad con importantes cambios y progresos, aprenderemos el arquetipo del héroe en sus distintas formas. Hay héroes de toda índole y, posiblemente, los más valiosos son los que olvidamos bajo el anonimato del

Celebración al final del viaje. Kep, sur de Camboya.

mentor no comprendido, que sigue abriendo el camino a los demás.

Nuestra historia está plagada de héroes famosos y desconocidos, reconocidos o por descubrir. Su lección como modelos arquetípicos es que tenemos derecho a vivir la vida plenamente, siguiendo intensamente el ímpetu de nuestra llamada a la aventura.

¿Queremos vivir una vida correcta, hacer lo que se espera de nosotros, cumplir con todos o queremos mirar en nuestro interior para ofrecernos lo que merecemos?

Andar el camino es un privilegio, un regalo de la naturaleza que debemos valorar más que nada en el mundo. ¿Vamos a detenernos o transitaremos la senda de nuestra vida? La felicidad abraza a quienes viven conectados con su centro, con el orden de las cosas que les colman, sin importar el dinero ni la posición.

Tenemos derecho a ser nosotros, con todos nuestros defectos y virtudes, en un camino vital que no se detiene y avanza, con la ilusión de la persona conectada con su propósito. Nada es más bello que ver a alguien transitar su camino, en busca de aquello que le acerca a su naturaleza más profunda.

El confort asfalta las autopistas del consumo y nos reprime o atempera las ansias de vagar. Lo importante es despertar, como lo están haciendo muchos jóvenes del mundo que quieren algo más y lo van a buscar a la sabiduría perenne o a las prácticas de crecimiento personal, que proceden del origen de los tiempos. No solo vuelve el yoga, la meditación o el viaje del héroe, también lo hace la poesía, el arte de contar cuentos o el contacto con la naturaleza, cultivando huertos, bosques y recuperando prácticas rituales y chamánicas. Cada día más jóvenes sienten su llamada de la aventura, porque tienen ganas de evolucionar y hallar las claves para saber por dónde avanzar para crear un mundo mejor. No es fácil contactar con lo esencial, ni con la naturaleza de lo sagrado, pero cuestionarse y querer encontrar nuevos caminos es la vía del conocimiento humano.

En los adultos, el viaje del héroe tiene mucho de reconectar con el estado primigenio, con todo lo que fuimos y dejamos de ser, de los dones perdidos y las ilusiones que se quedaron en el camino. El gran tesoro del viaje del héroe es conectar con nuestra esencia y aportar una nueva visión a todo lo que nos inquieta en la vida.

Aquellos que no sientan la llamada de la aventura y estén bien con sus vidas pueden ejercer de mentores. Si un día la necesidad de cambio llama a su puerta, esperamos que este libro les sirva para abrirla sin miedo. No hay edad, ni tiempo que impida vivir una transformación personal. Si no vivimos nuestro viaje del héroe plenamente, podemos perdernos la belleza del devenir vital. Debemos creer en nuestra aventura, porque solo así podremos generar entre todos los cambios suficientes para elevar a este mundo a una frecuencia más armoniosa. No se trata de destruir, aniquilar, ni estar en contra, simplemente de complementar, elevar, compartir y ayudar, porque, mediante el viaje del héroe, primero nos ayudamos a nosotros mismos para ser esa llama que pueda alumbrar el fuego universal de los demás.

Cada persona contribuye a este mundo con su granito de arena, y es importante movernos cada vez más, bajo unos valores que nos acerquen al bienestar y la felicidad.

Pienso que el viaje del héroe, como lo hemos desarrollado en este libro, puede servir a este gran propósito de crear un mundo mejor para todos, a nivel personal y global. No hablamos de iluminación, panacea, paraíso o ciencia ficción, sino de comprender que algo no hemos hecho bien. Después de cuatro siglos de ilustración, racionalismo, revolución industrial y capitalismo, la aldea global del nuevo milenio es un lugar plagado de epidemias, corrupción y catástrofes naturales. El planeta está enfermo y gran parte de la población mundial está sufriendo, pero está en nuestras manos revertir todo esto.

Las fuentes de la filosofía perenne, primitiva y universal de todas las culturas son un manantial del que beber para alumbrar un camino esperanzador. La antigua sabiduría aguarda ser recogida del río del olvido, para emerger con soluciones y propuestas, como el mentor que no supimos escuchar. Es tiempo de buscar mitos, cuentos y leyendas, de ver series y películas y no dejar de creer en la profunda naturaleza del héroe, que anida en nuestro interior. El mito del viaje del héroe proviene de esa bella tradición del inicio de los tiempos, a la que debemos regresar para comprender lo que somos.

Este libro ha querido reinterpretar el viaje del héroe, adaptando sus formas y contenidos, para que todos podamos disfrutarlo.

Sigamos los pasos del héroe por las etapas de la aventura universal. Tal vez así podamos entender nuestro tiempo y las profundidades del ser humano.

Héroes

Podríamos ser héroes
por siempre y para siempre.
¿Qué dices?
Yo desearía que pudieras nadar
como lo hacen los delfines,
como los delfines pueden nadar.
Aunque nada, nada nos mantendrá juntos.
Podemos vencerlos por siempre jamás.
Oh, podemos ser héroes solo por un día.

We can be heroes for ever and ever
Whatd'you say?
I, I wish you could swim
like the dolphins, like dolphins can swim.
Though nothing, nothing will keep us together
We can beat them, for ever and ever
Oh, we can be heroes, just for one day.

DAVID BOWIE

Podemos ser héroes o heroínas todos los días y mantener viva la llama de los mitos, porque sobre ellos se sostiene el fuego de la narrativa universal.

El mito permanece vivo solo si sigue siendo contado de generación en generación, en el transcurso de la existencia cotidiana, como propone Jean Pierre Vernant en su excelente libro *El universo, los dioses, los hombres.*

No dejemos de vivir el mito del héroe, ni de contar esos mitos y leyendas a nuestros hijos, para que algún día pasen el testigo. Se lo debemos a los que estuvieron antes y a los que vendrán.

Es tiempo de creer, avanzar en el camino y, entre todos, crear un mundo mejor.

Libros, series y films recomendados

Aristóteles. *El arte poética*. Alianza Editorial, Madrid, 2013.

Armstrong, K. *A short history of myth*. Canongate, Edimburgo, 2018.

Bettelheim, B. *Psicoanálisis de los cuentos de hadas*. Planeta, Barcelona, 2012.

Campbell, J. *El héroe de las mil caras*. Atalanta, Girona, 2020.

—. *Los mitos. Su impacto en el mundo actual*. Ed. Kairós, Barcelona, 2014.

—. *La historia del grial*. Atalanta, Girona, 2019.

—. *El poder del mito*. Emecé, Barcelona, 1991.

—. *Diosas*. Atalanta, Girona, 2015.

Carrol, L. *Alicia en el país de las maravillas*. Edelvives, Madrid, 2016.

Conrad, J. *El corazón de las tinieblas*. Valdemar, Madrid, 2018.

David-Néel, A. *Magos y místicos del Tíbet*. Índigo. Barcelona, 2006.

Eschenbach, W. *Parzival*. Siruela, Madrid, 2017.

Frazer, J. *La rama dorada*. Fondo de Cultura Económica, México, 2011.

Fromm, E. *Psicoanálisis de la sociedad contemporánea*. Fondo de Cultura Económica, México, 2011.

Fry, S. *Héroes*. Penguin. UK, 2018.

Gilligan S., y R. Dilts. *El viaje del héroe*. Ridgen I.G. Barcelona, 2010.

Gimbutas, M. *The Language of the Goddess*. Harper Collins, San Francisco, 1991.

Graves R. *Dioses y héroes de la antigua Grecia*. Tusquets, Barcelona, 2010.

Hesse, H. *Siddhartha*. Plaza y Janés. Barcelona, 1993.

Homero. *La odisea*. Blackie Books, Barcelona, 2020.

Kerouac, J. *En la carretera*. Anagrama, Barcelona, 2009.

—. *Los vagabundos del dharma*. Anagrama, Barcelona, 1996.

Krishnamurti, J. *What are you doing with your life?* Penguin, UK, 2018.

Malory, T. *La muerte de Arturo*. Siruela, Madrid, 2013.

Manfredi, V. *Alexandros (I, II, III)*. Grijalbo, Barcelona 2001.

—. *Odiseo (El Juramento/El retorno)*. Grijalbo, Barcelona, 2013/14.

Markale, J. *Lanzarote y la caballería artúrica*. Olañeta Ed, Mallorca, 2001.

Middleton, R. *Alexandra David-Néel*. Circe, Barcelona, 2001.

Murray, M. *El dios de los brujos*. Fondo de Cultura Económica, México, 2006.

Neumann, E. *The origins and history of consciousness*. Bollingen, Princeton, 2014.

Propp, V. *Las raíces históricas del cuento*, Fundamentos, Madrid, 2008.

Plutarco. *Vidas de Alejandro y César*. Acantilado, Barcelona, 2016.

Roszak, T. *Person Planet*, Granada Publishing, Londres, 1981.

Rowling, JK. *Harry Potter (completa)*. Salamandra, Barcelona, 2020.

Shinoda Bolen, J. *Las diosas de cada mujer*. Ed. Kairós, Barcelona, 2012.

—. *Los dioses de cada hombre*. Ed. Kairós, Barcelona, 2011.

Steinbeck, J. *Los hechos del rey Arturo*. Edhasa, Barcelona, 1999.

Suzuki, D. T. *Essays in Zen Buddhism*, Beacon Press, Boston, 1952.

Thich Nat Hanh. *El arte de cuidar a tu niño interior*. Paidós, Madrid, 2017.

Tolkien, J.R.R. *El hobbit*. Minotauro, Barcelona, 1985.

—. *El señor de los anillos*. Minotauro. Barcelona, 2015.

Ueshiba, M. *El arte de la paz*. Ed. Kairós, Barcelona, 2019.

Vernant, J.P. *El universo, los dioses, los hombres*. Anagrama, Barcelona, 2000.

Vogler, C. *El viaje del escritor*. Robinbook, Barcelona, 2002.

Zimmer, H. *The King and the Corpse*. Bollingen Series, Princeton, 1968.

Alejandro Magno (R. Rossen, 1956)

Alguien voló sobre el nido de cuco (M. Forman, 1975)

Alicia ya no vive aquí (M. Scorsese 1974*)*

American Beauty (S. Mendes, 1999)

Apocalypse Now (F. Coppola, 1979)

Bonnie & Clyde (A. Penn, 1967)

Breaking Bad (V. Gilligan, serie emitida AMC, 2008-2013)

Coco (L. Unkrich, 2017)

Dersu Utzala (A. Kurosawa, 1975*)*

Dos hombres y un destino (G. Roy Hill, 1969)

Easy Rider (D. Hopper, 1969)

El cuento de la criada (Miller, serie emitida en HBO, 2017-...)

El halcón maltés (J. Huston, 1941)

El Imperio contraataca (I. Kershner, 1980)

El mago de Oz (V. Fleming, 1939)

El retorno del Jedi (D. Marquand, 1983)

El rey pescador (T. Gilliam,1991)

El señor de los anillos (trilogía) (P. Jackson, 2001-2003)

El silencio de los corderos (J. Demme, 1991)

El tesoro de Sierra Madre (J. Huston, 1948)

El viaje de tu vida (J. Curran, 2013)

En busca del arca perdida (S. Spielberg, 1981)

En la carretera (W. Sales, 2012)

Espartaco (S. Kubrick, 1960)

Excalibur (J. Boorman, 1981)

Gambito de Dama (A. Scott, Netflix, 2020)

Gravity (A. Cuarón 2013)

Harry Potter y la piedra filosofal (C. Columbus, 2001)

Indiana Jones y la última cruzada (S. Spielberg, 1989)

Interstellar (C. Nolan, 2014)

Joker (T. Phillips, 2019*)*

Juego de tronos (D. Benioff/D. Weiss, serie emitida HBO, 2011-2019)

La guerra de las Galaxias (G. Lucas, 1977)

La ley de la calle (F. Coppola, 1983)

La naranja mecánica (S. Kubrick 1971)

Los caballeros del rey Arturo (R. Thorpe, 1953)

Llueve sobre mi corazón (F. Coppola, 1969)

Magnolia (P.T. Anderson, 1999)

Manhattan (W. Allen, 1979)

Marte (R. Scott, 2015)

Matrix (hermanas Wachowski, 1999)

Ordet (C. Dreyer, 1955)

Perceval el Galés (E. Rohmer, 1978)

Primavera, verano, otoño, invierno… y primavera otra vez (K. Duk, 2003)

Rebelde sin causa (N. Ray, 1955)

Semilla de maldad (R. Brooks, 1955)

Siete años en el Tíbet (J. Annaud, 1997)

Solaris (A. Tarkovski, 1971)

Siddhartha (C. Rooks, 1972)

Taxi Driver (M. Scorsese, 1975)

Thelma y Louise (R. Scott, 1991)

The Vanishing Point (R. Serafian, 1971)

V de vendetta (J. McTeigue, 2006)

Vikings (M. Hirst, serie emitida en Historry/Netflix, 2013-…)

Wonder Woman (P. Jenkins, 2017)

Yellow Submarine (G. Dunning, 1968)

2001, odisea en el espacio (S. Kubrick, 1968)

editorial **K**airós

Puede recibir información sobre
nuestros libros y colecciones inscribiéndose en:

www.editorialkairos.com
www.editorialkairos.com/newsletter.html
www.letraskairos.com

Numancia, 117-121 • 08029 Barcelona • España
tel. +34 934 949 490 • info@editorialkairos.com

WAKENPATH
EL CAMINO DEL DESPERTAR

www.wakenpath.com
www.alexisracionero.com